주민참여 핸드북

이 연 숙
연세대학교 주거환경학과 교수
연세대학교 미래환경디자인 연구센터 센터장
연세대학교 심바이오틱 라이프테크 연구원 원장
'디자인과 건강' 세계대회 국제 자문위원
세계노년학대회 2013 조직위원
사단법인 한옥문화원 이사
미래디자인 세계대회 조직위원장
문화체육관광부 친환경 야외노인스포츠시설 및 운동기구개발 과제 책임자
국토해양부/도시재생사업단 핵심 2과제 사회통합적 주거공동체 재생기술개발 연구책임자
서울시 기술기반 구축사업'융합과학기반 실버산업 연구개발' 사업단장 역임
사단법인 한국생태환경건축학회 회장 역임
한국노년학회회장 역임

주민참여 핸드북

원문명 HANDBUCH ZUR PRTIZIPATION
원작자 베를린 시정부 도시개발국

2012년 03월 01일 1판 1쇄 발행

옮긴이 이연숙교수연구실
편집·교정 이연숙
펴낸곳 연세대학교 출판문화원
서울특별시 서대문구 연세로 50
전화 . 02) 2123-3380~2
팩스 . 02) 2123-8673
URL. www.yonsei.ac.kr/press
e-mail . ysup@yonsei.ac.kr

디자인 디자인메릿
인 쇄 디자인메릿

등 록 1955년 10월 13일 제 9-60호

가격 25,000원
ISBN 978-89-97578-39-9 (93610)

본 과제는 국토해양부가 주관하고 한국건설교통기술평가원이 시행하는 07 첨단도시개발사업 (과제번호:07도시-B02)에 의해 수행되었음.

Berlin

Senatsverwaltung
für Stadtentwicklung

be Berlin

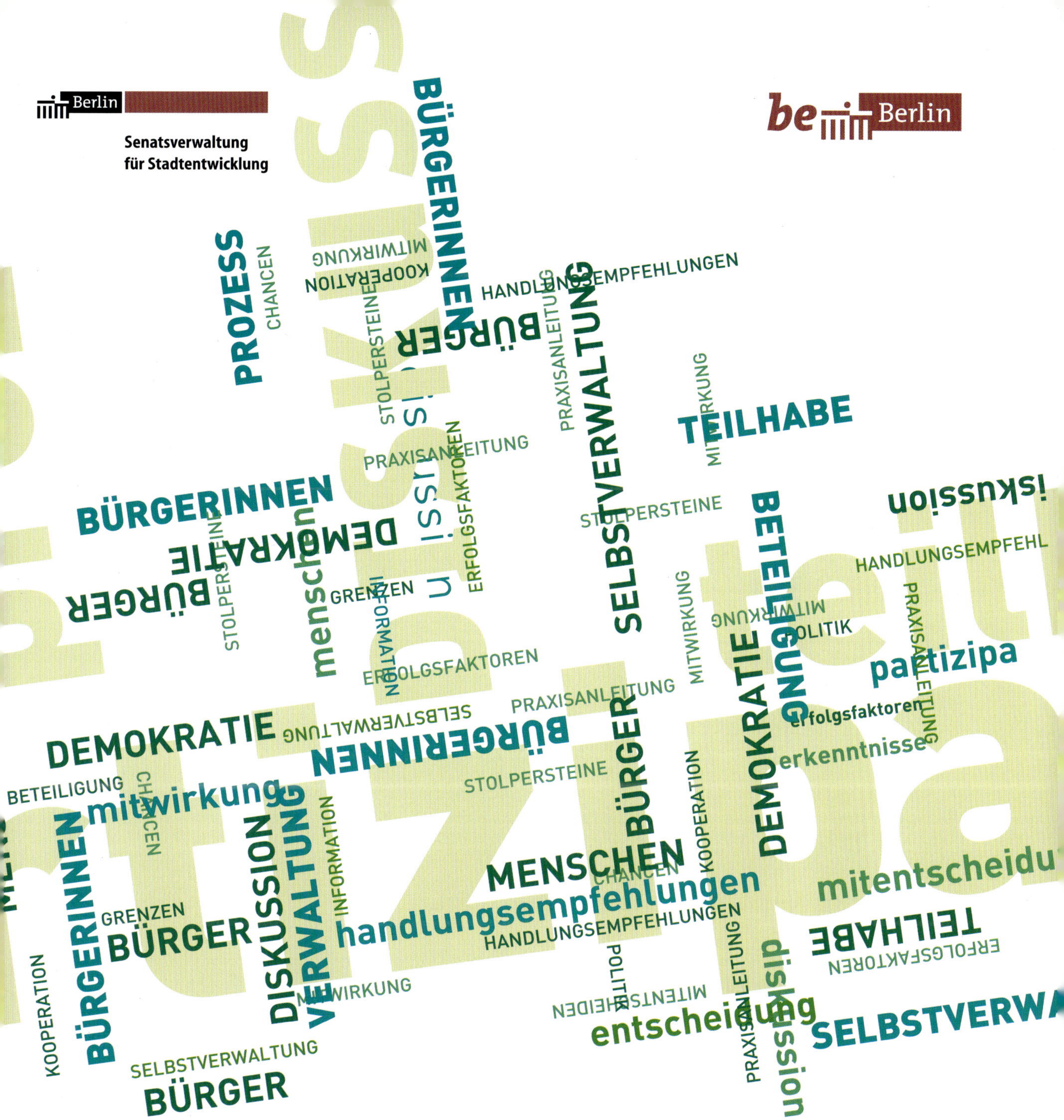

HANDBUCH ZUR PARTIZIPATION

주민참여 핸드북

목차

사례

1. 도시 및 여가공간의 계획

2. 주민 참여(온라인 참여)

3. 지역(구)예산안의 위탁에의 참여

4. 어린이 및 청소년의 참여

5. 네트워크의 지원과 주민참여

머리말

한 도시의 형상과 개발 방향에 영향을 끼치는 것은 이웃과 지역의 관심사를 위해 노력을 기울이는 사람들, 도시개발과 관련된 다양한 주제들과 프로젝트들을 토의하는 사람들, 자신의 입장을 강조하면서 설득력 있게 나서는 사람들, 다른 사람들이 지원하고 협력할 수 있는 새로운 아이디어를 개발하는 사람들 등이다.

시민으로서의 책임감과 다양한 형태의 정치 참여는 도시생활을 활기차고 매력적으로 이끌 수 있도록 창의성과 연대감을 조성하게 하는 동력이다. 이러한 동력은 도시에 항상 새로운 활력이 넘치게 하고, 지역과 도시의 외관을 꾸준히 변화시키는데 기여하고, 다른 한편으로는 도시 문화유산의 보존과 사회 내 이웃 관계의 강화에 방향을 맞추고 있다.

정치 참여와 시민으로서의 책임감은 스스로를 강화시키는 메커니즘들이다. 지역 사회 내에 스스로 책임감을 갖고 결정할 주제에 직면했음을 자각하는 사람들이 많으면 많을수록 결정 과정의 진행, 내용, 성과에 영향력을 행사할 수 있으며, 어떤 일을 위해 노력하고 자신의 활동으로 성공에 기여하고자 할수록 그만큼 더 빨리 협력할 준비를 갖추게 된다. 그러나 스스로를 강화시키는 것은 성과가 기대에 못 미치거나 높은 기대치에 대해 실망을 하게 될 경우에는 반대 방향으로 가게 될 수도 있다.

그 어느 누구도, 어떤 주제와 프로젝트를 위해 주민들이 전력을 기울일지, 어떻게 참여 과정이 진행되고 어떤 결정의 성과에 그들이 기여하게 될지는 확실하게 예측할 수 없다. 그러나 사례연구를 바탕으로 참여가 도시를 위해 어떤 이점이 있으며, 어떻게 참여 과정을 참여자들의 인상에 남도록 만들 수 있을지는 미리 예견할 수 있다 : 참여는 그럴만한 가치가 있으며 – 우리가 항상 기대치를 성취할 수 없을 때에도 역시 – 최선을 다했다는 그 자체가 이미 성과의 가치이다! 이런 의미에서 나는 독자들이 이 핸드북에 관심을 갖기 바란다.

Ingeborg Junge-Reyer
도시개발부 장관

베를린 행정의 성과는 도시개발에의 기여 정도와 베를린 시민들의 삶의 질로 측정된다. 베를린 행정의 구조, 운용 형태와 업무처리 방법은 현저한 변화를 겪었다. 행정의 기능은 목표 및 결과 그리고 성과 지향적이며, 복합적인 문제에 대해서는 통합적이고 혁신적인 해결책으로 접근한다. 행정은 협력적이며 시민들에게 더욱 가까이 다가가려 한다. 행정개혁은 끊임없이 반복되어 온 학습과정이다. 새로운 정보 및 의사소통의 기술, 교육 및 평생교육, 인사관리 그리고 서비스 개념은 베를린 시민들과 공공 행정 간의 관계에서 항상 낯선 대상을 선택하게끔 한다.

정치참여는 배워가는 행정에서의 중요한 영역이다. 베를린의 행정 절차상에서 참여는 오랜 전통을 갖고 있다. 많은 절차들이 베를린에서 개발되었거나 처음으로 널리 적용되었다. 그런데도 여전히 베를린의 많은 공무원들에게 자주 참여는 어려운 주제이다 : 지역에 대한 지식에서 비롯된 아이디어, 요구 또는 대안 제시자 등의 여러 사람들의 다양한 관점과 교육과 실무를 통해 경험을 쌓은 행정 종사자들이 이 제안점들을 전문적으로 사정, 평가하여 효율적으로 해결하려는 것 사이에는 일부 어려움이 따른다. 또한 업무 관할권의 분배, 평행적으로 진행되는 업무 절차, 기한으로 인한 압박감과 빠듯한 능력이 시민들의 주장과 대립되어 힘들게 하기도 한다.

이러한 어려움을 고려하여 이 핸드북은 우선적으로 공무원들에게 방향을 맞추었다. 참여과정에 폭넓은 활동의 여지를 주고 관심을 기울여주는 것, 그리고 성과가 큰 참여과정을 지원하는 것이 얼마나 가치가 있는지를 사례들을 통해 보여주게 될 것이다. 핸드북은 L.I.S.T.에 의해 행정과 자문기관의 실무자들과의 협력으로 출간된 것이다. 모든 함께 한 분들께 특별한 감사를 드린다.

Hella Dunger-Löper
시정부 도시개발부 차관

주민참여핸드북 서문

우리나라는 청산해야하는 과거의 권위적이고 보수적인 틀에서 여전히 벗어나지 못하고 있으면서도 세계 어느 나라에 못지않게 다원화 민주사회로 빠르게 흘러가고 있다. 이러한 흐름은 수많은 패러다임의 전환과 새로운 실천력을 요구하고 있으며 작금의 시대는 이러한 소용돌이 속에서 혼동과 고통을겪고 있다.

이는 국토의 개발과 도시계획, 도시행정에서도 예외는 아니다. 지금까지 현대인의 삶터를 창조하고 운영하는 방식이 하향식의 권위적이고 일방적인 방식이었다면, 이제는 상향식의 민주적이고 양방향적인 방식으로 변화를 요구하고 있으며, 이는 시민과 주민이 주도하며 행정은 이를 지원하는 서비스를 제공해야하는 관계로 발전시킬 것이다.

도시의 재생에 있어서도 지역의 역사와 문화를 존중하고 이를 일으켜왔던 주민의 정서와 능력을 존중하며 기존의 지역이 보유한 자원의 가치를 발굴하여 지역기반 주민친화적인 재생을 해야 하는 시대로 변화하고 있는 것이다. 더 이상 중앙정부의 일방적인 결정에 순응하는 방식에서 서서히 벗어날 것이고, 창조와 운영, 관리에 함께 참여하는 시민과 주민 주도의 사회로 변모해 갈 것이다.

현재까지 한국의 도시계획과 행정은 주민의 참여를 귀찮아하거나 두렵고 어려워하는 상황이었으나 이는 전이적인 과정으로서 일정한 기간의 고통을 겪은 후에는 건전한 시민 거버넌스의 구축으로 이어질 것이며, 이러한 거버넌스가 역량을 발휘하는 커뮤니티 중심의 계획과 행정으로 자연스럽게 발전할 것이다.

더욱이 모든 다양한 개개인이 중요한 다원화 민주주의는 사회적 부의 편재, 즉 양극화 현상과 이로인한 사회적 배재현상에 대한 저항을 하게 할 것이며, 더불어 함께 사는 사회를 추구하여 이른바 「사회통합 도시」를 조성해 나가기 위하여 많은 노력을 하게 될 것이다.

국제사회가 사회통합도시를 추구해 가고 있음에도 불구하고 이러한 사례를 찾기에는 아직 이른 감이 있을 정도로 보편화되지는 못한 것 같다. 그러나 독일의 경우, 다른 나라보다 사회통합이라는 이슈에 먼저 직면해옴으로써 이를 추진해 나가는 기회를 선점하게 되었다.

이러한 독일의 리더쉽은 사실 후발국에게 많은 시간과 노력을 아끼고 시행착오를 절감하는데 도움이 되리라 여겨진다.

그러므로 본서는 사회통합도시를 조성하기 위해 그동안 독일이 발전시켜왔던 수많은 노하우를 배울 수 있는 지식의 집대성이자 우리가 지혜롭게 활용할 수 있는 보고이기도 하다. 인구구조와 산업구조의 변화에 따라 늘어나고 있는 한국의 많은 쇠퇴지역들을 사회통합적 도시로 성장시켜야 하는 절명의 과제에 도전해야 하는 한국으로서, 한번쯤 읽어보아야 하는 필독서가 되리라 믿어, 본 번역서를 출간하게 되었다.

본서가 주민참여행정과 도시공간을 조성하는데 특히 주민참여기반 총체적재생을 열망하는 많은 쇠퇴 지역이 그것을 향해 바르고 빠르게 회복되고 발전하는데 도움이 되기를 바란다.

본서의 번역에 열성을 다해준 정연심 선생님, 최종교정을 보아주신 최병선 선생님, 초고를 읽고 여러 의견을 준 연구원들, 그리고 항상 시대를 앞서가는 책의 출간에 관심을 가지고 격려해준 연세대학교 출판부와 편집디자인을 성의 있게 맡아 준 디자인메릿에 감사한다.

2012년 3월

이 연 숙

연세대학교 교수

국토해양부 R&D「도시재생사업단」핵심2「사회통합적 주거공동체 재생기술」책임자
「지역공동체 자력수복형 도시재생 사업단」 전주TB적용연구 책임자

이 핸드북은 어떤 책이며, 왜 쓰여졌는가?

중요한 도시의 미래에 관한 주제를 다루기 위해서는 많은 사람들이 머리를 맞대고 아이디어와 제안을 만들어 내야만 한다. 일상에서의 경험, 창의성 그리고 분야별 전문지식의 결합이 성공적으로 이루어지면 그에 맞는 적절한 해결책이 생긴다. 다양한 계획 및 결정과정을 거쳐야 하는 활성적인 참여에는 도시를 위한 엄청난 잠재력이 도사리고 있다.

이 핸드북은 우선 베를린 시정부 행정부처의 직원들과 시정부의 위탁으로 행정에 종사하고 있는 사람들이 참여에 대해 더 잘 이해하고, 그들이 담당분야에 적극적으로 참여하여 활용할 수 있도록 함에 도움을 주려는 것이다. 그 외에 도시나 지역의 미래를 함께 만들어 감에 있어 주제와 관련된 관심사 또는 그에 협력하고자 하는데 필요한 모든 것이 담겨져 있다.

행정실무에서의 필요성

도시에서 참여과정이 얼마나 다양할 수 있는지를 여러 분야의 수많은 실용적인 사례를 들어 여러분들에게 보여주고 있다. 여러분들은 참여과정의 준비와 실행에 있어서의 기본조건을 파악하고, 구체적인 방법을 배우고, 유용한 운용방법을 얻을 수 있다.

> 이 핸드북은 무엇보다 베를린 시의 공무원들과 위탁을 받아 행정을 담당하는 사람들을 위해 쓰여졌다.

핸드북의 발행 목적

동기

결정과정에의 참여는 내용적으로 사실적인 자료들, 실제 사실들, 운용에 관한 제안들, 아이디어, 의견 및 참가자들의 관심사 표현과 평가 등으로 확장된다. 참여는 준비와 실행을 위한 추가적 소모를 의미하는 동시에 아이디어, 인식, 평가에 있어서의 추가적 소득을 의미한다. 이 핸드북은 참여를 가능한 한 폭넓게 적용하도록 동기화하고 참여절차의 실행을 지원하고자 한다. 여러분들은 선정된 베를린의 사례를 통해 참여의 목적과 활용에 대해 배우게 될 것이다. 여기에서 참여가 다음과 같은 이점이 있음이 분명해질 것이다.

- 계획 성과물의 질을 높임.
- 반드시 필요하지 않은 곳에 투자하는 것을 피할 수 있음.
- 행정과 당사자들간 사이 또는 현장의 다양한 그룹들간 관심사 조정에 기여할 수 있음.
- 공공시설의 활용도를 높일 수 있음.
- 공공자산의 취급과 관련해 주의를 환기시킬 수 있음.
- 사회 전반적인 것에 시민참여에 대한 관심을 갖도록 함.

실질적인 지원

이 핸드북은 참여절차를 진행, 실행하는 데 있어 기본 원리를 제공한다. 실질적인 지원과 방법, 이를 성공적으로 실행하여 좋은 성과를 얻을 수 있도록 서술하고 있다. 여기에서는 참여 절차상의 전형적인 어려움과 걸림돌도 다루며, 이를 회피하거나 적어도 완화시킬 수 있는지에 대해서도 알려준다.

정보

실용적인 지식뿐 아니라 참여 기반에 대한 이론적 지식의 기본 원리에 대해서도 추가적으로 소개하고 있다. 여기에는 법률적, 정책적, 내용적인 기본조건과 배경, 하나의 참여과.정에 있어 다양한 참여자들의 참여 동기와 역할, 특정 목표 집단과 관련된 것들 그리고 용어에 대한 전문적인 부설(付設)이 포함된다.

재교육(연수)과 네트워크화

참여 핸드북은 통합된 적용 및 재교육 개념을 통해 보충되었다. 여러분들에게 동기를 부여하고, 자격을 갖추도록 하며, 참여방법을 가능한 한 폭넓게 적용하고 효과적으로 실행할 수 있게 하려는 것이다. 이런 이유에서 지속적인 정보와 제안들에 대해 수 많은 연결을 시도할 것이다. 접촉해서 정보를 얻을 수 있는 자료들을 포함한 사례들의 소개, 방법에 대한 소개와 참고문헌 목록이 여기에 속한다. 그 외에도 세미나 제안, 기록문서 서비스를 제공받을 수 있는 온라인 사이트 등도 포함된다.

이 핸드북은 무엇보다 베를린 시의 공무원들과 위탁을 받아 행정을 담당하는 사람들을 위해 쓰여졌다.

핸드북의 주제별 초점

도시에서 참여과정이 얼마나 다양할 수 있는지를 여러 분야의 수많은 실용적인 사례를 들어 여러분들에게 보여주고 있다. 여러분들은 참여과정의 준비와 실행에 있어서의 기본조건을 파악하고, 구체적인 방법을 배우고, 유용한 운용방법을 얻을 수 있다.

방법의 다양성과 더불어 참여 과정을 작동시킬 수 있는 적용 분야 선택의 폭도 마찬가지로 크다. 이 핸드북은 장소와 공간 형성에 관계되거나 지구 개발에서 취급하는 지역적 또는 도시 전체적 계획 및 결정과정을 다루며, 예산의 분배 또는 특정 목표 집단(예, 청소년)을 중요시하거나 전자참여와 같은 방법도 다루고 있다

- **도시 및 오픈스페이스 계획 :** 핸드북에서 다루어진 참여방법과 사례의 대부분은 이 범주에 속한다. 여기서는 수년간 진행되는 전체 도시 차원의 협상과정뿐만 아니라 시간적으로 쉽게 개관할 수 있는 프로젝트들도 중요하다. 건축법에 따른 건설 기본계획의 시작단계에서 일정한 참여과정을 채택하게 되면 거기서 점점 더 필요성이 커지게 되고, 이렇게 해서 도시공간의 이용에 대한 현안으로 시작하여 건설 기본계획적 측면에서 다루게 될 다른 과정들이 나타난다. 모든 것들의 공통점은 참여방법과 도구의 다양성이다.

- **지자체 예산 수립에의 참여(주민참여예산) :** 이는 어떤 구체적인 프로젝트에 대한 참여가 아니라 하나의 행정구역의 발전을 위해 바탕이 되는 토의와 사업의 우선순위 결정에 영향을 미치게 된다.

- **구(區) 예산 위임에의 참여도 마찬가지로 도시개발 과정에 참여하는 것이다 :** 독립적인 구(區) 예산 위임에의 참여(예, 지역기금)는 한 도시지역의 지속적인 개발을 위한 근본적인 토론의 시작이다.

- **네트워크의 지원과 시민참여 :** 시민참여를 촉진시키는 것은 점점 더 정치와 행정 분야의 과제로 이해된다. 이는 행정의 현대화, 특히 사회적 공간지향적 대상이다. 특정 제안과 방안을 통해 네트워크를 구축하고 명예직으로 봉사할 수 있는 조직을 지원하도록 한다.

- **어린이 및 청소년들의 참여 :** 여기에서 언급한 사례들은 특정 목표 집단인 어린이 및 청소년들을 중요하게 다루고 있다. 그들은 거의 모든 영역에 – 정책, 문화, 스포츠, 도시계획 등 – 능동적으로 참여하게 된다. 그들은 이렇게 결정 및 계획과정에 있어서 특별한 도전과 기회를 지니고 있는 한 집단으로 특정 과제에 참여한다.

- **전자참여 :** 전자참여 뒤에는 인터넷을 통해 이루어지는 여러 가지 다양한 참여방법이 숨어 있다. 전자참여는 많은 사람들이 참여할 수 있고 실질적으로 대부분의 참여과정에서 매우 중요하기 때문에 이 책에서 별도로 다루고 있다.

이 핸드북에서는 기초가 되는 참여의 6가지 적용 분야에 따라 각 장마다 선정된 사례별로 정리하였다. 구체적으로 어떤 분야에 적용할 수 있을 것인지, 기본 조건은 무엇인지, 결정적인 성공요인과 질적 판단기준을 전개시킴으로써 핸드북에서 각각의 요점이 분명하게 드러나도록 했다.

이 핸드북에서는 베를린 주정부에서 이루어진 참여과정을 다루고 있다. 즉, 베를린 지역에서 실시되기는 했지만 연방의회나 연방정부 차원의 참여과정은 다루지 않았다는 말이다. 또한 기업이 참여하여 결정하거나, 노조가 참여하거나, 또는 주거시설과 관련하여 세입자가 결정에 참여하는 것과 같이 주에 속하는 기업(예를 들어, 세입자 자문회사)이나 주정부가 관여하는 기업과 관계가 있는 경제적 · 공동체적 분야의 참여과정도 다루지 않았다.

이 핸드북은 베를린의 정치(베를린 시의회, 구(區)의회), 주정부(시청과 구청들)와 행정(시청 산하 행정기관들, 구청 산하 행정기관들, 주정부 산하 관청 같은 특수 행정기관), 경우에 따라서 이들의 위임을 받은 기관의 결정에 방향이 설정되어 있는 참여과정들만을 다루고 있다.

공간적으로 다양한 차원의 참여과정들을 다루고 있다: 전체 도시 차원, 구(區) 차원, 洞 차원, 계획공간 차원.

참여의 개념과 테마

1

라틴어를 좋은 성적으로 통과한 사람들은 참여의 어원을 잘 알 것이다.
이는 오늘날 훨씬 더 폭넓은 의미로 사용되고 있다.

우리가 참여의 개념을 어떻게 이해하고 있으며, 오늘날 삶의 어떤 영역에서
드러나고 있는지 읽어보십시오.

1 | 1

참여 – 민주주의의 기본

적어도 민주주의는 참여한 사람들이 공동으로 결정하는 것이다. 가능한 한 많은 시민들이 이런 준비가 되어 스스로 개입하고자 할 때만 활성화된다. "Partizipation"이란 상위개념은 민주적인 결정과정에서 협력을 가능케 하는 모든 발의, 방안, 모델, 방법을 통합시킨 것이다. 고대 그리스의 도시에서 처음으로 개발된 공동체 형태로서의 민주주의를 단어 그대로 번역하자면 "국민의 통치"를 의미한다: 미합중국 대통령 아브라함 링컨이 1863년 게티즈버그 연설에서 "국민의, 국민에 의한, 국민을 위한 정부"라고 규정하였다.

헌법 20조 1항에 "모든 국가권력은 국민으로부터 나온다."고 쓰여 있으며, "공권력은 베를린에 거주지를 둔 독일 국민 전체에 있다."고 베를린 주 헌법 2조 1항에 쓰여 있다.

고대 그리스의 작은 도시국가들 또는 19세기 미합중국에서나 21세기 백만 명이 거주하는 베를린에서나 국민은 시간적 · 공간적 · 육체적으로 총체적인 민주주의의 문제를 스스로 결정할 수 있는 위치에 있지는 않다. 토론이나 결정을 하기 위해서는 모여야 하고, 투표장에서 투표권을 행사하거나 인터넷 투표에 참여해야만 할 것이다. 이미 고대 그리스에서는 결정권을 가진 일부 도시민들이(이는 당시 남자들, 그중에서도 일부에게만 국한되어 전체 도시 주민의 작은 부분이었다 – 주민들 대다수는 완전한 시민으로서의 권리가 없거나, 대부분 권리가 없는 노예였다) 정치적인 토론이나 투표를 위해 광장에 모일 수가 있었는데, 이는 결정권을 가진 대표단의 기본 형태를 보여준다.

오늘날은 헌법에 대표 민주주의와 권력의 분배를 기본 형태로 한다고 규정하고 있다.

헌법 20조 1항에는 "국가권력은 국민에 의한 선거와 표결로 입법, 행정, 사법 기관을 통해 행해진다"는 내용이 더 있으며, 베를린 주의 법에도 다음과 같이 규정하고 있다.

- **대표 민주주의 2조 2항:**
  "베를린 시민들은 이 법에 따라 자신들의 뜻을 직접적인 국민의 대표 선거와 국민결정과 간접적인 시민대표를 통해 행사한다."

- **권력의 분배 3조 3항:**
  "법률이 정하는 권력은 시민대표(입법부)에게 있다. 권력의 집행은 행정부와 그 산하 행정기관이 하며, 사법권은 독립적인 사법부에 있다."

국민들의 통치는 지속적으로 행해지는 결정의 숫자로 볼 때 오늘날 의회, 정부, 공공 행정기관의 결정을 통해 국민을 위한 통치형태로 상당 부분이 행해지고 있다. 그럼에도 불구하고 – 결정의 중요성으로 볼 때 – 국민에 의한 통치는 민주주의의 기초 원리 중의 하나로 중요한 의미를 지닌다. 시민들은:

- 국민대표가 될 피선거권이 있다(수동적인 선거권).
- 어떤 정치적 노선, 강령, 목표설정을 가진 사람이나 정당이 의회에 들어가 정부를 구성할 수 있을지에 대해 자유롭게 선택 및 결정을 할 수 있다(능동적인 선거권).
- 국민청원과 국민투표를 통해 스스로 특정 정치적인 문제를 결정할 수 있고 대상, 목적, 내용을 자유롭게 작성하여 표결에 부칠 수 있다.
- 시민청원을 이용해 특정한 결정 주제에 대한 심의를 의회에 요구할 수 있다.
- 베를린에서는 국민청원과 국민투표를 통해 의회의 임기를 조기에 끝내게 할 수 있다.
- 다양한 참여 형태로 개인적으로 또는 대표자를 통해 의회, 정부 또는 공공 행정기관의 정규적인 주제영역 및 개별사안에 관한 결정에 협력할 수 있다는 점이 이 핸드북의 중점사항이다.
- 자치의 과제를 인수받거나 공동체를 위해 다양한 주민참여의 형태로 개인적인 능력을 발휘하여 명예직으로 봉사할 수 있다. 주민참여의 다양한 형태들은 시민들이 정치적 · 행정적 결정을 위해 궁극적으로 활동의 성취를 위해 기여하는 곳에서 그의 결정과정과 밀접하게 연결되어 있다. 하지만 주제영역 "시민참여"에 대한 세분화된 고찰은 이 핸드북의 틀을 와해 시킬 수도 있다.

여기서 언급한 국민들을 통해 이루어지는 통치의 형태들은 정치학에서의 참여라는 상위개념 아래에서 통합되는 민주주의 기초 개념들이다. 넓은 개념으로 볼 때 참여는 "시민들이 자유의지로 목적을 갖고 행하는 모든 활동, 정치적 시스템의 다양한 차원에서 영향을 미치는 결정"을 포함한다. 이는 다양한 측면을 포함하고 있다:

- 참여는 시민들에 의해 이루어진다. 정치적인 결정에 그들의 능동적인 참여가 없으면 국민들에 의한 통치는 있을 수 없다.
- 실제로 점점 민주적인 관청– 및 참여 형태에 가담하는 사람이 적어지면 국민들에 의한 통치는 장기적으로 볼 때 증가하는 정당성의 근거가 축소 될 수밖에 없다. 이렇게 되면 국민이 해야 하는 정책적 결정은 적어지는 반면 관청과 위탁을 받아 행정을 담당하는 기관과 큰 영향력을 가지는 로비집단이 이를 대신 하게 된다.
- "우리는 더 이상의 민주주의를 감행할 것이다" – 과거 베를린 시장이었던 빌리 브란트 수상이 1969년 그의 첫 번째 정부시책 발표 시 모토로 천명한 핵심문장– 이런 배경에서 계속 유효하다: 사회가 변화하는 것과 마찬가지로 참여의 형태도 변화하고 있다. 몇몇 형태는 매력을 잃기도 하고, 어떤 것은 – 오늘날의 전자참여 같이, 1969년에는 기술적인 기초가 – 아직 초기 단계에

있었던 – 새로 등장하기도 한다. 따라서 주민들이 어떤 추가적 또는 변경된 참여 요청을 스스로 표현하기를 기대하는 것으로는 충분하지 않다: 정치와 행정도 마찬가지로 어떻게 기존의 참여 제안들을 이용할 것인지, 또는 보완할 필요가 있는지를 검토해야 하는 과제를 안고 있다.

- 참여의 정의에 있어 핵심단어는 자원(自願)이다: 국민들에 의한 통치, 즉 주권은 아무도 강제로 참여하는 사람이 없는 곳, 시민들이 자유의사로 스스로 책임을 지고 참여 여부와 참여 형태를 결정하는 곳에만 있다.

- 참여에 대한 시민들의 자유의지에 있어 정치적 정당화는 중앙집권제에 의한 "인민민주주의" 시스템이 바탕되는 참여와는 구분된다. 거기에는 참여의 메커니즘이 존재하며, 조금 더하거나 덜하거나 사회적인 집단조직과 집단 행사에 협력해야 한다. 무엇보다 목적, 받아들이는 사람, 정당 중심부에서의 지원 또는 국가의 결정과 정해진 목표를 요구하게 되므로 어느 정도 의무에 대한 압박을 받게 된다.

- 참여는 권력의 분배와 같이 민주주의의 중심적 토대에 속한다.
- 참여는 정책적 결정에 영향을 미치도록 하는 것을 목적으로 한다.
- 참여는 시민들에 의해 이루어진다.
- 참여는 항상 자유의지에 기인한다.
- 정치와 행정은 폭넓은 참여 제안을 함으로써 참여에 대해 관심을 가지고 참여할 준비 자세를 갖도록 지원하고, 장려하여야 한다.
- 정책적 결정을 위해 발의하고, 준비하고, 만나는 것뿐만 아니라 결정된 것을 실행하여 성공시키는 데 관여하는 것도 참여의 목적이 된다.
- 이 핸드북은 정책적 결정을 위해 발의하고, 준비하고, 만나는 것과 관련된 측면의 참여만을 자세하게 다룬다.

1 | 2

참여의 범위

"참여는 그의 도움으로 정책적 결정 과정에 영향을 미쳐 관심사 실현과 욕구 충족을 추구하려는 도구이다."
참여 형태의 다양성과 변화무상함으로 인해 이 책에서 참여에 대해 완전히 조망하는 것은 불가능하다.
그러나 구분할 수 있는 중요한 특징들은 언급되어 있다.

1.2.1 직접적 참여 형태와 간접적 참여 형태

직접적 참여 형태에서 개개의 시민들은 참여 권리를 직접적 · 개인적으로 이용한다. 직접적 참여 형태의 스펙트럼은 폭이 매우 넓다. 선거, 국민청원 또는 국민투표에의 참여와 정당, 협회, 시민단체 또는 정치적 참여를 목적으로 하는 조직에 가입하거나, 시위에 가담하거나, 진정서(청원서)의 제출 또는 정치적인 결정을 주제로 하는 온라인 포럼에의 참여 등이 이에 속한다.

간접적 참여 형태에서는 대표자들이 시민들의 관심사를 대변한다. 여기서도 스펙트럼의 폭은 매우 넓다. 가장 중심적인 대상은 정당, 협회, 시민단체와 정치적인 의도를 우선으로 하는 조직의 대표자들이다. 그러나 형식을 갖추어 조직된 집단이 아닌 시민 개인도 대표로서 활동할 수 있다. 여기서는 형식적으로 선출된 것이나 박수갈채로 선출된 것이나 같으며, 또는 자발적인 자기설명으로 특정 관심사에 대한 대변인으로서 수락된 경우도 그러하다.

간접적 참여 형태의 특수한 경우로는 정치와 행정의 자문위원회와 기타 협의기구를 설치하는 것이다. 엄밀히 따져본다면 전반적으로 그들의 활동이 참여 형태에 준하는 것인지에 대한 질문이 제기될 수 있다. 대다수의 자문위원회는 시민들이 주도하지 않고, 협의 정치와 행정의 교섭위원회로 구성된다. 대다수의 자문위원회에는 학자들이 소속되어 있으며, 그들의 주된 업무는 특정 공동체의 관심사를 직접 대변하는 것이 아니라 독자적으로 학문적인 전문지식을 제공해주는 데 있다. 물론 자문위원회와 협의기구들의 가장 중요한 과제는 정책 결정에 있어 기초 정보를 확대시키고, 공동체적 관심사에 대한 질문에도 깊이 관여하는 것이므로 좁은 의미에서 따져본다면 간접적인 참여 방법에 속한다고 볼 수도 있다.

- 직접적 참여 형태에서 개개의 시민들은 개인적으로 절차에 가담할 수 있고, 개인적인 지식, 관심, 평가, 표결을 할 수 있다.
- 간접적 참여 형태에는 다양한 관심사를 갖고 있는 대표들이 참여한다. 특정 주제에 대한 목표를 갖고 있는 조직의 대표들뿐만 아니라, 구체적인 참여과정에서 지명되거나 선출된 사람도 있을 수 있다.
- 자문위원회와 협의기구는 간접적인 참여방법의 특수한 형태다.

1.2.2 참여방법의 법률적 형식화

참여방법을 구분하는 중요한 특징은 그들의 법률적 형식화다. 법률적인 요식은 참여의 다음과 같은 측면과 관련이 있다:

- **참여방법의 실행에 있어서의 의무**
  헌법 조항(1장 1절에 있는 선거권과 피선거권 규정 같은), 법률 또는 법령으로 어떤 경우에 의무적으로 참여절차를 시행할 것인지, 언제 해야 할 것인지를 정할 수가 있다. 국민의 대표를 선출하는 선거와 관련된 조항이 가장 엄격하게 규정되어 있다.

- **참가자격의 범위**
  법률적인 요식화의 가장 근본적인 측면은 참여과정에의 참가자격을 규정하는 일정한 최소한의 충족요건이나 예외기준이 있는가에 있다. 이때의 선거는 가장 요식화된 것임을 알 수 있다.

- **절차의 진행과 기한**
  기한과 절차의 진행을 법률적으로 요식화하는 목적은 엄밀한 절차를 보장하기 위한 것이다. 절차에 참여하는 사람들은 이를 통해 지체하지 않고 일정에 차질 없이 참여 기여에 대한 준비를 하고 절차를 진행시켜야 하므로 어느 정도 압박을 받는다. 경우에 따라, 기한을 준수하지 않은 기여는 소용없게 된다. 기한을 준수하지 않은 경우, 규정의 종류 또는 사유에 따라 기한을 연장하고 이미 경과한 절차상의 단계를 다시 시작할 수도 있다. 그러나 이에 대해 의향에 따라 결정하는 것은 불가능하다. 이는 객관적 또는 의문이 있는 경우 법적으로 확인할 수 있는 – 기초가 되는 법률 규정의 종류에 따라– 참여자들의 개인적 관계에 바탕을 둔 원인이 있어야만 한다.

절차의 진행과 기한을 정하는 또 다른 목적은 동일한 참여 기회의 충분한 보장을 위해서이다. 기한은 참여할 모든 목표 집단이 절차의 개시에서부터 이를 제대로 알 수 있는 충분한 기회를 가질 수 있도록 정해야 한다. 그들이 일정에 참여할 수 있도록 계획하고, 그에 맞춰 준비한다. 기한은 빠듯하게 잡지 말아야 한다. 절차의 지체 없는 진행과 충분한 참여 기간 사이에는 항상 어느 정도 긴장관계가 형성되기 마련이다. 법률에 기한이 명시되어 있지 않는 한 참여절차의 진행 책임자는 항상 신중하게 검토해야 한다. 이렇게 법적으로 요식화된 절차상의 규정은 이를 허용하고 있으므로 존중해야만 한다.

- 절차의 시작에 있어 기한은 가능한 한 넉넉하게 잡아야 한다. 이렇게 해야 결정대상에 관심을 가지는 사람들은 다른 사람들에게 주제에 대해 알리고, 이해관계와 해결가능성에 대해 토론하고, 주제에 대해 보다 심오한정보를 얻을 수 있는 기회를 갖게 된다.
- 이미 절차의 시작에서부터 절차의 각 단계에 대한 조망과 법적 근거가 주어진다.
- 정해진 일정에 따라 절차를 진행하도록 하고, – 법률적으로 강제적인 기한이 정해져 있지 않는 한 – 이를 참여자들이 정하도록 한다.
- 절차가 진행되는 동안 앞으로 절차가 어떻게 진행될 지를 설명하고, 지연되는 경우에는 참여자들이 마감기한을 준수하기 위한 방안을 마련해야 한다.

• 참여의 대상과 내용

원칙적으로 참여의 대상과 내용은 법률적인 요식화로 제한할 수 있다. 새로이 국민투표가 이를 가장 엄밀하게 규정하고 있다: 여기에서는 통상적으로 선거법에 정해진 절차에 따라 선거에 참여할 수 있는 입후보자의 이름과 명부, 정당과 유권자를 제한하고 있다. 유권자들은 정해진 형식으로 표시함으로써 분명하게 선택 결정을 할 수 있다. 명부의 변경, 주석을 다는 일 혹은 이와 유사한 일을 하는 경우에는 일반적으로 무효가 된다. 하지만 입후보자 명부에 선을 긋거나, 무엇을 첨가하거나, 변경 하는 것 또는 여러 명 또는 사안에 기표하는 것에 대해 명시한 선거법 형식도 있다.

• 성과의 구속력

법률적으로 형식화 정도를 규정하는 것은 정치적으로 대표성을 띄는 위원회, 정부 또는 행정을 통하여 결정된 틀 안에서 결정의 결과(예, 선거결과)를 엄밀하게 적용시키는 것에서부터 온전한 의무를 인식하는 데까지 이르게 한다.

하나의 참여 성과의 법률적인 구속력 정도와 해당 결정내용에 미치는 효과 사이에는 뚜렷한 구분이 있어야만 한다: 한편으로는 하나의 결정내용이 참여 과정의 성과와 관련이 있다는 하나만으로 달라지지 않는 것이다. 다른 한편으로는 전혀 형식적 · 법적으로 구속력이 없는 참여과정도 참여 성과에 따라 내용적으로 중요한 효과를 지닐 수 있다. 두 가지 경우에 있어 참여절차의 내용에 대한 관건은 결정과정에서 누구에 의해 어떤 성과를 어떤 관점에서 얻을 것인가이다.

학술적인 연구에서는 종종 "공식적인" 참여와 "비공식적인" 참여를 쉽게 구분하고 있다. "공식적인" 참여방법은 이를 실행함에 있어 법적인 근거와 관계되는 의무를 내용으로 하는 단계가 있으며, 경우에 따라 다음과 같은 규정이 존재한다.

- 기한과 처리절차,
- 참여의 방식과 범위,
- 참가 집단과 참여권리,
- 성과의 참작에 있어 구속력과 방식.

이런 의미에서 "공식적인" 참여방법(예를 들어, 몇몇 법률영역에서 계획을 확정하는 방법 또는 건축법 3조 2항에 의한 건축계획의 공적인 해석)은 중심에 없다. 이들에게는 특별한 법률학적 주석이 있으며 대부분 전문화된 방침, 추천된 방법과 입문서 등이 있다. 이들은 이 핸드북이 여러 영역을 두루 포괄적으로 다룬 것에 비해 각각의 분야에 따라 기본적으로 더 자세하게 다루고 있다.

부록: 건축법상 참여방법의 다양한 법률적인 형식화 정도

건축법 3장 1조에 의한 건설기본 계획에의 조기 대중 참여(매우 낮은 법률적인 형식화 정도)

(1) 어느 지역을 새로 조성하거나 개발하는 경우, 일반 대중은 가능한 한 조기에 계획의 일반적인 목표와 목적, 근본적으로 구분되는 해결책에서 고려되어야 하며, 예측할 수 있는 계획의 효과에 대해 공개적으로 알려야 한다. 즉, 그들에게 의사표시를 할 기회와 토의할 기회를 주어야 한다. 그러나 다음과 같은 경우에는 알리거나 논의하지 않을 수도 있다.

1. 건축계획이 수립 또는 폐지되었으나 계획지역과 인접지역에 전혀 또는 아주 미미한 정도의 영향만을 미칠 때 또는
2. 보고와 논의가 이미 사전에 다른 토대 위에서 이루어졌을 때이다.

논의가 계획의 변경으로 이끌어갈 때는 보고와 논의는 2조의 방법도 따른다.

건축법 제3장 2조에 따른 건설 기본 계획의 형식적인 해석(비교적 높은 수준의 법률적 형식을 갖춤)

(2) 건설 기본 계획의 초안은 계획에 대한 근거와 함께 지역(최소 행정단위)의 평가를 거친, 이미 제출된 본질적인 환경관련 입장표명(환경영향평가서)을 1달간 대중에게 공개해야 한다. 전시 장소와 기간, 보고는 어떤 종류의 환경과 관련된 정보들을 다루는가에 따라 대개 행사 1주일 전에 지역 전체에 걸쳐 알려야 한다. 다시 말해, 이 때에는 전시 기간 동안 입장표명을 할 수 있으며, 기한을 지키지 않은 입장표명은 건설 기본 계획에 대한 의결에서 참작하지 않을 수 있음과 행정절차법 47장에 따라 신청이 허용되지 않는 건설계획을 수립함에 있어서는 신청과 함께 의의를 주장하면 관철시킬 수도 있음을 알려주어야 한다. 4장 2조에 따른 참여자는 전시에 대한 통지를 받아야 한다. 기한에 맞추어 제시된 입장표명은 검토를 거쳐 결과를 알려주어야 한다. 50명 이상이 같은 내용의 입장표명을 한 경우에는 성과를 열람할 수 있도록 하여 통지를 대신할 수 있다; 검토의 결과를 근무시간 중에 열람할 수 있도록 장소는 지역 전역에 알려야 한다. 6장 또는 10장 2조에 따른 건설 기본 계획의 제시는 지역(최소 행정단위)의 입장표명과 함께 고려하지 않은 입장표명도 첨부하여야 한다.

물론 "공식적인 참여방법"도 미미한 법률적인 요식화 정도만을 제시하는 경우가 자주 있다. 한 예로 건축법 3장 1조 1항에 의한 건설 기본 계획에 있어 대중의 조기참여를 들 수 있다. "공식적인 참여방법"에 적혀 있는 다른 영역(예를 들어, 계획의 확정방법과 관련된 많은 법적 영역에서)에서는 가능하면 방법이 시작되기 전에 이미 참여과정에 여지를 주거나 간혹 정치, 정부, 행정에 스스로 부딪치도록 할 수 있다 –대략적인 사전 결정에 있어 하나의 프로젝트에 대해, 이를 다룰 것인지 말 것인지, 어디서 다룰 것인지, 어떤 내용에 대해 다룰 것인지를 계속해서 추구해야만 한다. 이 핸드북은 법적 구속력이 없는 방법에 대해 안내를 하거나 절차상 도움을 제공하고 있다.

"비공식적인" 참여방법으로는 학문적인 영역에서 종종 전형적인 법률적 토대에 기초를 두고 있지 않거나 위에서 거론한 매우 낮은 정도의 법률적 요식화를 제시하고 있는 참여방법이 거론된다. "비공식적"이라는 개념선택은 형식이 아예 없거나 구속력이 없다는 말로 들리므로 그리 좋은 표현은 아니다. 그러나 여기서는 그런 뜻이 아니다: "비공식적인" 참여방법은 법률적인 요식화가 되어 있지 않거나 매우 낮은 수준으로 되어 있다는 것을 의미한다. 따라서 내용적, 방법론적인 형성방식은 광범위하게 열려 있다. 그럼에도 불구하고 "비공식적인" 참여방법에 있어서도 이런 형성규정은 기초적인 의미를 지닌다. 구체적인 경우에 범위를 정해 다루는 것과 같은 규정이 없으면 "비공식적인" 참여방법은 어떤 성과도 얻을 수 없다. "공식적인" 방법과의 근본적인 차이는 이 규정이 "외부에서부터" 법적인 구속력이 미리 주어지지 않는다는 점에 있다. 이는 개별적인 결정대상의 필요에 따라 적당히 조절하거나 참여자들과 경우에 따라 약정할 수 있는 기회를 열어 준다. 참여절차가 시작되기 전에 이미 또는 시작에 맞추어 "운영규칙"을 확정하고, 그에 대한 의견을 나눌 수 있도록 해준다: 누가 어느 정도로 참여하게 되는가? 어떤 방법을 적용할 것인가? 성과는 어떻게 구속력을 갖게 될까?

- 참여방법에 있어 "공식적인" 방법과 "비공식적인" 방법은 법률적인 형식화 정도로 구분된다.
- "공식적인" 참여방법은 강력한 법률적인 형식화 수준을 제시한다. 대개 이들에 대해서는 더 깊이 다룬 전문서적들이 있으므로 이 핸드북에서 중점적으로 다루지는 않았다.
- "비공식적인" 참여방법은 법률적인 요식화가 전혀 없거나 아주 미미하게 되어 있을 뿐이다. 따라서 경우, 경우집단 또는 지역에 따라 특화한 계획을 세울 수 있는 기회를 제공한다. "비공식적인" 참여방법은 이 핸드북에서 핵심적으로 다루고 있다.
- "비공식적인" 참여방법도 성공을 위해서는 최소한의 구속력이 있는 방법상 규정을 필요로 한다. 이는 사전에 확정할 수도 있고, 절차가 시작될 때 참여자들 간에 약정할 수도 있다.
- "비공식적인" 참여방법에 있어서 절차상 규정을 확정하기 위해 "공식적인" 방법에서와 같이 대략 비슷한 테스트 기준이 주어지게 된다.
  - 대상과 내용?
  - 참가권리가 있는 집단?
  - 절차의 진행과 기간?
  - 성과의 구속력 정도?

1.2.3 참여과정의 의미와 목적

참여과정에 참가하는 집단은 개개 사안에 따라 매우 다양하다. 매우 보편적으로 관찰할 때 다음과 같은 참여그룹들로 구분된다.

- 시민들 개개인
- 다양한 시민들로 이루어진 관심집단의 대표자들(1.2의 간접적 참여)
- 직접 참여할 수 없는 관심이나 이해관계가 있는 대표자들(예, 환경보호, 문화유산, 노숙과 관련 있는 사람 등)
- 개인적인 권리 소지자들.
  그들의 이해관계는 계획에 의해 건드려질 수가 있다.
- 계획의 시행자
- 베를린 주정부의 행정기관이 스스로 계획하고 실행하는 계획에 있어서: 담당 행정기관 과/또는 그들로부터 위임을 받은 사람들
- 사적인 계획에 있어서: 추진자와/또는 위임받은 사람들
- 전문주제별 전문가들
- 분야별로 담당하는 결정을 준비하는 주무관청 과/또는 결정을 하는 주무관청(행정기관 또는 정치)과/또는 그들로부터 위임을 받은 사람들

모든 참여집단은 일정한 정보, 자원에 대해 그리고 평가, 관심사, 목표와 같은 것에 대해 다룬다.

정보는 결정대상의 모든 면, 앞으로 변화되고 전개될 대안과 관련이 있다. 정보는 그 이상 또는 이하로 완벽하게 세분화될 수 있다. 그들은 학문적인 지식 또는 실질적인 경험을 통해 확고히 할 수 있으며, 적확하거나 또는 잘못된 획득, 선입견이나 소문에 기인할 수 있으며, 합리적인 추리나 추측 또는 그럴듯한 추세의 진술에 기초를 둘 수도 있다. 그들은 상태의 묘사와 관련 또는 앞으로의 기대와 관련해서 진실일 수도 있고 잘못된 것일 수도 있다.

자원은 결정에 관여되는 과정에서 공동으로 사용하기 위한 것뿐만 아니라, 각각 자신이 갖고 있는 관심 입장을 관철시키기 위해 동원하거나 사용할 수 있는 모든 취급도구를 말한다. 자원에는 앞서 언급한 정보들, 대략 가능한 결정을 이끌어낼 수 있는 활동의 여지를 위한 표현능력, 이해력, 창의성, 협력할 준비성, 뛰어난 육감 등과 같은 참여자들의 모든 개인적인 자격과 능력이 속한다. 예를 들어 무엇보다 중요한 것은 소유권, 재원, 전문 인력의 능력, 그리고 시간과 같은 물질적 · 법률적 자원이다.

평가, 관심사 그리고 목표는 개개의 참여자들이 결정의 대상과 결정의 여지에 대해 다른 참여자들과 자신들에 대해 어떻게 평가하고 의미를 부여하는지와 관련이 있다. 여기서는 결정 대상으로부터 기대되는 비용 및 혜택, 공동체를 위한 비용 및 혜택을 고려하였을 때의 참여자 개개인에게 돌아가는 이득과 손실이 그 역할을 한다.

모든 참여과정의 목적은 적절한 의사소통의 형태를 이용해 마지막에는 가능한 한 많은 참여자들을 위하여 다음과 같은 질문에 가능한 한 분명하게 답변할 수 있도록 정보, 자원 그리고 평가를 과정에 편입시키고 분류하려는 것이다.

1) 결정을 하기 위해 어떤 기본적인 대안이 있는가(소위 0–대안〈대안없음〉을 포함하여 계획대로 실행되지 않고, 지금까지 진행된 개발과정에 영향을 미치지 않고 계속된다)?

2) 각각의 대안들은 생태적 · 사회문화적 · 경제적 · 정책–행정적 관점에서 어떤 긍정적 · 부정적 효과의 공존이 예견되는가?

3) 참여자들은 대안들을 어떻게 평가하는가?

4) 개별적인 대안에 대해 어떤 표결이 이루어졌나? 그리고 이는 참여자 모두 또는 대다수에 의해 추천되었는가?

5) 표결에 의한 결정으로는 결코 추천될 수 없는 참여집단 중 소수에 근거한 의견들은 충분히 고려되었는가?

6) 4)와 5)에 언급된 입장을 고려하여 특정 결정을 위한 제안 또는 여러 개의 유사한 동등한 가치가 있는 제안들에 대한 공동의 표결이 있었는가?

1 . 2 . 4 참여의 단계

도표 : 참여의 단계

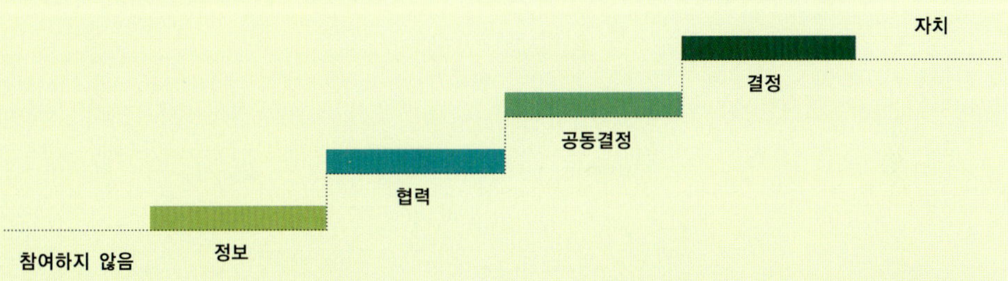

도표로 나타낸 참여모델은 무엇보다 개별사안과 관련된 참여과정을 추상적으로 묘사한 것으로 참여자들이 표결을 하여 구체적인 결정을 하는데 적절하다. 이는 원칙적으로 정기적으로 열리는 회의 또는 지속적인 참여 형태 의 분석에 적합하다. 이 참여 형태에 있어서는 구체적인 결정대상에 대한 개별적인 표결은 드물고 대부분 시민들의 관심사나 요구에 대해 정기적이고, 지속적인 대화가 이루어지므로 추가적으로 참여 성과물의 구속력 정도에 따른 구분이 의미가 있다.

예를 들어 이는 1969년 Sherry Arnstein에 의한 논의에서 나온 단계모델 "참여의 사다리"를 표현한 것이다. 여기에서 참여는 결정권에 관여하는 것으로 묘사되었다. 자주 사용되는 "참여의 사다리" 모델은 참여를 "정보제공–협력–공동결정–자조"의 4단계로 구분하고 있다.

- **정보:** 관심 있는 사람들과 이해관계자들은 계획에 대한 정보를 알려 주고, 그들의 효과에 대해 설명하기 위해 초대한다. 그 외에 게시를 하거나 선전용 우편물을 통해 정보를 제공한다.

- **협력(상의):** 관심 있는 사람들과 이해관계자들은 정보를 제공받고, 그를 넘어 제시된 계획에 대해 입장을 표명할 수 있다. 그들은 내용에 대해 결정할 수 없음에도 불구하고 실행을 위해 아이디어를 제공할 수 있다.

- **공동결정(제휴):** 관심 있는 사람들과 이해관계자들은 계획을 전개시켜나가는 데 있어 공동결정을 할 수 있다. 책임자와 함께 목표에 대해 다룰 수 있으며, 목표의 실행과 적용에 대해 계획할 수 있다. 관심 있는 사람들은 계획된 방안에 매우 큰 영향력을 가지고 있으며, 그들의 의견, 희망, 요구를 매우 강력하게 반영시킬 수 있다.

- **결정(자치에 이르기 까지):** 시민들은(주민들, 행정 그리고 기타) 그들의 의견을 제시하고, 이를 통해 구속력 있는 공동의 많은 합법적이라고 인정받은 결정을 하게 된다.

정보, 협력, 공동결정 그리고 결정은 각각 하나의 참여과정에서 영향을 미칠 수 있는 가능성 정도를 표시한다. 이는 "참여의 단계"라는 표본으로 요약되었다.

베를린에서의 참여를 위한 여건과 도전

2

참여는 독일에서만의 현상도 아니고, 21세기에 발견된 것도 아니다.
행정과 정책이 마주하는 점점 더 복합적이 되어가는 도전의 측면에서 현 시대에서 참여의 의미는 눈에 띄게 확장되고 있다. 참여는 민주주의의 질을 높이기 위한 투자라는 긍정적인 이유에서 다양한 혜택을 가져오며, 도시에서 쾌적함을 느낄 수 있는 요인을 증가시킨다.

참여에 대한 역사에 대해 많은 경험을 하는 것이 좋다. 베를린에서는 어떤 공동체 영역에서 참여가 중요한 역할을 하는지와 미래의 행정업무를 위해 참여가 무엇을 의미하는지 읽어 보는 것이 바람직하다.

2 | 1

참여의 단계와 새로운 도전

"민주주의라고 말하는 것은 참여를 의미하는 것이다." 이 말의 의미는 항상 지분을 갖는다는 것은 아니다. 독일에서는 일반적으로 68세대들을 현대적인 주민참여의 "발견자"로 여긴다. 그 당시에는 정치가들의 문제해결능력에 대한 믿음이 현저히 추락하고 있었다. 어떻게 참여라는 단어의 의미가 전개되었는지에 대해 이 장에서 요약하였다.

2.1.1 "더욱 더 민주주의를 감행하다"...에 대하여

전후 강력한 국가가 당면한 과제에는 고작해야 4년마다 선거를 치루는 것이 포함되었는데 마치 공동체의 정치 · 경제적 상황의 방향을 전환하는 것으로 보였다. 이에 항의하여 소위 68세대의 반란이 일어났다. 그들은 더 많은 참여를 요구하였다. 그리고 나서 1969년 10월 유명한 빌리 브란트 총리의 대국민 성명을 통해 잘 알려졌듯이 정치는 변화하였다: "우리는 더욱더 민주주의를 감행하려고 합니다 (....) 앞으로는 공동체의 다양한 분야에서 공동으로 결정하고, 책임지도록 하는 데 힘을 기울일 것입니다."

도시개발은 정치영역에서 처음으로 포착되므로 정치영역에 속한다. 고맙게도 "도시의 비현실성"에 대한 Alexander Mitscherlich의 명제가 동기를 부여해, 미국의 대도시에서 있었던 도시재생 프로그램을 모델로 하여 서베를린을 비롯한 서독지역의 여러 도시들에서 도시계획을 실시하면서 주거정책과 전문적인 계획과정에의 참여를 통해 도시개발을 사회 통합적으로 다루는 도시개발에 있어서의 민주화가 시작되었다. 이런 움직임은 결국 1970년대에 도시건설촉진법의 도시재생에 있어 당사자들의 참여를 명시하도록 하였다.

1968

1968년 대학생들의 시위는 훗날 시민참여와 시민단체를 있게 하였다.

1968

빌리 브란트 총리의 대국민 성명의 모토는 "우리는 더욱 민주주의를 감행할 것이다"였다.

2.1.2 "우리는 국민이다..."에 대하여

동독의 1989년 민주화운동에는 참여의 중요한 뿌리가 있다. "우리는 국민이다!"라는 요구가 내용에 담겨져 있었다. 한편에서는 중앙집권적인 국가에 불만을 가진 사람들을 거리로 뛰쳐나오게 한 사람들이 있었고, 다른 한편에서는 당론과 5개년 계획의 입장을 고수하여 강력한 영향력을 행사하기를 원했다. 여기에 환경문제 또는 점점 황폐화되어가는 도시를 구하자는 요구는 없었다. 동베를린 지역에서도 1989년 이전에 이미 주택들을 점령하는 등 도시건축적인 결정에 항의가 있었다. 미미하긴 했지만 항거가 있었던 것이다. 장벽의 붕괴와 함께 이런 요구도 커져 갔고, 일부는 내용도 바뀌었다. 활기찬 민주주의와 도시와 정치의 개발에 관한 많은 질문들에 참여하는 것으로 잘 알려진 사례는 위계질서가 없이 열리는 "라운드테이블-원탁회의"이다.

민주화운동은 공동체에서 민주적인 본보기를 보편화시키는 데 매우 본질적으로 기여하였다. "한편으로 이는 서구의 사회적 · 문화적 · 세대적인 것과 비교할 때 오히려 소수에 의해 (...) 모두의 요구로 그 때까지 자유롭지 못한 사회 독재국가에 맞서 오히려 폭넓은 운동으로 등장했다. 다른 한편으로는 그로부터 정치의 공동체적 포어 코트로서, 의회에서 대표자들을 위해 온전한 리쿠르팅 필드로서 더욱 역할을 다하는 민주 시민사회에 대한 폭넓은 이해로 발전하였다."

1977

"Kruezberg를 위한 전략"은 시민참여를 위해 많은 노력을 기울인 Kreuzberg구(區)의 미래를 위한 프로그램에 관한 공모전이다.

1979

Kreuzberg에서의 철거, 주택에 관한 투쟁, 철거대상 건물의 불법점령 은 재생에 있어서의 사고의 근본적인 전환과 "낡은 건물의 IBA"를 위한 계획으로 이끌었다.

2 . 1 . 3 그리고 “사고는 글로벌로 – 취급은 지역적으로!”...

지역 아젠다 21의 과정도 참여문화에 상당히 기여했다. 이는 원래 1992년 리오 데 자네이로에서 열린 환경과 개발에 대한 UN회의에서 나온 것이다. 베를린에서는 2003년 1차 아젠다 초안이 제시되었으며, 이는 여러 번 수정작업을 거쳐 2006년 “베를린 지역 아젠다 21”로 의회에서 통과되었다. 여기에서 7가지 취급분야가 확정되었으며, 지속적인 도시개발을 위한 각각의 목표와 방안이 담겨 있다. 취급분야 “시민의 책임과 참여”의 틀 안에서는 지난 수년간 많은 참여가 캠페인, 프로젝트, 모델계획 등에서 시행되었다. 과정을 이끌어가기 위해 시민들과 정치 사이에서 중간역할을 하며 지속적인 발전을 위해 프로젝트를 주도할 베를린 21협회가 조직되었다.

리오선언과 아젠다 21 이외에도 참여와 참여 권한에 영향을 미친 다른 국제회의도 있었다. 환경보호에 있어서 인간의 권리에 대한 것을 다룬 Aarhus회의, 라이프치히 헌장(장기간 영향을 미치는 도시의 성공적인 조건으로서의 통합적 도시개발) 또는 Aalborg 헌장 등이 여기에 속한다. 이에 서명한 도시와 지자체들은 10조 “새로운 도약을 위해 결정을 이끌어내는 과정을 보다 더 직접 민주주의적인 협력을 통해”와 지역 아젠다 4조 “지자체의 행정운영의 중심에 정착시키기 위해”에 대한 의무가 있다.

1983

1983: IBA가 개발한 신중한 도시재생을 위한 베를린의 기본원칙 1:12에 재생은 주민들과 함께 계획하고 실현시켜야만 한다고 되어 있다.

1989

1989: “우리는 국민이다”는 동독의 민주화운동에 있어 중요한 슬로건의 하나다. 수많은 라운드테이블과 시민단체가 생기게 되었다.

2 . 1 . 4 "포스트 민주주의"와 "다중 민주주의"...

현실의 상황을 몇몇 저자들이 "포스트 민주주의", "정치에 흥미가 없음" 또는 "탈정치화"라는 단어로 표현하고 있다. 중심논제는 "형식적인 민주주의적 원칙이란 벽 뒤의 현대적인 민주주의는 점점 더 특권을 누리는 엘리트들에 의하여 조정되고(...), 이렇게 하여 중요한 정치적 결정은 오늘날 전통적인 민주주의적 통로의 외부에서 내려지고 있다" 정치에 흥미를 잃어가는 것을 인지하는 것과 병행하여 점점 더 다른 형태로 의견을 표시하고 참여하는 방법을 찾아가고 있다는 것이다. "4년마다 X표나 치는 것에 대해 항상 불평이나 하는 사람들은 분명히 자기 위치에서 다른 방법을 놓치고 있는 것이다". 이런 옵션은 시민단체를 통해 "대표 민주주의"의 "영구적인 관찰과 통제"를 하는 것이며, 이 핸드북에서 수없이 서술하고 있듯이 참여의 새로운 형태다. 이는 "다중 민주주의"라고도 요약하여 표현할 수 있다.

참여는 또한 지난 수년간 항상 강력한 역할을 담당해 왔다. 여기에는 위에서 열거한 맥락들 외에도 다른 원인, 그리고 도전이 있다.

극복해야 할 문제점들의 복합성과 다양성의 증가: 도시는 점점 이질적이 되어가고 있다: 주민들간 수입의 차가 커지고 있으며, 사회적인 이질성도 점점 강해지고 있다. 다양한 인종과 문화 배경을 가진 사람들이 더불어 살아가고 있다. 주민들이 다양해짐으로써 관심사와 보는 관점도 다양해진다. 일치된 "시민의 관심사"가 없다. 사회적 집단의 다양성을 공정하게 다루어 모든 관심사를 충족시켜야 하는 정치도 점점 더 힘들어진다.

1990

리오 컨퍼런스와 여기에서 생긴 아젠다 21 과정은 지속가능한 개발에 있어 시민참여에 매우 큰 의미를 부여하였다.

1994

유럽 도시들의 지속가능한 미래로 향하는 길을 모색하기 위한 Aalborg헌장은 결정과정에 더욱더 직접 민주주의적인 협력을 해 나갈 것을 장려하였다.

취급할 여지의 축소: 지자체가 취급할 여지는 점점 축소되고 있다. 재원이 줄고 있으며, 영향력을 미칠 가능성은 한계가 있다. 따라서 행정은 우선 문화, 스포츠, 여가시간과 성인 대상 교육과 같은 "자발적인" 과제에 있어서 경영학적인 관점에서 더욱 효율적인 기능을 해야 할 뿐 아니라 절약해야만 한다. 그렇기 때문에 공공의 책임영역도 자주 공동체나 개인 소유로 넘어가기도 한다.
정치와 계획에 대한 이해의 변화: 지자체의 성과요구와 수행능력은 각기 떨어져 표류하고 있다. 여기에서 갈등이 생긴다: 공적으로 문제점을 해결하고, 조정할 능력이 축소되고 있으며, 사회적 · 생태적 · 경제적 영역에서의 도전은 점점 복잡해지고 있다. 관습적인 규정의 메커니즘은 이에 대해 자주 포기하게 만든다.

2.1.5 "활성화되는 국가"에

한편으로는 정치에 회의를 가짐으로써, 다른 한편으로는 취급할 여지의 축소로 인해 정치와 계획에 있어 역할에 대한 이해와 취급방법의 변화가 있을 수밖에 없다 – 프로젝트에 방향을 맞추어 모든 영역을 포괄하는 계획에 대한 요구의 길로, 한걸음씩 해결책을 모색하면서 앞으로. 시장과 네트워크의 기능을 지향하여 조절해가는 형태의 의미가 신장되고 있다. 도시개발 계획은 활동가들과 진행과정 그리고 실행하는 데 방향이 맞춰지고 있다. 이런 변화는 자주 "Governance(협력적인 통치)"라는 개념으로 서술된다: 일방적인 국가의 통치(정부)는 Governance(협력적인 통치)를 통해, 즉 협력적으로 영향력을 미침으로써 확대된다.

1999

베를린 지구관리 지역에서 시민참여는 가장 중요한 특징을 보여주는 주제다. 여기에서 중심적인 도구는 지구협의회다.

2006

베를린에서 시민결정의 장애물은 줄어들었다. Tempelhof 공항부지 또는 Kreuzberg의 Spree 미디어단지가 주민결정 사례다.

여기에서 계획을 하는 행정은 다양한 관심사들과 그것을 대표하는 대표자들 사이에서 중재를 하면서 진행하고, 조정하는 행정이 될 것이다. 공공의 과제를 더 이상 혼자 떠맡을 수 없게 되면 시민단체의 파트너들의 공적인 힘을 찾게 된다. 도시의 지역과 이웃관계에서도 지역의 주민들의 자원과 지식을 가동시키기 위하여 참여하여 自助할 수 있도록 고무시켜 활성화되는 것이 중요하다. 이때 다시금 "시민사회", "활성적인 국가의"라는 개념이 등장한다: 활성적인 국가는 공공의 성과를 창출하는 데 있어 시민들을 활성화시키고, 참여시키고, 지원하고자 한다.

- 참여의 뿌리는 60년대 후반의 정치적 움직임에 있다 ("더욱 민주주의를 감행할 것", 빌리 브란트); 구동독에서의 민주화운동 ("우리는 국민이다")과 1990년대의 리오선언과 거기에서 전개된 지속 가능한 전략 (아젠다 21).
- 오늘날에는 공공의 성과 창출을 위해 시민들을 활성화시키고, 참여시키는 활성적인 국가의 민주주의에 대한 새로운 이해를 위해 수많은 참여 가능성이 있다.

2007

지속가능한 유럽의 도시를 위한 라이프치히헌장은 주민들이 통합적 도시개발에 함께 참여할 것을 지자체들에게 독려했다.

2010

"Stuttgart 21"은 대규모 프로젝트의 계획에 좀 더 많은 참여를 할 것을 강력히 촉구한 것으로 간주된다.

2|2

다른 비전과 프로젝트에 비추어 본 참여

베를린은 활력 있고 다양한 면을 지닌 도시로서 자부심을 갖고 있다. 여기에는 매우 다양한 삶의 현실, 이해관계가 얽힌 상황, 인지할 수 있는 것들이 격돌하고 있다. 참여는 결정과정에 그들의 욕구와 경험을 가능한 한 많이 반영시킬 수 있는 매우 중요한 도구 중 하나다.

2.2.1 성별 메인스트리밍과 다양성

"성별 메인스트리밍"은 결정과정에 있어 성별의 차이없는 동등한 권리와 자원(시간, 공간, 업무, 건강, 교육 등)에 접근하는 데 있어서의 동등한 권리를 갖는다는 의미에서 민주적인 남성과 여성의 관계를 발전시키기 위해 국제적으로 전개되는 전략이다. 중성이라는 것은 전혀 현실성이 없으므로 모든 공동체의 프로젝트에 있어 여성과 남성의 상이한 삶의 상황과 관심사는 처음부터 그리고 조화롭게 고려되어야만 한다.

성별 이외의 나이, 인종, 신체적인 능력, 성적 지향, 소속 계층 등의 차이에 따라 "다양성"이라는 개념으로 계획과 결정과정에 편입된다. 여기에서는 다양성을 공동체, 기업, 조직의 발전을 위한 강력한 자원의 하나로서 간주하는 다양성의 관리가 중요하다.

이 두 가지는 현 시대의 주제로 이해하고, 이들 전략의 연결은 당연한 것이다. 성별과 다양성 측면을 고려하려면, 삶의 현재 상황과 삶을 계획하는 데 있어 성별과 그들의 다양성 간의 관계에 주목해야만 한다. 예를 들어 계획 및 참여절차에서는 소년과 소녀, 남성과 여성, 노인과 젊은이 등 다양한 집단이 그 안에서 그들의 욕구를 분명히 표현할 수 있는 것을 목표로 한 방법이 적용된다. 이용집단을 우선은 분리하여 편입시킴으로써 모두 자유롭게 의사를 표명할 수 있게 하고, 나중에 결과물을 한데 수집하여 해결책을 모색하는 방법이 주로 권장된다.

베를린 시정부의 중심적인 정치적 관심사를 위해 여성과 남성을 동등한 위치에 두고자 2008년 4월 "동등한 위치의 정치적 기본프로그램 2008-2011 베를린에서의 남녀평등을 위한 전략"을 결정하였다. 5개 정치 분야 중 2개 분야-"사회적 평등"과 "통합"-에서 참여라는 주제가 다루어졌다. 그 중 사회적 평등은: "사회적으로 공정한 도시는 모든 시민들을 위해 사회적 · 정치적 · 문화적 참여가 가능해야만 한다. 여기에는 충분한 재원이 전제되어야 하며, 나이 또는 장애로 인해 별도의 지원없이는 참여할 수 없는 상황에 있는 사람들도 실제로 참여할 수 있어야 한다.

통합이라는 주제는 실현시킬 것이다: "이주배경을 지닌 사람들의 비율이 높아가고 있어 베를린은 통합을 위한 노력을 현저히 강화시키려는 도전을 하고 있다. 통합 컨셉 '다양성을 장려한다 – 단결하면 강해진다'의 성공적인 실행을 위해 확정한 목표는 잠재력을 인식하고, 능동적으로 가담하도록 (...) 하는 것에 중심적인 의미가 있다." "통합에의 도전"에서 "자기결정권/사회적인 몫/참여" 취급분야를 위해 다음과 같은 중심적인 목표 설정을 하였다: "자원으로서의 커뮤니티들의 연결, 이주배경을 지님으로써 얻은 특수한 경험과 지식을 인정"

2.2.2 주민자치단체 모델

시민참여와 시민들의 연대성 촉진은 주민자치단체 모델의 중요한 테마 중의 하나다. 그에 따라 지자체의 행정은 시민들을 위한 서비스 제공자로 변화해간다. 시민들은 단지 "고객들"이 아니라 "함께 만들어가는 사람들", "임무를 부여받은 사람들"이다. 따라서 주민자치단체의 모델에는 자신이 속한 지자체를 유지, 형성, 개발하는 데 능동적으로 참여하는 시민들이 속한다. 시민, 행정, 지자체의 정치 이 세 가지 권력의 삼각형이 변하고 있다. 주민자치단체의 목표는 민주주의적인 구조와 시민들의 네트워크를 강화하고, 지자체의 재정 부담에서 벗어나 결국 시민들의 만족도를 높이는 것이다.

이런 모델의 출발점은 14대 독일 연방의회의 전문연구위원회 "시민 연대의 미래"의 창설이었다. 2002년 이 위원회는 "미래의 능력 있는 시민사회로 가는 도상의 시민연대"라는 보고서를 제출하였다. 여기에는 시민연대의 촉진과 지속을 위해 다루어야 할 것들을 추천하였고, 그로써 시민자치단체로 가는 지자체에서의 시민사회의 지속적인 발전에 관한 내용을 담고 있다. 당시 독일에는 약 100개의 지자체가 시민자치단체로 가고 있었다. 베를린에서는 Lichtenberg 구(區)가 특별히 시민자치단체의 컨셉에 가장 가까이 근접해 있었다. 인상 깊은 것은 거기서 실현된 주민참여예산 제도다.

2 . 2 . 3 베를린에서의 참여에 관한 정책적 접근 방식과 규정

베를린에서는 다양한 분야의 많은 프로젝트에서 참여를 통한 접근방식을 우선으로 하고 있다. 예를 들어 사회 통합적 도시 프로그램의 실시도 해당된다. 지구 내에 거주하는 시민들에 의해 프로젝트의 촉진과 실행에 대해 함께 결정하고, 지구의 가치를 제고하기 위한 독자적인 프로젝트 아이디어를 개발할 지구협의회와 심사위원이 선정된다.

베를린의 어린이 및 청소년들의 참여를 더욱 활발히 하기 위해 1999년 5월 4일 베를린 시정부에서 결정한 "어린이 및 청소년 친화적인 도시를 조성하기 위한 지침"은 베를린 시정부가 시와 구의 정치 및 행정운용의 기본 방향으로 간주, 커다란 의미를 갖는다. 베를린은 시행령 §5(3) 어린이 및 청소년 지원영역에서 SGB VIII에 참여에 관해 확정하고 있다. 모든 구는 어린이 및 청소년들과 관련이 있는 청소년 지원계획을 비롯한 여러 계획에 어린이와 청소년들이 적절한 형태로 참여하는 것을 보장해야만 한다. 이미 1993년 3월 베를린 어린이정책에 관한 주(州) 차원의 연구팀이 생겼다. 여기에서 2001년 SGB VIII §78 "어린이와 청소년들에 의한 공동결정"에 따라 주정부 청소년지원위원회로부터 주차원의 연구회가 소집되었다. 이 연구회는 젊은이들의 참여를 위한 질적 기준을 개발하는 일을 위임받았다. 어린이 및 청소년들에 의한 공동결정의 조정과 참여를 담당하는 사무실의 기준은 구에서 정하도록 했다. 지금까지 베를린의 12개 구 중에서 9개 구에서 어린이 및 청소년들의 참여를 위한 구조가 마련되었다.

베를린의 구 차원에서의 시민참여는 베를린 주 헌법을 기초로 구행정법과 구에서 정한 모임에 관한 직무규정에 규정되어 있다. 2005년 결정된 개정된 법률에는 주민모임, 주민 질의시간 또는 주민청원권에 관한 것이 들어 있다. 예를 들어, 구민모임 같은 회의일정과 회의 내용에 관해서는 적절한 형태로 대중들에게 알려야 한다. 2008년 2월 20일 국가입법 절차의 간소화와 함께 주정부 차원의 국민청원과 국민투표 횟수가 현저히 증가하였다. 모든 이런 규정으로 주정부 차원의 참여가능성과 직접 민주주의는 강화되었다.

2 . 2 . 4 행정의 현대화: 서비스 도시 베를린

2007년 6월 결정된 현대화 프로그램 서비스 도시 베를린으로 베를린은 행정절차를 간소화하여 시민들이 접근하기 쉽도록 해야만 했다. 이 프로그램은 4개의 취급 분야와 연계를 맺고 있는데, 그 중에 "활성적인 시민 – 결정과정에의 주민 참여"가 있다. 이로써 사람들이 더 나은 공동결정 가능성을 갖도록 하고, 명예직으로 참여하여 봉사하는 것을 지원한다.

2 . 2 . 5 사회적 공간 지향

2007년 사회 통합적 도시개발의 총체적인 기본 전략의 전개가 시작되었다. 통합적 도시(지역)개발로 가는 중요한 이정표는 2009년 말 시의회에서 결정하고 출판한 "사회적 공간지향에 관한 핸드북"이다. 여기에 포함된 사회적 공간 지향의 구조 컨셉은 도시지역의 잠재력을 강화시키고, 그 안에서 주민들이 능동적으로 도시의 사회에 참여하고, 도시지역의 조성에 함께 협력하도록 하는 것을 목표로 한다. 여기에는 지역의 행정, 정치, 주민들, 단체들이 손에 손을 잡고 협조해야만 한다.

행정에 있어서 사회적 공간 지향은 다음과 같은 것을 의미한다.
하나의 "사회적 공간"(도시지역 = 동(洞))에 있어 모든 전문분야의 공동의 관점,
도시지역을 위해 공동의 목표와 계획을 개발.
도시지역을 위해 자원의 합목적적, 효율적인 투입.

이로써 목표와 방안이 도시지역의 요구와 잠재력에 더욱 잘 맞출 수 있으며, 시민들은 이런 과정에 직접적으로 관여할 수 있어야 한다. 이는 제도화된 주민참여의 새로운 형태가 도입되어야만 한다는 것을 의미한다. 성공적인 주민참여 과정은 사회통합적인 참여를 활성화, 촉진화 시킨다. 사회통합적인 참여는 다시 도시의 개발과정에의 참여를 위한 전제조건이 될 수 있다. 참여와 사회적 공간 지향은 여기서 통합적인 도시(지역)개발의 보완적인 요소로서 함께 고려되어야만 한다.

사회적 공간 지향을 적용하는 데 있어 기본적인 도구는 앞으로 구(區)에 의해 작성될 "구(區)의 지역 프로필"이 되어야 한다. 그것은 공동으로 계획을 하는 데 있어 토대를 의미하며, 도시지역(洞)의 활동을 조정하는 데 있어 지침의 근거가 된다. 아직 다듬어지고 있는 도시지역(洞)에 대한 조정은 이 기초 위에서 행정, 시민들 그리고 다른 시민단체들 간의 네트워크화를 조직하고 이를 도시지역(洞) 차원에서의 의견수립 과정에 통합시키는 과제를 갖고 있다. 마찬가지로 기금을 통해 참여하는 것도 고려할 수 있다.

사회적 공간 지향의 첫 번째 성공적인 적용시도는 선구적인 Reinickendorf, Pankow, Friedrichshain-Kreuzberg 지역의 기본전략에서 이루어졌다. Pankow에서는 무엇보다 모델프로젝트 "앞으로 나아가는 지구"의 틀 안에서 "Weißensee 주민들이 Weißensee를 조성한다"라는 미래공작소를 통해 지역주민들의 지속적인 활동과 네트워크화를 달성할 수 있었다.

사회적 공간 지향 영역에서 가장 중요한 테마 중의 하나는 행정 내부에서의 모든 분야를 총괄하는 구조의 업무수행이다. 주민들, 시설들, 단체들은 행정의 어느 한 전문분야에만 방향이 맞추어지는 일이 매우 드물다. 그들은 보통 지역적인 여건에 의해 포괄적인 관계를 맺고 있으며, 활동을 하면서 다양한 행정 분야에 걸쳐진 과제를 취급하게 된다. 배우는 기관으로서의 행정으로 봐서는 이는 특별한 도전으로, 다음 장에서 다룰 것이다.

- **시민사회 모델, 베를린 시 행정의 현대화(서비스 도시 베를린), 사회적 공간 지향 또는 성별의 메인스트리밍 같은 수 많은 모델과 프로젝트들은 참여할 수 있는 방대한 여지를 제공한다.**

2 | 3

행정을 배워가는 참여 – 프로젝트에 방향을 맞춰 운영하기 위한 의견표명

베를린은 활력 있고 다양한 면을 지닌 도시로서 자부심을 갖고 있다. 여기에는 매우 다양한 삶의 현실, 이해관계가 얽힌 상황, 인지할 수 있는 것들이 격돌하고 있다. 참여는 결정과정에 그들의 욕구와 경험을 가능한 한 많이 반영시킬 수 있는 매우 중요한 도구 중 하나다.

2 . 3 . 1 참여가 아직 낯설다

참여는 기관 행정의 역사에서 새로운 장을 열었다. 여러 분야의 행정에서 참여의 의미와 이점을 인식하게 된 데는 여전히 수많은 이유가 있다. 그중에는 사람들이 예외적으로 행하는 사치의 한 종류 아니면 굉장한 필요악이라며 이물(異物)이나 방해가 되는 요소도 볼 수 있다.

이는 여러 가지 이유에서 이해할 수 있다. 참여와 시민협력은 조정할 수 없는 주무관청 행정 고유의 권한의 이양을 의미할 수도 있다. 이는 전문적인 관점에서 최선은 아니나 전혀 상반된 것도 아닌 결정에 이를 수 있는 상황이 될 수 있음을 의미한다. 이미 누가 기꺼이 책임을 넘겨받을 준비가 되어있을까?

2 . 3 . 2 행정업무의 부담경감 요소로서의 참여

반대로 참여가 행정 일련의 과정 중 자명한 일부라고 여기고, 이 과정에서 내려진 결정과 목표한 성과를 특별히 인정하고 질적으로 가치가 있다고 인정할 수 있다면 참여는 행정 담당직원들에게 이득이 되며, 부담을 덜어준다고 여겨질 것이다.

이렇게 행정에 있어 더 많은 참여로 가는 길은 틀림없이 근본적인 변화와 학습의 과정으로 여겨진다. 건축계획법에 법적으로 대중의 참여가 명시되어 있듯이 대부분의 참여방법은 이미 행정업무에 있어서 절대적으로 필요한 요소다. 시민자치단체 또는 사회적 공간 지향 같은 참여의 다른 형태는 모든 차원에서의 포괄적이고 장기적인 개발과정을 필요로 한다.

무엇이 참여방법을 계속 발전시키고 확고히 하며, 내적인 발전을 위해 과정을 동시에 기회로 여기는 행정을 도울 수 있을까?

2 . 3 . 3 복합성이 취급여지를 확대시킨다

정치와 행정 주변의 복합성과 다양성의 증대는 조직 내부의 복합성의 제고를 필요로 한다는 것이 일반적인 견해다. 어떤 것이 외부로부터 나타났을 때 행정이 반응을 해야만 하는 하나의 답변 그 이상을 줄 수 있는 이점이 있다. 예를 들어, 하나의 건설 프로젝트에 대한 결정이 다양한 방향에서 반대에 부딪쳤을 때 – 한 시민단체가 동의하지 않으며, 인접 경제는 전혀 다르게 하려 하고, 언론은 족벌주의라고 추측한다 – 행정이 여러 가지 다양한 반응의 가능성을 갖고 있으면 좋다.

- 홍보부서는 결정 사유를 좀 더 분명히 밝히는 업무를 맡을 수 있다.
- 전문부서는 전문적인 관점에서 새로 검토할 수 있다.
- 합의점을 찾기 위한 하나의 참여방법이 시행될 수 있다.
- 분야를 초월한 프로젝트 그룹은 상이한 관점들 간의 연결고리를 만들어내고, 새로운 아이디어를 개발할 수 있다.
- 도시지역에서의 행정과 지역 시설들 간의 네트워크 틀 안에서 중재가 용이하다.
- 행정과 정책 관련자들 상호간의 네트워크가 지배하는 표결에서 공동의 목소리로 반대에도 불구하고 그 결정을 관철시키기 위한 협정을 할 것이다.

이렇게 항상 유연하고, 폭넓은 분야의 스펙트럼을 가진 반응가능성은 이에 상응하는 복잡한 구조에 유리하다: 전통적인 분야별 과제에 따라 분류된 선형 구조일수록 라인의 외부에 있거나, 여러 분야를 포괄하는 프로젝트 집단의 프로젝트 업무는 더욱더 다양화될 수 있으며, 행정적으로 다룰 수 있는 가능성의 여지를 갖고 있다.

2 . 3 . 4 "라인을 교차시켜" 운영하는 것은 참여를 유리하게 한다

행정이 프로젝트들을 통해 "라인을 교차시켜" 분야를 총망라하는 협력을 강화해 나가면 참여가 용이해진다.

순수한 라인 조직은 오히려 관점을 갈라놓는다. 분야를 총망라하는 프로젝트들은 이와는 반대로 다양한 관점들을 연결시키고, 종종 반대편의 입장도 쉽게 반영시킴으로써 외부에서 행정에 반응하게 된다. 이렇게 해서 일반적인 관점과는 다른 성과가 얻어지더라도 상호간의 이해도가 커지고 참여에 대한 편견이 없어진다.

- 혁신적인 프로젝트들은 업무분담 계획이 없으므로 위임에 따른 입장표명 을 필요로 한다. 그럼으로써 정치와 행정의 상부의 조정가능성을 높일 수 있다. 어떤 관심사가 전면에 있는가? 전문적인 최적의 해결책? 도시지역의 다수가 추천한 해결책? 어느 한 특정 관심집단이 제시한 해결책? 미래를 위해 유연성 있는 해결책? 등과 같이 참여절차가 도움이 될 수 있을런지 에 대한 질문을 한다면 위임에 관한 입장표명은 절대적으로 필요하다.

- 위임에 관한 입장표명은 방향을 제시하고, 다른 면에서 위임의 실행방법 결정을 위한 여지를 창출한다. 대개 하나의 참여방법이 이를 가장 잘 충족 시킬 수 있음을 알 수 있다.

- 프로젝트 업무는 언젠가는 노련해질 수 있고, 또 그래야만 한다 –프로젝트의 구조 계획, 프로젝트 여건의 분석, 위임자들과의 의사소통, 업무 라인 또한 외부와의 의사소통 등. 프로젝트의 내용은 항상 새로운 것이기 때문에 노련할 수가 없다. 프로젝트는 어떤 방법으로든 요구를 새로 채울 수 있는 용기와 같다. 이렇게 새롭고, 익숙지 않으며, 기대하지 않았던 시민들의 참여는 항상 프로젝트의 틀 안에서 다시 받아들이고 생각해야 한다.

- 프로젝트 업무는 책임을 다수가 공동으로 넘겨받는 것을 의미한다. 하나의 프로젝트를 담당하는 팀의 구성원들은 항상 독자적인 라인에 다시 연결되므로, 프로젝트에서 내려진 결정들은 더 폭넓은 분야를 총망라한 기초 위에 서있게 마련이다. 하나의 참여과정에 있어서 책임을 공동으로 지는 것이 부담을 경감시킨다.

특수한 경우: 사회적 공간 지향

사회적 공간 지향 개념과 관련하여, 프로젝트에 방향을 맞추어 이끌어가는 것은 하나의 특별한 의미를 가지고 있다. 여기서는 하나하나의 참여과정을 조직하고 끝맺음을 하는 것과 관련이 적으며, 내용이 대략 도시지역의 관리업무일 수 있다. 사회적 공간에 방향을 맞춘 업무는 우선적으로 하나의 공간에 대한 분야를 총망라한 업무를 의미한다. 따라서 사회적 공간 지향은 명백하게 분야를 총망라하는 업무들의 "라인을 교차시켜" 익숙한 라인 조직에 연결시키는 능력을 전제로 한다. 사회적 공간 지향에 포함되어 있는 상향식 업무처리방식을 위한 다양한 차원에서의 시민참여에 대해 관심을 갖고 이용하려는 생각도 비슷하다. 이런 참여가 행정에 이루어지고 이를 적절한 지점으로 이끌기 위해서는 네트워크화된 구조와 유연한 소통이 필요하다.

2 . 3 . 5 행정을 위한 학습목표

참여방법들은 프로젝트의 틀 안에서와 마찬가지로, 원칙적으로 분야 내부적라인 조직의 틀 안에서도 의미가 있을 수 있다. 행정이 학습목표로 분야를 총망라한 업무, 프로젝트에 방향을 맞춘 운영, 전문적인 네트워크를 설정하게 되면 이를 통해 행정은 동시에 많은 내용들을 지원하게 된다. 참여는 언제나 가치가 있으므로 행정업무에 있어 분명히 부담이 경감되는 부분이 있다는 관점을 지원하게 된다.

- 다른 관점을 허용하고, 능동적으로 수용한다
- 관심사들의 연결점을 모색한다
- 직무 수행자의 태도를 취하고, 위임받은 것을 명백히 한다
- 확대된 업무취급 여지를 인식하고 활용한다
- 활발한 의사소통 과정을 지원한다
- 참여에 대한 관심을 갖게 하고, 거기에 내포된 에너지를 이용한다
- 창의성을 발휘하도록 한다
- 책임을 나누어, 부분적인 책임을 진다

2 . 3 . 6 시정부 도시개발부의 프로젝트 지향적 운영의 적용사례

시정부 도시개발부는 우선 프로젝트 관리도구 –위임받은 사항을 명백히 함, 프로젝트의 구조적 계획, 프로젝트 주변 환경의 분석, 의사소통 체계구축–를 하나로 묶어 주제화하고, 표준화시키는 것이 유용하다는 것을 자각하였다. 그 다음 단계로는 분야를 총망라하는, 그리고 관련성이 있는 프로젝트 주변 환경들의 연결만이 성공적으로 실행할 수 있도록 하는 전략적인 프로젝트가 뒤따르게 되었다. 이렇게 해서 프로젝트 업무를 위한 조화롭고 중심적인 주제가 생기게 되었다. 이는 프로젝트 자체의 내용적인 업무를 용이하게 해주었으며, 개별적인 프로젝트의 현황에 대한 의사소통과 앞으로의 업무를 위한 공동의 기반을 모색하는 것을 쉽게 해주었다.

그와 더불어 프로젝트팀들이 일시적인 조직의 단위로 기존의 이미 숙련된 라인 조직 구조 및 과정과 나란히 형성되어, 독자적으로 성과에 책임을 질 때 무엇보다 업무의 시작에서 생기는 차이점을 보인 학습과정이 시작되었다.

예를 들어 근무시간의 상당 부분을 프로젝트 업무로 보내며, 거기에 정해진 자신의 목표가 있는 직원들은 어떻게 이끌어갈 것인가? 어떻게 프로젝트 관리자는 팀원들을 형식적인 지도력도 없이 이끌어갈 수 있을까? 누가 함께 일하는 사람들의 목표를 약정할까 – 라인 조직의 장 또는 프로젝트 관리자?

과정의 진행에서 프로젝트와 네트워크의 운영 사이의 차이점은 분명해진다.

여기서 수면에 떠오르는 밝혀져야 할 질문은 대략 이러하다: "나는 누구에게 정보를 주어야 할 의무가 있는 지를 계속 자문한다."

공동으로 업무를 수행하면서, 그리고 이런 새로운 형태의 운영에서 다음과 같은 것들이 확인되었다.

- "우리는 기존의 라인이 무엇 때문에 중요한 지를 더 잘 이해하게 되었다."
- "나는 프로젝트 관리도구가 우리의 업무와 소통을 쉽게 해준다고 확신한다"
- "동료들에게 문제가 될 수 있다는 것을 아는 것은 유용하다."
- "나는 그렇게 많은 것을 할 수 있는 여지가 없다고 생각했음에 놀랐다."
- "우리는 힘들 때에도 그렇지만 특히 프로젝트의 초반에 대화하는 시간을 더 많이 가져야만 한다. 특히 위임받을 것을 분명히 한다는 틀 안에서 새로운 형태의 인터뷰가 긍정적인 경험이었다."
- "정책과 행정 간의 인터페이스를 다루는 것은 그리 흔한 일이 아니다. 이것이 학습과정이다."

프로젝트에서 감지된 과제들은 시정부 도시개발부에서 지금까지 라인 상에서 감지된 과제들이므로 추가적인 과제라기보다는 오히려 조직과 담당부서의 분배 형태가 다르다 하겠다. 이는 물론 프로젝트가 일반적으로 추가적인 인적, 물적 자원 없이도 극복할 수 있다는 것을 의미하지는 않는다. 시정부 도시개발부의 과정의 핵심은 조직과 운영구조의 개발과 위계질서, 프로젝트, 네트워크 업무와 같은 것을 지금까지보다 함께 협력해 가며 조정해 나갈 수 있는 지에 있다. 여기서 참여는 내부적인 과제의 조정뿐만 아니라 외부적인 관계자와의 관계에 있어서도 참여자의 특별한 태도를 요구한다. 이는 이론적인 입력을 "행하면서 배우는" 데 있어서 지속적인 내적, 외적 지원을 동반하게 되는 하나의 장기적인 학습과정이다.

- 행정에서 참여는 그 의미에 대해 논쟁할 여지가 없는 보다 새로운 장이다. 참여는 관리할 수 없는 주무관청의 고유 권한을 위임하는 것으로도 보인다. 그러므로 프로젝트 지향적인 운영의 목표는 참여를 숙달된 행정의 명백한 부분으로 여기고, 이 과정에서 내려진 결정 과 목표로한 성과를 특별히 합법적으로 그 가치를 인정해주는 것이다.

- 일상적인 업무로서 "라인을 교차시킨"다는 의미에서 프로젝트 지향적인 운영과 연결하여 분야를 총망라하는 업무를 보완하는 것을 목표로 설정한 하나의 행정단위에서는 관청 라인에 대한 합의와 분명한 위임, 그리고 소통할 공간을 필요로 한다.

2.3.7 프로젝트 지향적 운영을 위해 추천할 취급분야

개별적인 참여방법은 물론 일반적으로 프로젝트 지향적인 운영의 실체가 없어도 정책적인 간부들의 표결로 조직할 수 있다. 행정상 참여방법이 매우 당연시한다고 할지라도 프로젝트 지향적인 운영은 가능하면 "라인을 교차시킨" 방법의 지원을 받을 것을 권한다. 이 장에서는 프로젝트 지향적 운영의 도입에서의 시정부 도시개발부의 경험에 대해 다룬다.

프로젝트 지향적 운영에 대한 합의를 이끌어 낸다.
일상적인 업무로서 "라인을 교차시킨"다는 의미에서 프로젝트 지향적인 운영과 연결하여 분야를 총망라하는 업무를 보완하는 것을 목표로 설정한 하나의 행정단위에서는 우선 관청 내부 담당자의 위임을 필요로 한다 — 하나의 적합한 행정단위의 학습과정으로 가는 길을 여는 위임, 메타 프로젝트로서의 하나의 프로젝트의 시작.

행정업무는 전체적으로 파악되어야 하고, 모든 계속적인 발전에 기여할 중요한 자리가 준비되어야만 하므로 관청 내 담당부서에서는 이런 형태의 학습과정을 원한다는 합의를 필요로 한다. 부서의 책임자들도 반복적으로 과정에 편입된다.

프로젝트 지향적 운영을 위한 구조의 창출
이렇게 발의된 프로젝트는 통상적인 프로젝트 구조를 필요로 한다. 위임자로서의 관청 내부 담당자는 원하는 학습과정을 위해 필요한 조치를 실현할 프로젝트팀에게 위임을 한다. 프로젝트팀은 스키를 탈 때의 "트랙 그룹"이 같이 일을 한다: 그들은 새로운 것들을 수집하고, 기록하여 이를 소개하고 모든 행정단위가 고루 잘 알도록 배려한다. 그리고 프로젝트팀은 트랙 그룹으로서 이를 다음 단계에 반영하고, 자신들이 맡은 과제의 틀 안에서 "라인을 교차시켜서" 할 책임이 있는 업무를 준비한다. 이 점에 있어서 여기에는 조직과 직원들의 발전을 위해 책임이 있는 단위와 밀접한 관계가 있다. 이는 프로젝트팀이 처음 시작에서부터 그들의 특별한 서비스를 수반해야 하며 메타 프로젝트가 끝남에 따라 그들이 프로젝트 성과의 보장과 수정 추진을 위해 스스로 책임을 넘겨받을 때까지 지원해야 한다.

목표와 프로젝트 협정에 대해 표준화된 전체적인 조정을 목적으로 하는 지원은 시행정부 내부와 스포츠에 소속된 주정부 차원의 조직 관리를 맡은 곳에서 한다. 더 포괄적인 의미에서 이와 관련하여 2007년 5월 7일 행정의 현대화를 위한 차관협의회가 주정부 전체적인 필요성에 방향을 맞추어 적용할 것을 추천한 프로젝트 관리 핸드북이 있다. 위원회의 추천에 따라 시행정부 내무와 스포츠는 핸드북 이외에 상담의 형태, 프로젝트 포털 또는 정기적인 경험교환 등의 지원서비스를 권하고 있다.

프로젝트 지향적인 운영의 정착
현재 (메타)프로젝트팀의 과제는 프로젝트 지향적인 운영의 정확한 실행과 도입을 서술하는 것이며, 대략 프로젝트 환경 분석이나 프로젝트 구조계획과 같은 통상적인 프로젝트 관리 도구를 조직의 필요성에 맞게 특별히 설계하는 것이다.
내용적인 과제는 행정에 이미 존재하고 있는 전략적 프로젝트들을 수집하여체계화하고, 프로젝트 지향적인 운영의 총체적 개념에 연결시키는 것이다. 경우에 따라서는 라인 조직에서 하나 또는 다른 여러 과제를 제거하거나 새로 만들어진 프로젝트팀에 권한을 위임해야 하는 상황을 계기로 삼을 수도 있다.

여기에는 모든 프로젝트가 해당되는 것이 아니라 특별히 주목할 필요가 있는 프로젝트만 해당된다 –매우 복합적이어서 분야를 총망라한, 또는 네트워크를 동원해서만 하는 취급할 수 있거나, 수없이 중요한 프로젝트 주변 환경과 연결되어야만 해서 표준화된 과정의 단계로는 진행할 수 없어 전략적인 의미를 갖고 있거나, 또는 이와 유사한 것들.

프로젝트 지향적 운영의 주제들

프로젝트 지향적 운영의 총체적인 개념은 거기에 "라인 상에서"의 업무와 "라인을 가로지르는"업무가 함께 어우러져 정돈된 구조 또는 지속적으로 새롭게 정리하고, 조화시켜야 하는 구조를 하고 있다.

여기서 다음과 같은 의문이 생긴다.

- 하나의 프로젝트를 누가 위임하는가?
- 하나의 프로젝트팀의 팀원은 어떻게 결정될까, 프로젝트 팀장은 어떻게?
- 프로젝트 팀원의 관점에서 팀의 팀장과 관청의 책임자와의 관계는 어떻게 보일까? 누가 언제 결정권을 갖고 있으며, 지시 권한이 있는가?
- 라인 업무와 프로젝트 업무 간의 근무시간 분할에 있어 어떻게(근무일에따라) 시간계정을 지원할까?
- 자원과 관련된 계획은 어떻게 그 기능을 할까? 누가 예산(자금)과 관련된 책임을 지나?
- 관청의 책임자는 팀원들에 대해 코치로서 어떻게 과제를 인지할 수 있을까? 이는 정확히 무엇을 의미하는가?
- 프로젝트팀을 통해 위임받은 사항들이 어떻게 분명하게 될 수 있을까?
- 성과물을 조직에 어떻게 다시 공급할 수 있을까?
- 한 프로젝트의 성과물을 라인에도 적용시키는 것을 어떻게 보장할까?
- 라인과 프로젝트간의, 또한 프로젝트와 관청 내부의 간부 간의 어떤 다른, 새로운 소통방법이 생길까?
- 언론을 비롯한 다른 미디어들과의 커뮤니케이션 활동은 어떻게 이루어질까?

여기서 중요한 것은 반복적으로 현실성있게 진행되고 있는 프로젝트에 접근하는 것, 중요한 질문, 관심사, 문제점이 무엇인지 조사하는 것, 구조적인 해결책을 모색하는 것, 동시에 무엇이 잘 진행되고 있는지 확인하고 이를 견고하게 해두는 것이다. 이런 의미에서 배운다는 것은 제 기능을 제대로 하는 것을 숙련될 때까지 반복하는 것을 의미한다.

참여의 기회, 제한, 선출

3

아시아의 속담은 충고한다: "무엇을 알고자 하면 배운 사람한테 묻지 말고 경험한 사람한테 물어보라." 계획 실무자들에게 이 오래된 지혜는 잘 알려져 있다. 전문적인 鑑定, 일상적인 경험, 지역에 대한 지식이 함께 만나면 종종 조화롭고, 용인할 수 있는 해결책을 쉽게 전개시킬 수 있다.

모든 열광에도 불구하고 물론 참여가 만병통치약이 아니며, 결코 모든 주민집단이 같은 정도로 편입될 수 없다는 것을 인지해야만 한다.

우리는 여러분들에게 참여에 대한 기회에 대한 전망을 주고, 동시에 어떤 한계가 있는 지를 보여 준다.

3 | 1

참여는 기회를 제공한다

폭넓은 공동체적 인식에 바탕을 둔 프로젝트들은 주민들로 하여금 자신들이 사는 도시에 대해 강한 일치감을 갖게 해준다. 참여가 하나의 지자체의 활력에 대한 유일한 척도는 아니나, 주민들의 삶의 질을 높이는 하나의 기회가 된다.

3 . 1 . 1 지역에 대한 지식의 활용

공공 프로젝트는 인간의 인접한 생활권과 삶의 질에 영향을 미친다. 계획을 할 때 프로젝트의 모든 효과를 파악하고, 이를 고려할 수는 없다. 따라서 다음과 같은 것들이 의미가 있다.

- 계획과 관련이 있는 당사자들이 계획에 참여하도록 하고, 그들의 욕구를 찾아내고, 제안을 수용한다.
- 새로운 아이디어와 해결책을 찾기 위해 지역에 대한 지식을 활용한다. 저비용의 대안도 자주 개발되고, 이것이 의미심장한 교정 수단으로서 효과 를 발휘한다.
- 시민들의 그 지역에 대한 지식을 행정의 전문지식과 조화시킨다.

3 . 1 . 2 갈등 잠재성의 조기 인식

참여는 갈등잠재력을 조기에 인식하여 조치할 수 있도록 한다. 포괄적인 참여는

- 오해에 대한 진상을 규명하거나 전적으로 회피하고,
- 계획을 함에 있어 반대의견도 고려하고,
- 하나의 계획에 있어 다양한 요구를 컨셉에 통합시키고,
- 구체적으로 형상화하는 데 관련한 제안을 수용한다.

3 . 1 . 3 정당성의 강화와 계획의 인수용의

대체로 계획과 결정은 처음에는 대중들의 몰이해와 마주하게 된다. 이는 결정과정이 내부적으로 진행되었고, 추후에 그에 대한 설명이 이루어지지 않아 처음에는 결정에 대해 잘 이해하지 못하는 데 그 원인이 있다. 결정을 내리는 과정에의 시민참여는

- 계획과 결정을 투명하게 하며,
- 당사자들의 수용도를 높이고,
- 프로젝트의 정당성을 제고시킨다.

3 . 1 . 4 정치, 행정, 주민들 간의 대화

참여과정은 대화를 위한 플랫홈이 된다. 강도 높은 교환을 통해

- 모든 참여자들과의 개인적인 접촉을 통해 다른 관점을 갖고 있는 사람들에 대해 믿음과 이해가 생기게 되며, 또한 짧은 소통의 길을 통해 특정 현안이나 갈등에 대해 신속하게 설명할 수많은 가능성도 생긴다.
- 정치와 행정에서는 개개 주민집단의 관심사 및 욕구와 무엇이 이들을 동요하거나 움직이게 하는 지를 알 수 있다.
- 계획관련 당사자들은 결정을 하는 데 있어 배경을 알게 되고, 이를 더 잘 이해할 수 있게 해준다.

3.1.5 일치, 주민 참여, 사회적 자본의 구축

공공과제를 더 이상 공공기관이 독자적으로 떠맡을 수 없는 곳에서, 이는 시민단체와 협력관계로 할당된다. 시민들이 활성화되어 自助능력을 갖추게 된다는 것은 그 이상의 의미가 있다.

해결책을 찾는데 참여하여 공동 작업을 하는 것은

- 참여자들에게 동기를 부여하고, 책임을 넘겨받으며, 프로젝트를 실행하고, 이를 지속적으로 보장하도록 하고,
- 지역 또는 프로젝트와의 일치로 이끌며,
- 참여자들이 능력을 갖출 수 있게 해주며, 그들이 장기적으로 地구(區)내에서 역할을 담당할 수 있으며, 오랫동안 시민단체에 참여하게 되고,
- 이웃관계에 있어서 독자적으로 조직하는 구조에 효과적으로 기여하게 된다.

3.1.6 민주적인 권한의 강화

참여과정은 모든 참여자들에게 민주적인 권한을 지원한다. 그들은 다음과 같은 것들을 습득하게 된다.

- 자신들의 의견과 아이디어를 표현하고, 다른 의견을 받아들여 하나의 합의에 도달하는 것,
- 자기 자신과 단체의 관심사를 분명히 말로 표현하는 것,
- 논쟁을 통해 다수 의견을 확인하고, 조직하는 것,
- 협약의 구속력과 같은 민주적인 의사소통 규칙을 엄격히 지키는 것,
- 소수의 의견에 대해서도 배려하고, 다른 견해를 존중하는 것,
- 행정적 구조 또는 정치적인 결정 과정을 더 잘 파악하여, 전문지식을 습득한다.

참여의 기회는 지역에 대한 지식을 활용하고, 갈등잠재력을 조기에 인식하고, 계획의 정당성과 수용을 강화하고, 모든 참여자들 간의 의사소통을 개선하고, 동일감과 사회적 자본을 구축하고, 민주적인 권한을 강화하는 데 놓여 있다.

3 | 2

참여자의 한계와 선택성

참여에 대한 모든 긍정적인 면에도 불구하고 한계는 있다 – 정당성에 대한 질문에서부터 시작해 개개 관심집단들의 다양한 자원과 권한에 이르기까지. 이런 차이점은 참여과정에서 조정이 이루어져야만 하며, 가능한 한 모든 활동가들이 같은 눈높이로 마주보고 의사소통을 할 수 있다.

3 . 2 . 1 구속력과 정당성

시민참여는 자유의지에 의해 이루어지며, 구속력이 없다. 참여자의 수가 영향을 미칠 수도 없으며, 보통은 대표성을 갖는 것도 아니다. 참여자들은 일정한 기간에 걸쳐 참여할 의무도 없고, 그들이 내린 결정에 대해 해명할 의무도 없다. 법률적 또는 재정적 이유에서와 같이 적용에 있어 발생 가능한 문제점들에 대해서 관심을 가질 필요도 없다. 자유의지에 의해 참여함으로 인해 종종 높은 수준의 지속적인 동요가 있게 된다. 따라서 같은 주제를 놓고 2개의 주민모임이 열려 참여자의 구성원에 따라 각각 상반된 결과를 내놓게 되는 경우도 있을 수 있다. 또한 참여절차를 통해 한 번 얻어진 결과가 후에 다시 이의가 제기되지 않으리라는 보장도 없다. 이런 모든 이유들로 인해 어떻게 하면 성과가 대표성 및 정당성을 띌 수 있을까하는 질문이 제기된다.

3 . 2 . 2 도구화

이외에도 참여절차는 항상 특정 관심사를 관철시키려는 잘 조직된 관심집단에 의해 무력하게 되거나 도구화될 위험에 처할 수도 있다. 집단에 의한 도구화가 가능하다면 이는 다른 영역에서와 마찬가지로 "통상적인 수상한 사람들"이 있기 때문이다: 특별히 자기주장이 강하고, 조직이 잘 되어 있고, 참여과정에 경험이 많은 사람들. 대개 이런 사람들이 절차를 지배하게 되는데, 이런 사람들한테 다른 목표 집단을 통합시키는 것이 모든 참여절차에 있어서 특별한 도전이 된다.

3 . 2 . 3 다양한 주민집단들의 서로 상이한 참여태도

민주주의의 새로운 표현으로서 참여에 모두 열광하지만 참여하는 데 있어 모든 주민집단이 동등한 기회를 갖거나 동일한 관심을 갖고 있지는 않다. 이런 참여의 선택성은 중요한 한계다. 따라서 가능한 한 모든 주민집단을 대표할 수 있도록 방향을 전환하거나 편입시키는 것은 언제나 모든 참여과정에서 가장 큰 도전이다.

"민주주의의 새로운, 대표제와 관련된 차원은 누구보다 교육을 받은, 의사표현이 분명한 중산층에 유리하다." 시민단체와 비정부조직, 유럽을 비롯한 전 세계적 정치계, 마찬가지로 인터넷의 활용에 있어서도 형식적인 교육을 비교적 덜 받은 노동자 계층과 하층민, 그리고 이주민들은 물질적, 문화적으로 여기에 들어오는데 문턱을 넘기 어렵기 때문에 기본적으로 접촉이 적다. 이는 정치적으로 깊이 고려되어야 하며, 마찬가지로 역사적으로도 주목할 만하다.

여기에는 무엇보다 Petra Bohnke가 입증했듯이 빈곤에 관한 문제가 있다: "정치적인 참여는 교육을 많이 받고, 수입이 많고, 능력을 지니고 있을수록 높아진다. 항의나 개입이 아닌 체념과 무관심 현상은 불안정한 생활 상태에서 나타난다...". 다음 페이지의 도표는 부유하고 일자리가 있는 사람들의 참여도가 가난한 실업자들의 참여도와 비교했을 때 거의 배가 되는 것을 보여주고 있다. 이는 여기서 조사한 모든 측면에 해당된다(명예 봉사직으로의 참여, 정당 및 시민단체에서의 활동, 일반적인 정치적 관심).

참여제안을 받는 사람들과 이를 제시하는 사람들 간의 교육의 격차도 문제가 될 수 있다: '친숙한' 교과과정은 거의 언제나 전형적인 서민 중산층을 기준으로 맞춰져 있다.

대화의 형식은 "대부분 이런 형식을 표현하는데 익숙하거나 이를 배운 사람에 의해서 이루어진다. 조직적으로 질서 있게 진행되는 시민참여는 의견제시가 전혀 없거나, 정돈되지 않거나, 너무 요란하거나 무질서한 주민집단을 제외시킨다." 사람들이 적용하는 데 있어 이런 측면을 인식하고, 이런 문제점들을 다루는 명확한 도구와 방법을 투입하는 것 또한 중요하다.

위에서 언급한 연구에서와 같이 사회통합적 도시 프로그램의 틀 안에서의참여에 대한 활용도 같은 방향으로 가고 있다. 특별한 목표 집단에는 도달하기 어려운 경향이 있는데, 여기에는 이주배경을 지닌 사람들, 편부모들, 상업종사자들, 각종 사회보장 지원금 수령자들이 여기에 속한다. 이런 집단들에게는 문화적, 언어적인 것 등 다양한 장애물이 있을 수 있다. 이들에게는 모든 힘을 다 쏟아 자신의 일상생활을 극복해나가는 것이 중심적인 도전인 경우가 많다.

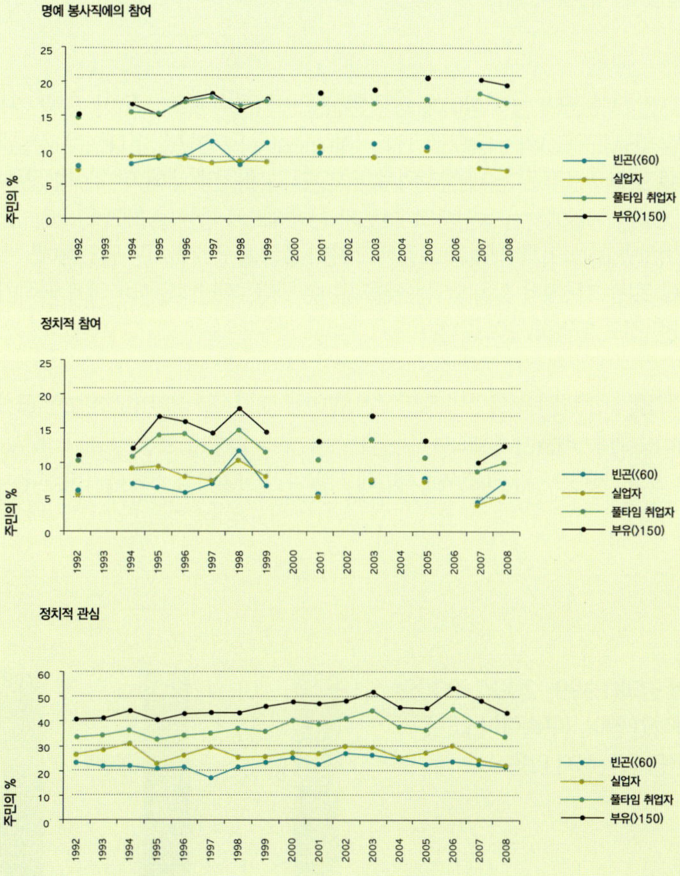

표 1. 주민집단에 따른 참여율

출처: 1992-2008 SOEP-데이터의 자체 산정. 명예 봉사직에의 참여(주/월); 정치적 참여(주/월/가끔); 정치적 관심(강함/매우 강함); 빈곤은 매해의 세후실수입으로 산정한 평균 월수입의 60% 미만, 부유는 150% 이상을 버는 것을 의미한다.

교육을 제대로 받지 못하거나 직업적 전망이 좋지 못한 청소년들과의 대화에도 문제점이 있는 경우가 많다. 이는 청소년들의 무관심 때문인 경우보다는 표준화된 참여제안이 그들에게 매력이 없거나 부적절한 경우가 더 많다.

부록에 소개된 많은 현장의 사례들은 시민들의 자발적인 참여에 기초를 두고 있다. 그러므로 시민참여에 대한 관심은 많은 프로젝트들의 장기간 존속을 위한 결정적인 성공요소가 된다. 그럼에도 불구하고 시민참여에 대한 준비성과 스펙트럼은 주민들에게 균등하게 분배되지 않는다. 따라서 Scherb는 시민들의 정치적 참여에 대한 관심을 4가지 유형으로 구분하였다: 첫째 무관심, 둘째 관심을 갖고 지켜봄, 셋째 개입능력이 있음, 넷째 활성적으로 참여하는 시민들. 모든 유형에는 다양한 참여에 대한 이유가 있다. 시민참여의 현황과 경향에 대해서는 이 핸드북에서 중심적으로 다루지 않았으나, 독일과 베를린에 있어 중요한 데이터 몇 가지는 짧게 소개하고 있다.

직접 민주주의: 2009년 Bertelsmann 재단이 실시한 여론조사에 의하면 응답자의 65%가 중요한 정치적 결정에 시민들의 직접 참여를 할 것을 지지했다. 31%는 선출된 정치가에게 책임이 있다고 했다.

현재 이 여론조사는 시민들의 실제 참여에 대한 관심을 반영하지 못하고 있다. 연방 가족 · 노인 · 여성 및 청소년부(BMFSFJ)의 위탁으로 TNS Infratest 사회연구소가 내놓은 자발적인 참여에 대한 연구결과를 보면 사람들은 실제 참여의지나 시민들의 활동에 대해 더 뚜렷한 인상을 받는다. 표2를 보면 2009년 독일에서는 응답자의 71%가 공공적으로 활동을 하고 있으며 그 중 36%는 자발적으로 참여하였고, 나머지 35%는 고정된 과제나 활동을 인수하지는 않았음에도 불구하고 다양한 협회, 단체 또는 그룹에서 활동했다는 것을 알 수 있다. 지난 10년 사이에 공적인 활동을 하는 참여가 증가한 것도 분명히 보여 준다.

독일 전체의 결과를 2004년 베를린의 자발적인 참여에 대한 조사와 비교해 보면 표 3에서 보듯이 그 결과는 비슷하다. 베를린에서도 시민들의 거의 $\frac{2}{3}$가 협회나 단체 또는 프로젝트와 관련해 활동하고 있다. 또한 1999년과 2004년 사이에 자발적인 참여자가 5% 증가하였다.

표 2: 시간의 경과(1999, 2004, 2009) 에 따른 자발적인 참여, (구속력이 없는) 공공 활동, 공공 활동하지 않음

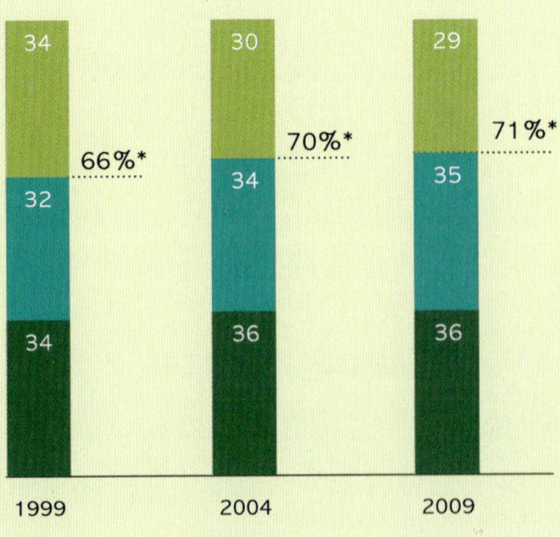

■ 공공 활동하지 않음
■ 공공 활동
■ 자발적인 참여

14세 이상의 국민(단위 %)
(출처: BMFSFJ 2010, 6쪽)

주민참여는 영역별로 차이점이 있었다. 시민들은 무엇보다 스포츠와 각종 운동(서부 9%, 동부 6%), 학교와 킨더가르텐(서부 7%, 동부 5.5%), 사회적 영역(서부 7%, 동부 4%), 예술분야와 음악(서부 7%, 동부 5.5%)에 많이 참여하였다. 여가시간과 오락(서부 4%, 동부 3%), 교회를 비롯한 종교(서부 4.5%, 동부 1%), 정치와 이익대변단체(서부 1.5%, 동부 2%) 등에는 참여도가 낮았다.

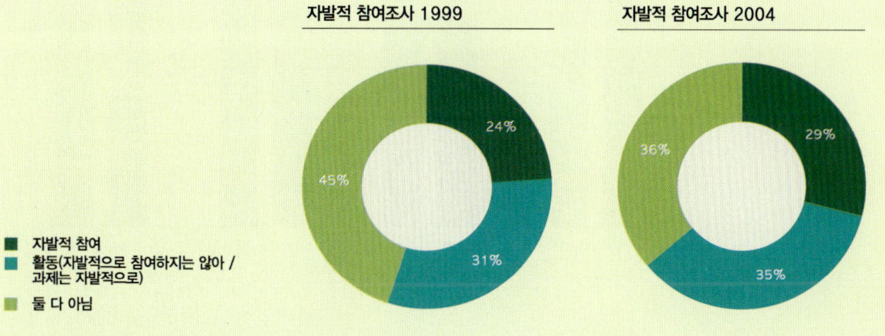

표 3: 활동과 자발적 참여(1999년과 2004년)

참여에 대한 관심도 모든 주민 계층에 따라 다르다. 다른 주민집단보다 더 활동적으로 참여하는 집단이 있다. 표 4와 5가 이 사실을 분명하게 보여 준다. 31-65세가 가장 많은 자발적 참여를 하고 있다. 14-30세는 다양한 협회, 단체 또는 그룹에서 활성적으로 활동하지만 그럼에도 불구하고 자발적으로 과제나 활동을 넘겨받을 준비가 되어 있는 비율은 동부, 서부 모두에서 22%로 낮았다. 표 4와 5가 보여주듯이 동부와 서부의 차이는 없었다.

생업에의 종사여부도 표 6에서와 같이 주민집단 간에 약간의 차이가 있었다. 생업에 현재 종사하고 있는 집단의 자발적인 참여도가 가장 높았다. 물론 이는 동부지역에서는 많이 뒤쳐져 있었다. 생업에 종사하지 않는 사람들은 협회, 단체 또는 프로젝트에 참여하여 활동함에도 불구하고 자발적인 참여는 적었다.

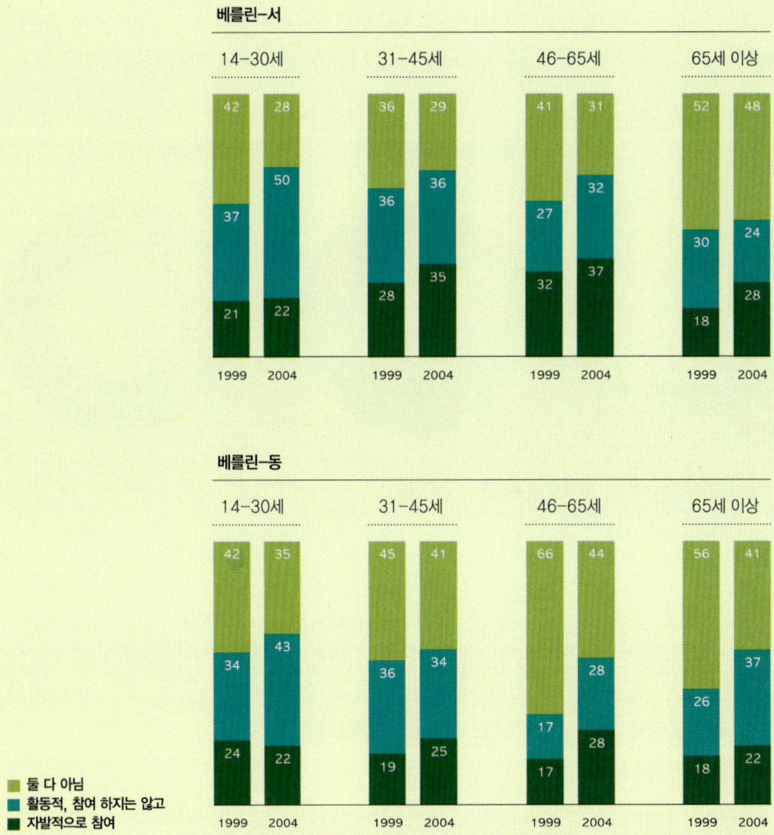

표 4: 연령별로 본 자발적인 참여(1999-2004)

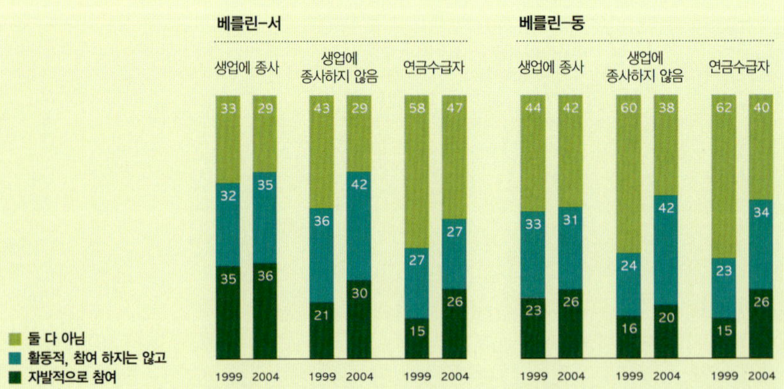

표 5: 생업에의 종사 여부로 본 자발적인 참여(1999-2004)

표 6: 교육 정도로 본 자발적인 참여 (1999-2004)

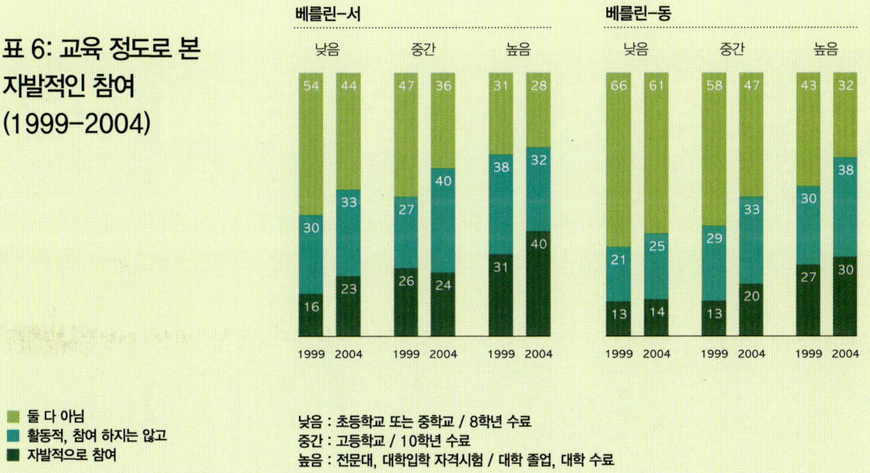

교육정도에 다른 자발적인 참여도의 분배도 유사하다. 교육수준이 높을수록 시민들은 자발적으로 참여하였다. 높은 교육수준에서는 동부에서는 응답자의 30%가, 서부에서는 40%가 자발적으로 참여할 준비가 되어있다고 답했으며, 중간수준에서는 동베를린 지역은 20%, 서베를린 지역은 24%만이 준비가 되어있다고 답했다(비교. 표7)

이 연구 결과 이주민과 그렇지 않은 주민들 간의 명예 봉사직에의 참여를 비교했을 때 이주민의 참여는 여론조사 시점에서 베를린과 독일 전체로 봤을 때 28%라는 유사한 강도로 나타났다. 이에 반해 독일인의 베를린에서의 참여도는 독일 전체와 비교했을 때 분명하게 낮았다. 이는 대조적으로 독일 전체로 보았을 때 이주배경이 없는 사람들의 37%가 자발적으로 명예 봉사직에 참여할 것이라고 답한 것을 분명히 해준다.

표 7: 독일과 베를린에서의 이주민들의 자발적인 참여 (최소 부모 중 한쪽은 독일에서 태어나지 않은)

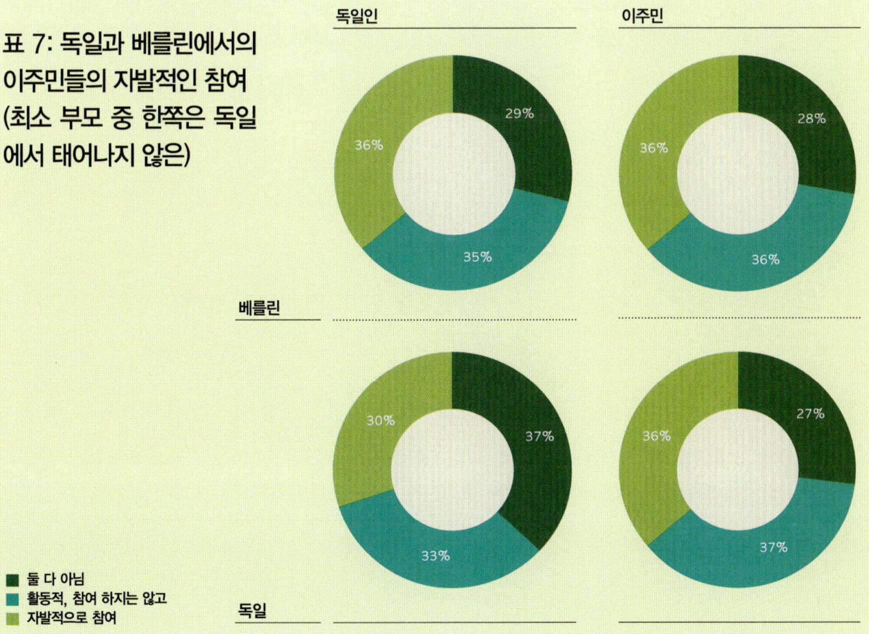

베를린 현장사례들을 통해서 얻은 지식

4

당신이 생소한 요리를 레시피없이 감행할 경우 항상 좋은 결과물이 나오는 것을 경험하지는 않는다. 이미 한 번 성공했던 경험이 있는 메뉴를 요리하는 것이 더 안전하다. 좋은 평가를 얻기 위해 당신은 물론 스스로 노력할 수 있다.

참여의 과정도 이와 매우 유사하다. 따라서 우리는 이런 입장에서 베를린에서의 구체적인 참여사례를 적용분야별로 -도시 및 오픈스페이스 계획, 주민참여예산, 구 예산, 어린이 및 청소년, 네트워크와 시민참여, 전자참여- 살펴보고, 평가하였다. 이 장에서는 여러분들에게 실질적인 팁을 제공하고, 앞으로 프로젝트를 이끌어 가는데 있어 도움을 주고자 한다.

4 1

도시 및 오픈스페이스 계획

도시개발 분야에서의 참여는 이미 법률적으로도 근거를 갖고 있다. 여기서 계획의 성과는 항상 생활 주변 환경의 질에 구체적인 영향을 미친다고 명시되어 있다. 주민들의 건설적인 편입은 그들의 희망과 제안을 조기에 파악하여 모든 참여자의 관점에서 생길 수 있는 이용 상의 갈등을 해결할 수 있도록 돕는다.

표 : 도표로 본 참여 절차의 진행 (출처 : 편집자)

주제 인지 ▶ 문제점 정의 ▶ 예비 계획 ▼ 초안 계획 ◀ 계획 확정 ◀ 계획의 실행 ▼ 이용과 관리

4 . 1 . 1 성공 요인과 장애물에 대한 일반적인 인식

조기에 얻은 포괄적인 정보는 수용을 창출한다.

계획에 대한 적극적이고, 집중적인 정보수집은 조기에 계획의 목표와 내용을 알 수 있게 해 준다. 이는 폭넓은 수용을 창출한다.

Bernauer 가의 추모지 : "베를린 장벽에 대한 기억을 전체적인 컨셉으로"하는 아이디어 추진자들은 조기의 투명한 참여방법에 대해 처음에는 회의적이었다. 여기에는 대중들, 특히 주민들과 토지 소유주들이 구체적인 실행을 어떻게 받아들일까 하는 질문이 제기되었다. 그럼에도 불구하고 이 구상을 소개하고 주민들의 인정을 받기 위하여 치밀하고 방법적으로 풍부한 아이디어를 가진 대중들과의 대화를 실행하였다. 우선 여기에는 수긍이 가도록 계획에 대한 요점을 알리고, 프레젠테이션을 하는 것이 속한다. 이를 위해 다양한 매체가 선정되었다: 예를 들어, 인터넷, 지역의 행사, 언론과 깃발에서 정보를 제공하기도 하고, 토론회를 열기도 했다. 비교적 짧은 기간의 참여에서 이 컨셉은 대중들에게 널리 주목을 받았다. 참여자의 다수가 동의하는 반응을 보였으며, 기념물의 설치에 대해 이해하고 있었다. "장벽"이라는 주제와 정보의 교환에 관한 필요성에 매우 강한 기본적인 관심을 보였다. 프로젝트에 대한 정보와 참여를 넘어서 역사적인 것과 관련된 추가적인 수 많은 정보들과 자료들, 즉 시대 증언자들의 사진과 보고서 등을 얻을 수 있었다. 이는 이 절차의 기본적인 성과라 하겠다.

- 계획의 내용과 목표에 대한 정보를 선별하여 그것을 조기에 잘 이해할수 있는 방법으로 설명하세요.
- 주민들이 능동적으로 반응하도록 다양한 매체를 이용하세요.

조성에 관한 아이디어 개발에의 주민들의 건설적인 편입은 성과의 질을 높인다.

하나의 광장 또는 오픈스페이스의 이용자들은 다음과 같은 질문에 있어서 전문가들이다: 현장에는 어떤 문제점과 잠재력이 있는가? 어떻게 개조하는 것이 바람직한가? 앞으로 어떤 활동들을 할 수 있을까? 이것들에 대한 대답은 매우 세부적이고, 실질적이며, 일상생활과 관련이 있으며, 대부분 너무 큰 소리로 떠드는 어린이나 이웃, 도로상의 쓰레기 같은 것이 거론된다. 적절한 방법의 훌륭하고 주도면밀한 참여전략은 이런 것을 뛰어넘어 참여자들과 건설적인 아이디어를 개발하는 것을 가능하게 한다. 그 결과 이는 현장의 필요성에 방향을 맞추고, 이를 통해 높은 질과 수락을 얻을 수 있는데 기여한다.

• **Marzahn Schorfheideviertel의 두 바퀴 수레방법** : 수레방법은 활성적인 대화방법을 통해 아이디어에 대해서 강한 지역의 현재상황과 높은 개방성을 특징으로 하는 매우 개방적인 참여방법이다. 이는 개조하는 데 매우 비판적이며, 거부하는 입장에 있는 주민들을 극복하기 위한 중요한 전제조건이었다. 수차례 현장에서의 모듈에서 지역의 상황을 알리고, 질과 정체성을 확인하고, 개발 가능성에 대한 집중적인 토론을 실시하는 브레인스토밍을 실시하였다. 이 절차의 진행과정에서 주민들은 Schorfheide를 이 지역의 모범으로 만들 아이디어를 전개시켰다. 새로운 부지는 전적으로 독자적인 특징을 지녀야 한다고 했다. 이에 대한 매우 구체적인 조성 아이디어가 나왔다: 언덕, 초지와 침엽수들 –그 사이사이에 한 떼의 양무리 중 양처럼 흩어져있는 "다기능 박스들". 능동적인 참여를 통해 앞으로의 계획과 실행을 위한 의미 있는 작업의 기초가 된 창의적인 컨셉이 생겼다.

• **조성 아이디어를 주민들과 공동으로 개발해나가기 위해서는 활성적인 대화방법을 통해 아이디어에 대해서 지역의 현재상황과 커다란 개방성이 특징인 방법을 활용하세요.**

참여절차에서는 지역적인 이용에 있어서의 갈등이 주제로 다루어진다.

하나의 성공적인 참여방법에서는 모든 이용집단의 관계자들이 그들의 생각을 드러내고 함께 다룰 수 있다. 이렇게 함으로써 이후에 있을 이용에 있어서의 갈등을 줄이고 진행과정에서의 오해를 정리할 수 있다.

사람들은 하나의 공간을 어떻게 이용하려고 하는 지, 어떤 요구를 하는 지 매우 다양할 수 있다. 활동적인 스포츠에 이용하려는 것과 조용하게 휴양하고자 하는 욕구 사이의 갈등이 자주 발생한다. 문화적 또는 세대 간의 갈등도 문제가 될 수 있다. 이는 지배적인 그룹에 의해 어린이나 노인들 같은 예민한 집단이 밀려나게 되는 상황을 초래할 수 있다.

Nauener Platz의 개조 : 이 근방에는 많은 자녀가 있는 가정들과 다양한 문화적 배경을 지닌 청소년들이 많이 거주하며, 주로 독일인인 65세 이상의 노인 비율도 높은 편이다. 따라서 구체적인 갈등이 생길 수밖에 없다: 많은 노인들은 문화적 · 사회적 배경으로 인해 생기는 다양성을 수용하고, 상이한 태도를 견디는 것을 힘들어 한다. 특히 청소년들을 매우 방해가 된다고 여긴다. 노인들은 접촉하는데도 공포심을 보여 과거에는 이 광장을 자주 피해 다녔다. 광장을 개조하는 데 있어 해결책을 찾기 위해 다양한 집단과의 대화에서 그들을 동등하게 고려함으로써 이용에 있어서의 갈등을 최소한으로 줄일 수 있었다.

참여의 첫 단계에서는 다양한 목표 집단들을 구분해서 워크숍을 열었다. 여기에는 무엇보다 성별에 따른 제안도 있었다. 이렇게 해서 다른 그룹이 토의를 지배하지 않는, 그 그룹만의 희망과 관심을 표현할 수 있는 보장된 공간이 만들어졌다. 동시에 여기에서는 다른 집단의 욕구에 대해서도 숙고하였다. 두 번째 단계에서는 광장에 대한 공동의 아이디어를 개발하기 위해 목표 집단들이 공간이용 공작소를 함께 실행하였다. 여기에서 다양한 이용집단의 만남이 가능하도록 공간적으로 분할을 하자는 컨셉이 도출되었다. 이렇게 해서 생긴 공간들은 모든 집단이 이용할 수 있도록 개방적으로 조성하였다. 현재 집단들은 서로 다른 시간대에 광장을 이용함으로써 많은 갈등을 피할 수 있다. 여기에다 지역의 한 시민단체와 협력하여 광장에서 다양한 만남의 구실을 만들었다: 벼룩시장, "쓰레기 줍는 날", 라운드 테이블 등등.

일반적으로 참여절차가 진행되는 동안 가족들과 청소년들 간의 서로를 받아들이는 태도가 훨씬 개선될 수 있었다. 젊은이들에 대한 노인들의 의구심은 광장에서 계속 세대 간의 갈등으로 나타나긴 했지만, 그럼에도 불구하고 노인들이 다시 광장을 이용할 수 있게 되었다.

- 다양한 이용집단을 정확하게 인식하세요.
- 그들을 참여절차에 편입시키기 위해 다양한 이용집단을 목표로 대화하세요. 여기에다 확대 재생산자들과도 협력하도록 하세요.
- 개개의 그룹을 구분하여 그들의 욕구를 말할 기회를 주세요. 여기에다 차별화한, 목표 집단에 방향을 맞춘 참여방법을 실행하세요.
- 접촉에 대한 두려움을 없애고, 교섭과정을 주도하기 위해 모든 이용집단들을 위한 만남과 의사소통의 기회를 만드세요.

적절한 방법은 자주 여러 가지 방법을 조화시키는 것이다.

투입할 수 있는 참여방법은 엄청나게 다양하다. 그들은 각각 나름대로 장단점이 있다. 기본적으로 적절한 방법이라고 할 수 있는 참여방법은 존재하지 않는다. 보통 여러 방법들을 혼합시킬 것이 추천되는데, A) 다양한 국면과 B) 목표 집단으로 구분된다.

A) 다양한 국면에 있어서의 다양한 방법:

Nauener Platz의 개조 : 참여제안은 상이한 부분적인 목표가 따르게 되는 국면에 따라 진행된다.

- 우선 참여과정에 주목하도록 하기 위해 홍보활동 방법이 이용된다. 홍보활동은 참여의 전 과정에서 계속 이어진다. 이렇게 해서 사람들은 참여에 대한 정보를 얻게 되며, 모든 관계자들이 계획에 대해 알게 된다.
- 이용집단들의 참여 시작에는 개방적이고, 창의적인 방법이 중심에 있게 된다. 여기에서는 갈등잠재력이 주제화되며, 계획을 위한 아이디어가 개발된다.

- 그 뒤에 교섭하여 결말을 짓는 방법이 이어진다. 이는 공간이용 공작소에서 시행되는데, 여기서는 수집된 아이디어들이 구체화되고, 공간적인 분할이 논의된다. 여기에다 조명실험에서는 매우 다양한 참여자들과 함께 광장의 조명에 대한 구체적인 계획이 개발되었다.
- 마지막으로 실행국면이 뒤따른다. 새로운 청소년들과의 토론들은 이제 아주 작은 역할을 할 뿐이다. 여기에서는 책임에 대한 자각의 구축과 구체적인 협력이 문제가 된다. 예를 들어 주변의 청소년들은 건축방안에 참여하였다.
- 몇몇 참여목적은 참여의 전 과정에서 여전히 중요한 것으로 남아있다. 한편으로는 관계자들의 정보, 홍보활동의 도움으로 투명한 절차를 창출하는것, 다른 한편으로는 갈등의 관리가 여기에 속한다. 갈등은 전 과정이 진행되는 동안 항상 다시 불거질 수 있으며, 그렇게 되면 적절한 방법으로 다루어야만 한다.

B) 다양한 목표 집단에 있어서의 다양한 방법:

Nauener Platz의 개조 : 방법은 특정 목표 집단에 따라 각각 결정된다. 가족들은 축제를 통해 잘 접근할 수 있다. 청소년들은 도달하기 어려운 집단으로 미래공작소를 통해 편입시키게 된다. 어린이들에게는 환상여행이 제안되었다. 이런 방법들은 찾아가는 방법으로 이루어지는데, 이는 곧 각각의 목표 집단이 모이는 곳에서 실시된다는 것을 의미한다. 다른 방법들을 통해서 모든 목표 집단과 동일한 대화의 기회를 갖는다: 여기에는 공간이용 공작소, 현장 둘러보기, 광장의 조명시설을 테스트하기 위한 조명실험 등이 있었다.

- 다양한 국면에서 어떤 목표에 도달하고자 하는 지 정의를 내리세요.
- 목표 집단과 그의 특수성에 대한 정의를 내리면, 방법을 선택하는데 고려할 수 있습니다.
- 개별적인 목표 또는 목표 집단에 알맞은 적절한 방법을 탐색하세요.
- 언제, 어떤 지원으로 개별적인 방법을 실행할 수 있을지 계획을 세우세요.

다방면의 관심사에 대한 한 가지 참여방법은 어느 한 쪽의 관심사를 약화시킨다.

의견 주장이 강하고 지배적인 몇몇 관심집단이 절차에 등장하면 때때로 문제가 된다: 한편으로는 특정 관심사들이 다른 관심사들과 비교가 안 될 정도로 관철될 위험이 있다. 다른 한편으로는 행정 스스로가 관심사를 균등하게 조절하려는 목적에서 중립적인 갈등조절과 내용적인 입장표명 사이에서 이중적인 역할에 시달리게 된다.

Gleisdreieck의 오픈스페이스 조성 : 지역을 있는 그대로 두고자 노력을 기울이는 의견을 가진 사람들은 매우 능동적으로 절차에 가담하였다. 따라서 참여의 시작에서부터 사람들은 다른 관심집단도 편입시키려는 노력을 하였다. 여기에는 오픈스페이스와 여가시간을 즐길 공간이 부족한 인근 지구에 거주하는 주민들이 속한다. 이들은 개방적인 참여에는 극히 적은 수만이 편입될 수 있었다. 따라서 목표 집단에 방향을 맞춘 초점집단에서의 토의와 같은 특화한 참여제안을 하게 되었다. 여기서 사람들은 지구 관리자들과 함께 작업을 하였다. 이런 협력을 통해 주민들과 지역의 단체들을 여러 가지 다양한 참여제안에 편입시킬 수 있었다. 이렇게 하여 광범위한 집단들의 관심사가 절차에서 지지받을 수 있었다. 토론과 표결은 다양한 사람들이 참석한 가운데 매우 안정된 분위기에서 이루어졌다.

- 다양한 목표 집단을 정확하게 재인식하세요.
- 적절한 방법으로 다양한 목표 집단들을 절차에 편입시키세요.
- 의견 표시가 미약한 관심사를 지원하세요..

기본여건에 대한 철저한 의사소통은 실망이 생기는 않도록 한다.

납득이 가지 않는 기본여건은 참여절차를 시작할 때 확실히 해두고, 대화를 해야만 한다. 그럼으로써 참여자들은 어떤 것들을 다룰 수 있는 여지가 있는지 알게 된다. 여기에는 목적, 구체적인 질문, 성과의 유용성 등이 속한다 – 후에 기대대로 되지 않으면 실망하게 된다.

Bernausr Straße의 추모지 : 이미 결정된 "베를린 장벽을 기억하기 위한 총체적인 컨셉"은 참여절차에서 더 이상 토의될 수 없는 본질적인 기본여건을 내포하고 있었다. 이를 통해 어느 부지가 추모지에 속하는지, 어느 부지에 앞으로 기념물이 들어설 지가 확정되었다. 참여절차는 잘 선별한 정보를 통해 총체적인 컨셉을 소개하고, 국가차원의 추모지를 조성하는 데 있어 다양한 목표 집단의 욕구와 주문사항을 투명하게 하기 위한 목적을 갖고 있었다. 여기서는 참여자들이 작업한 질문이 투명하게 공식화되었다: 베를린 장벽은 당신의 삶에 어떻게 영향을 미쳤는가? 우리는 베를린 장벽을 어떻게 보여줄까? 도시 한가운데 있는 장벽은 어떻게 보일까? 우리는 장벽의 역사와 장벽의 붕괴에서 무엇을 배울 수 있을 것인가? 이런 방법으로 토론과정은 절차에서 목표로 한 지점에 방향을 맞추었다. 여기에 앞으로의, 아직 구체화되지 않은 계획을 위한 중요한 인식, 즉 추모지의 내용과 어떤 형태를 부여할 것인지 등이 놓여 있었다.

- 중요한 기본여건들을 일괄적으로 수집하고, 그에 대한 정보를 적극 알리세요.
- 스스로 일관성 있게 기본여건들을 참여방안의 질문에 참작하세요.

참여자들의 다양성은 내용을 풍부하게 하는 효과가 있으나, 표결에 이르기까지 많은 어려움을 초래하기도 한다.

교섭하고 결말을 짓는 과정에는 시민들만 참여하는 것이 아니다. 이와 마찬가지로 과정을 함께 이끌어 온 다양한 행정부서와 기관 사이의 내부적인 결정도 중요하다. 이들은 다양한 문제를 제기하고 목표를 설정에 관여하며, 가능한 곳에서는 유보시키거나 거부한다. 때때로 내부적인 교섭과 결말과정은 역할과 과제로 인해 매우 고통스러울 경우도 있다.

Bernauer Straße의 추모지 : 시민참여는 시정부 도시개발부의 발의로 이루어졌다. 절차에는 시의회의 문화 분과, 구동독 독재 청산 재단, 베를린 장벽 기록센터가 참여하였다. 시정부 행정부에서 조정, 중재, 준비하는 역할을 맡았으며, 위에서 열거한 기관들은 이와는 반대로 내용적인 것에 관심을 갖고 있었다. 그들은 "베를린 장벽을 기억하기 위한 총체적인 컨셉"을 지지하였으며, 정보의 공개에 있어 역사적, 정치적으로 민감하다는 것에 매우 신경을 썼다. 그들은 이미 정해진 총체적인 구상이 참여절차로 인해 위태롭게 될 수 있다는 것이 두려워 처음에는 참여절차에 대해 의구심을 갖고 있었다.

이 프로젝트는 시정부 도시개발부와 구동독 독재 청산 재단이 공동으로 재정을 담당했으며, 이 두 기관이 공식 위임자로 등장하였다. 이런 상황에서 이 두 기관이 목표, 문제 제기, 구체적인 행동양식에 대해 의견의 일치를 이루어내야 하는 것은 절대적으로 필요했다. 다양한 참여자들은 우선 그들이 참여과정에서 어떤 역할을 맡을지, 그들의 권한과 과제에 대해 인식하고 정의를 내려야만 했다. 이는 절차 전 과정에 걸쳐 수반되는 지속적인 교섭과 결말을 짓는 과정이었다. 참여에서 내용과 행동양식에 대한 논의가 이루어진 업무에 관한 회의들이 실행되었다. 여기에는 참여의 실행을 위임받은 계획을 담당하는 회사도 참여하였다.

교섭하고 결말을 짓는 과정은 마무리에서 모두를 위해 성공적이었다는 것이 입증되었다. 이 절차는 다양한 관점을 통해 내용적으로 풍성해졌다. 결과는 커다란 공동의 성과로 나타났으며, 앞으로도 순기능을 할 협력의 초석이 놓여 졌다.

- 참여자들 간에 의사소통이 가능한 분위기를 창출하고, 공동의 목표를 이해시키세요.
- 예를 들어 정기적인 모임과 지속적인 정보교환 등을 통해 참여자들 간에 가능한 한 최대한의 투명성을 조성하도록 하세요.
- 과정에 참여하는 모든 기관들을 위해 가능한 한 명백한 공동 책임성을 창출하도록 하세요.

4.1.2 갈등 다루기

갈등은 계획이 점점 구체화되면서 변화한다.

시작단계에서 아직 구체화되지 않은 계획과 실제 실현가능성에 대한 불확실성 그리고 그로 인해 직접 관계가 있는 사람들이 빠지게 됨으로써 시작단계에서의 참여는 계획에 관한 일반적인 아이디어와 갈등 등 정보를 제공하는 차원에서 이루어진다. 계획이 진척되면서 토의와 갈등은 점점 구체화되고, 새로 생길 수도 있다.

Bernauer Straße의 추모지 : 참여절차가 진행되는 동안 수많은 갈등이 불거지고 다루어졌다. 추모지 계획에 있어 건축계획의 실행을 목전에 둔 시점과 건축예정지에 건물을 짓기 시작할 때 현장 부지의 소유주들 및 거주자들과의 갈등이 고조되었다. 여기에는 여러 가지 다양한 이유가 있었다:

표 : 참여집단 간의 대화
(출처 : 편집자)

- 매우 이른 시기에 참여가 이루어짐으로써 계획에 대한 추상적인 개념이 매우 높았다. Bernauer Straße를 따라 신축건물이 들어서는 것과 같은 개별적인 구체적 계획은 뒤늦게 구체화되었으며, 이는 공모전의 틀 안에서 참여절차없이 지구정비계획 절차에 따른 감정평가 절차를 통해 이루어졌다.
- 예를 들어, 베를린 주정부가 건축부지 내의 Postenweg의 매입 같은 특정사업의 실행단계는 참여시점에 계획의 기본원칙으로 알려졌었으나, 그럼에도 불구하고 당시 재정이 확보되지 않아 당사자들은 이를 진지하게 받아 들이지 않았다.
- 이들 중 일부분은 참여시점에 현장에 있지도 않았다.

생각지 않았던 갈등이 대중의 강도 높은 참여로 발생할 수도 있다는 것도 배제하지 않았다. 계획과 관련이 있는 사람들의 뒤늦은 반응은 실제 실현과 매우 밀접한 관계가 있었으며, 이는 참여절차의 틀 안에서 일부 제한적으로 다루거나 갈등이 생기지 않도록 저지할 수 있었다. 2011년 시정부 도시개발부는 재단 및 개인적인 관심집단들과 함께 차별화된 중재를 위한 대화를 실행하려고 한다.

- 참여의 성과는 항상 잘 기록하고, 평가하고, 공개적으로 접근할 수 있 도록 해야 합니다.
- 어떻게 진행되어 가는 지에 대한 정보를 제공하기 위해 지속적으로 홍보 활동을 펴나가도록 하세요.
- 계획을 실현시키기까지의 과정에 어떻게 참여제안을 통합시킬 수 있을지를 검토하세요. 이렇게 함으로써 지속적으로 주민들과의 정보교환이 이루어질 수 있으며, 진행과정에서의 변화에 대한 대화와 토론이 이루어 질 수 있습니다.
- 중재절차는 갈등을 일부 사람들의 이해관계로 다룰 수 있게 해줍니다.

부록: 참여에 있어서의 모순

표 : 하나의 계획 실시과정에 있어서의 변경의 여지와 참여도 간의 관계(출저 : 편집자)

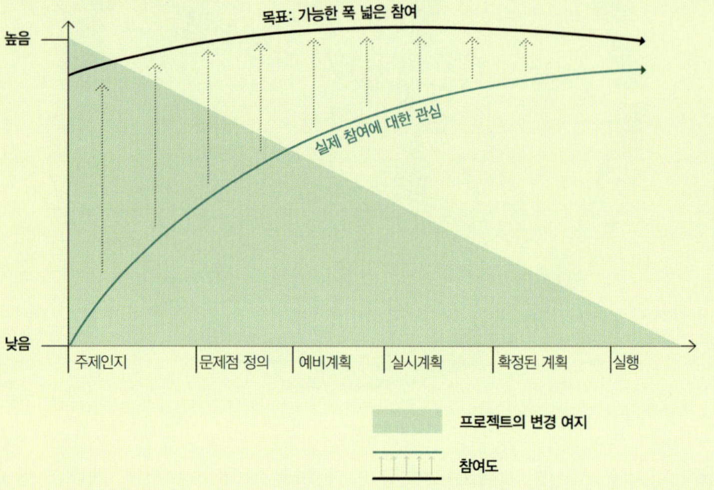

참여에 있어서의 모순은 바로 이런 갈등들을 묘사하고 있다: 절차 시작단계에서의 시민들의 참여와 관심도는 대부분 낮다. 그러나 이 시점에서 영향을 미칠 수 있는 가능성은 매우 크다. 과정이 진행됨에 따라 참여자는 증가하여 실행단계에 가서야 최고점에 도달한다. 그러나 그와 동시에 이미 실행단계에 이르렀기 때문에 영향을 미칠 수 있는 여지는 절차가 진행됨에 따라 줄어든다. 이 시점에서 참여자들은 참여에 가장 큰 관심을 보이나 계획에 영향을 미칠 여지는 거의 없다. 이렇게 모든 참여절차에는 예견할 수 없는 갈등으로 치달을 수 있거나 예견했음에도 불구하고 조기에 해결할 수 없는 요소들이 있다.

이런 모순에 대처하기 위하여 조기에 강도 높은 홍보활동을 해야 할 것이다. 이는 관심을 갖고 있는 사람들에게 참여에 대해 주목할 가능성과 기회를 만들어주며, 주제에 관심을 갖고 참여하는 데 동기부여를 하게 된다.

갈등을 적시에 주제화시키면 구조적이고 성과 지향적인 토론이 가능해진다

계획에 대해 적시의 정보 제공과 토론을 위한 다양한 방법의 시도는 희망과 제안을 조기에 파악할 수 있게 해주며, 경우에 따라서는 갈등을 미연에 방지하고 성공적인 대화를 위한 여지를 열어둘 수도 있다.

Bernauer Straße의 추모지 : 전문가들과 관심 있는 사람이 함께 한 첫 번째 준비산책에서 이들은 베를린 장벽과 추모지에 대한 개인적인 연관성, 관심, 갈등과 열린 질문들에 대해 이야기할 수 있었다. 이는 활동가들과 관심 있는 사람들이 현장에 대한 분석을 하는데 도움을 주었으며, 앞으로 건축계획을 하고 추모지 조성에 대한 중요한 인식들을 제공하였다. 그 이후 계속 진행된 참여방법은 이와 연결되어 정보의 교환과 토론을 할 수 있는 여지를 열어 놓았다: 비판적인 반대의견들도 공론화시킬 수 있었으며, 구조화시켜 드러내놓는 방법으로 토의에 붙일 수 있었다. 시민참여 과정에서 나온 모든 성과는 구체화 정도가 허용하는 한 그 이후의 건축계획 과정에 영향을 미쳤다. 이들은 형식적으로 이루어진 시민참여 절차에서 나온 제안들과 같은 비중으로 다루어졌다. 추가로 그 성과는 추모지 조성을 위한 실시 공모전에도 영향을 미쳤다.

그 이후 건축계획을 하는 데 있어 조기의 대중 참여의 틀 안에서 이루어진 30개의 추가 제안들만이 수용되었다. 이로써 신중한 검토절차는 쉽게 개관할 수 있는 상태였다. 의견을 제시한 시민들은 이미 앞서 진행된 비공식적인 참여 국면에서 충분히 고려된 것으로 느꼈다. 이는 비공식적인 참여의 성과를 신중한 검토절차에서의 반대의견들과 동등하게 취급하는 것이 보장됨으로써도 뒷받침된다. 총체적으로 현장과 연관이 있는 사람들의 의견과 관심사는 매우 중요하며, 이를 알려고 하는 의도가 있음이 나타났다.

- 이론을 제기할 다양한 가능성을 만들도록 하고, 그것이 토의에 붙여지도록 하세요.
- 적절한 방법들은 그 안에서 구조적이며, 성과 지향적인 토의가 이루어지도록 지원해 줍니다.
- 토의결과가 다음에 이어지는 계획단계에 확실히 반영될 수 있도록 하세요.
- 이는 현장에 거주하는 주민들의 견해와 관심사에 대해 관심을 갖고 인정하는 태도를 분명히 하는데 기여합니다.

다양한 관심집단과의 접촉은 대화에 임하려는 용의를 전제로 한다.

대화에 임할 용의와 변경을 허용할 각오는 기회를 제공한다. 이는 모든 일에 가담한 당사자들에게 해당된다. 모두에게 다른 참여자들의 주장과 욕구를 인정하고 조정에 임할 수 있는 지 묻게 된다. 이를 위해서는 다룰 여지가 있거나, 없다면 이를 창출해야만 한다.

"모두를 위한 Spreeufer!"에 대한 주민결정 : 기본 입장이 서로 대립하고 있었다:

- 정책적인 관심은 Spree 강변에 미디어와 첨단산업 분야를 유치하는 데 있었다. 이것이 일자리를 창출하고 베를린의 경제를 강화시킨다는 것이었다. 이에 대해 구(구(區))와 市의 입장차이가 있었다.
- 다른 한편으로는 계획에 유기적으로 성장하는 구조와 용도를 통합시키고, 강변을 따라 더 많은 오픈스페이스를 확보하는 데 관심을 갖고 있는 단체도 있었다. 그 단체는 지역의 주민들과 이용집단들과 관심집단들의 지원을 받았다. 마지막으로 여기에는 일부 소수에 의한 전적으로 개별적인 관심사들 또한 있었다.
- 그 외에도 자신 소유의 토지를 개발하려는 토지소유주들의 관심사도 있었다. 그들은 일부 유효한 건축허가권을 소유하고 있었다.

"모두를 위한 Spreeufer!"에 대한 주민결정 : Spree 강변 프로젝트는 참여의 모순에 대한 사례다. 이미 몇몇 토지들은 개별적으로 건축허가가 나 있었다. 따라서 계획에 영향을 미칠 수 있는 가능성은 이미 제한적이었다. 이런 상황에 대해 반대의견이 있었으며, 다양한 관심집단들 간의 의견이 일치할 수 없었다. Spree 강변을 오픈스페이스로 보존하기 위한 노력을 한 단체는 주민들의 폭넓은 지원을 받아 그들의 목표를 선전하였다. 여기에는 이미 광범위하게 결정된 계획들도 정치와 행정이 다시 다루어야만 한다는 대중의 압력이 있었다. 이는 결국 주민모임과 주민결정을 통해 발의되고, 관철되었다. 이를 통해 다수의 대중의 의견이 명백히 표현되었고, 정치와 행정이 결국 입장을 바꾸어야만 했다.

성공적인 주민결정 "모두를 위한 Spreeufer!"의 뒤를 이어 특별위원회가 구성되었다. 여기에서는 가능한 계획의 변경을 다루었으며, 위기에 처한 임시용도의 미래에 대해 논의되었다. 특별위원회에서는 시민대표로서 시민단체의 대표들이 선출되었다.

시민단체는 이 기회를 인지하고, 개별적인 토지에 대한 대안적인 제안을 내놓았다. 여기에 구(區)는 결국 유효한 건축권이 없거나 주정부 소유 기업이 소유하고 있던 토지와 관련하여 토의에 임할 준비 자세를 보였다.

특별위원회는 1년 여에 걸쳐 모든 개별적인 해당 토지에 대해 화합을 이끌어내려는 노력을 기울였다. 여기서는 무엇보다 주정부 소유 기업의 토지들이 협의 대상이었으나 다른 토지 소유주들도 초대되었다. 15개월 후 구청장은 위원회에 그 성과를 담은 보고서를 제출하였다. 이 평가서는 개별적인 대안에 대해서도 고려하였지만 아직은 시민단체의 요구에는 훨씬 못 미쳐 시민단체로부터 두 개의 상반된 가치를 동시에 지닌 것으로 평가되었다. 그럼에도 불구하고 개별적인 성과들은 지역적인 관심사와 개개 토지 소유주들이 토의에 임할 준비 자세를 발견할 수 있었다.

- 다양한 관심사를 정확하게 재인식하고, 이를 모두 정황에 참작하세요.
- 모든 이해당사자들 간 의견교환이 가능성을 창출하고, 모든 관심사를 진지하게 편입시켜 구조적인 토의가 이루어질 수 있도록 하세요.
- 반대의견을 어떻게 고려할 수 있을지 검토하고, 모든 측면에서 이를 반영하도록 하세요.
- 타협과 의견의 일치를 이끌어내려는 노력을 하고, 경우에 따라서는 전문적인 진행자 또는 중재자를 작동시키도록 하세요.

원칙적으로 반대 입장은 타결과정을 오래 끌어 힘들게 한다.

계획에 많은 수정이 가해져야 하면 반대와 원칙적인 거부에 부딪칠 수 있다. 시민단체나 행정 또는 다른 곳에서 진행과정상 타협가능성이 있거나 타협할 준비자세가 되어있지 않으면 극복할 수 없는 극도의 대립과 입장의 경화에 이를 수 있다. 이런 상황은 종종 길고, 힘을 소모시키는 과정을 초래한다.

Gleisdreieck의 오픈스페이스 조성 : 수십 년간 나대지로 있던 이곳은 독특한 식생이 형성되었다. 이를 보존하기 위해 여러 시민단체가 오랫동안 적극적으로 활동하였으며, 이렇게 해서 무엇보다 녹지로의 이용을 보장할 수 있었다. 그럼에도 불구하고 오픈스페이스와 여가시간을 보낼 곳이 마땅치 않은 곳에 사는 이 곳 주변의 주민들의 관심사를 고려할 때 하나의 공원으로 조성하려는 구체적인 방안도 중요했다. 공원계획에 놀이터나 운동장 같은 것을 통합시켜 이용하려면 지금 상태에서 광범위한 간섭을 하는 것이 반드시 필요했다.

기존의 식생을 보존하려는 시민단체들은 모든 간섭에 문제를 제기하고 꼭 필요한지에 대해 토론을 하였다. 제안된 참여방안 내부뿐만 아니라 시민단체들과 시정부 도시개발부 간의 직접적인 대립에 이르는 지루한 타결과정이 이어졌다. 여기에서 계획의 기본여건과 스스로 이미 찾아낸 타협안들에 대해서도 끊임없이 다시 문제제기가 이루어졌다. 따라서 의견의 일치를 이끌어내기는 매우 어려운 상황이었다.

사례에서는 이런 상황에 대해 참여 목표 집단의 원만한 화합과 확대가 이루어지도록 노력하는 반응을 보였다. 이렇게 함으로써 어느 정도 균형을 이루도록 할 수 있었다. 그 외에 행정의 이중적인 기능을 해소하기 위해 외부의 중재자들을 투입했다.

- 분명한 내용적인 기본여건과 토론의 한계를 확실히 해 두세요.
- 기본여건의 준수를 시종일관 존중하세요.
- 타협을 유도할 외부의 진행자 또는 중재자를 개입시키세요.
- 다양한 관심집단들이 다방면으로 참여하도록 신경을 쓰세요.

4 . 1 . 3 실행국면에 있어서의 참여

실행국면에서의 참여에는 정보에 기준이 있어야 한다.

참여는 거의 프로젝트의 계획국면에 집중된다. 그럼으로써 참여성과의 유용성과 앞으로의 진행과정은 모든 참여자들에게 저절로 그 상황이 지속되는 것으로 생각하게 하나, 참여과정은 최소한의 정보를 제공하는 차원으로라도 계속 이어져야 한다.

Nauerer Platz의 개조 : 실행국면에서 참여방안은 여러 가지 차원에서 이루어진다. 우선적으로 홍보활동이 진행된다. 여기에는 정기적으로 발행되는 정보지, 현장답사, 전시회 등이 도움을 준다. 일부분을 개장하면서 축제도 거행되었다. 이 방안은 새로 조성된 광장에 대한 주민들의 관심과 연결이 되어야 한다. 그럼에도 불구하고 공사기간이 너무 지연되었기 때문에 이는 충분한 성공을 거두지는 못했다. 사무적인 절차(계약 체결, 자재 인도 등)를 처리할 시간이 필요했으나 주민들에게는 아무것도 하지 않고 가만히 있는 것으로 보였다. 따라서 실현에 가능한 지에 대해 기다리지 못하고 불신감을 갖게 되었다. 다양한 참여자들, 시민단체 "Nauener Neu!"도 역시 이 시기에 프로젝트와의 연결이 끊어지고 뒤로 물러나 있게 되었다. 그럼에도 불구하고 광장의 개장은 매우 긍정적인 공명을 불러일으켰다.

- 실행과정에 대해 지속적으로 정보를 제공하세요.
- 관심을 갖게 하고 프로젝트가 진전되는 데 주의를 기울이도록 하기 위해 행사와 활동을 활용하세요.

건축 및 조성방안을 시행하는 데 있어서의 참여는 가벼운 법률적, 구조적 한계에 부딪히게 된다.

실행방안에의 참여는 특히 어린이와 청소년들에게 새로운 것이 생기는 것을 경험하고 동참하게 하는 경우가 많다. 물론 실행을 하는 데 있어 일련의 장애물, 특히 자연과 관련된 법률적인 문제가 발생한다.

Nauerer Platz의 개조 : 목표는 인근의 어린이와 청소년들이 실제 광장의 건축 및 조성방안에 참여함으로써 성과에 대한 책임감을 강화시키려는 것이었다. 이는 청소년들의 작업에 보수가 전혀 지급되지 않았고, 대부분이 SOS 어린이마을의 청소년 프로젝트에 의해 조직됨으로써 제한적으로만 실행되었다. 여기에다 특정 과제들은 보험과 관련된 기술적인 이유에서 고려되어야 했다. 결국 참여에 대한 매력은 매우 저하되었고, 어린이 및 청소년들의 협조도 신뢰할 수 없게 되었고, 조경회사만 어렵게 통합시킬 수 있었다.

그럼에도 불구하고 다양한 지역의 많은 관심을 갖고 있는 사람들, 무엇보다 광장이 완공된 이래 앞으로 광장의 관리를 하는 데 중요한 기능을 인수받은 청소년 시설이 편입될 수 있었다. 또한 소규모 면적(화단)들은 파트너십을 형성해 관리하도록 할 수 있었다.

- 예를 들어 어린이와 청소년들을 건축방안에 편입시키는 것은 매우 의미있는 일입니다. 가능한 한 단체나 기관과 협력하고, 법률적 · 조직적으로 실현이 가능한 프로젝트를 선택하도록 하세요.
- 장기적으로 관리하고, 책임을 인수할 수 있는 협력 파트너를 찾도록 하세요.
- 가능하면 참여하여 함께 조성할 수 있는, 화단과 같은 구체적인 면적을 창출하도록 하세요.

실행되는 동안의 내용적인 참여는 분명한 한계를 필요로 한다.

실행을 동반하는 참여절차에서는 구체화, 현실화시킬 수 있는 여지가 어디까지 가능한 지를 매우 명확해야만 한다. 조기의 계획 및 참여절차의 성과는 실행의 기초로서 확정되어야만 한다. 계획의 너무 많은 측면에 대한 토의가 이루어지게 되면 이를 실행에 옮기는 것을 시작할 수 없다.

Gleisdreieck의 오픈스페이스 조성 : 공모전에서 수상한 계획안은 실제로 시행을 하기 위해서는 좀 더 구체화시키고, 수정 보완해야만 했다. 이를 위해 작업팀이 만들어졌는데, 여기에는 행정(구(區)와 시정부 도시개발부)외에 계획회사와 Grun Berlin社(베를린주의 오픈스페이스 개발을 담당하는 용역회사), 시민단체의 대표들이 편입되었다. 개개의 작업팀의 팀원 간 생각의 차이가 워낙 커서 더욱 세부적인 논의가 이루어졌다. 공원 전체에 대한 계획과 개별적인 방안들은 여기서 반복적으로 다루어졌다. 이는 방안을 (건축적으로) 실행에 옮겨 진전시키는 것을 힘들게 하였으며, 공원의 완공을 지연시켰다.

외부의 중재자를 통해서 뒤늦게 기본 조건의 중재와 유지가 강화되었다. 중립적인 입장에서 더 강력하고 구체적인 협정을 할 것을 요구하고, 분명한 요구사항과 한계를 관철시킬 수 있었다. 행정은 내용적인 것과 참여자들을 조정해야 하는 이중적인 역할을 이 사례에서 스스로 해낼 수가 없었다.

- 기본조건을 확정하고, 이를 관철시키세요. 기본적인 계획은 실행국면에서 더 이상 논란의 대상이 되어서는 안 된다는 것을 분명히 해야만 합 니다.
- 행동양식과 일정에 대해 분명한 협정을 하도록 하고, 가능한 한 구체적으로 문서화해두세요.
- 협약을 준수하도록 노력할 외부의, 중립적인 조정자를 통합시키도록 하 세요.

임시사용은 부지의 개발에 이용될 수 있다.

임시이용의 통합을 통해 이용자들과 함께 부지의 개발을 이루어낼 수 있다. 이를 통해 투명성을 제고시키고, 부지에 새로운 활력을 가져옴으로써 이미지를 개선시키는 추가적인, 수요지향적 제안을 할 수가 있다. 이용시간의 제한은 갈등과 실망을 가져올 수 있다. 이는 절차상 개방적이고 민감한 행동양식을 필요로 한다.

Tempelhof 공항의 용도 변경: 이 부지는 매우 넓으며, 도시 전체적인 의미가 있는 곳으로 많은 여러 이웃들과 경계를 이루고 있다. 따라서 이곳에 대한 관심은 매우 복합적이다. 이 복합성을 상응한 관점에서 고려하기위해서는 진행과정에서 발생하는 개발경향이 그 공간 내에서 이루어지는, 가능한 한 개방적인 참여절차의 시행이 제안된다. 이미 조성 및 이용에 관한 아이디어에 몰두하고 있는 시민참여를 시행하면서 그 현장을 개발하기 위해 임시 및 선구적 용도로 사용하도록 한다. Tempelhof 부지의 가장자리를 따라 총 7군데의 서로 다른 선구적 용도로 사용될 부지를 확정하였다. 2010년 5월부터 임시용도에 관한 아이디어를 제안할 수 있는 구체적인 가능성이 생겼다. 반년마다 이들 부지에 대해 제안된 아이디어를 결정하기로 했다.

모든 선정된 임시용도는 분명한 규정이 명시된 계약을 함으로써 보장되며, 계약기간은 우선 2013년까지로 제한된다. 기한의 연장은 투자자가 이 부지를 그 밖의 다른 용도로 개발할 것인 지에 달려 있다. 임시용도로 사용하던 곳을 다른 곳으로 옮기거나 나중에 계획에 편입시킬 가능성이 이론적으로 증명되면 그 부지에 대해서는 어떠한 확약도 있을 수 없다.

- 당분간 임시적, 욕구지향적인 해결책을 허용하기 위해 임시이용 가능성 을 하나의 부지개발을 하는 데 있어 참작하도록 하세요.
- 나중에 실망을 하지 않도록 하기 위해 처음부터 이용기간에 대한 분명한 협정을 하도록 하세요.

절차상의 성공요인

- 계획의 목표와 내용에 대한 정보를 조기에 제공함으로써 이해와 수용을 강화시킨다.
- 참여자들은 계획의 질과 수용을 높이는 건설적인 아이디어를 개발할 수 있도록 고무될 수 있다. 이를 위해서는 아이디어에 대해 활발하게 서술하도록 하는 방법, 현장에 참석하는것, 편견 없이 터놓고 얘기할 용의 등이 매우 중요하다.
- 다양한 이용집단들은 이용상의 갈등에 대해 함께 교섭하여 결말을 지을 기회를 가져야 하며, 상대방의 욕구를 이해하여야 한다. 이런 태도를 갖기 위해서는 이용집단에 특화된 혼합적인 방법론을 권할 만하다.
- 취급방법의 다양성은 참여를 특정 목표설정과 목표 집단에 적합하게 기획 할 수 있게 한다.
- 기본조건의 일관성 있고 분명한 표현(목표, 문제제기, 성과의 활용)은 잘못된 기대로 인해 생길 수 있는 실망이 생기지 않도록 한다.
- 참여과정에서 조기에 구조적, 성과지향적인 기획과정을 실시할 수 있다.
- 실제 대화에 임할 준비태세는 타협할 자세와 취급할 여지를 내포하고 있다.
- 실현이 될 때까지(또는 그 이후에도) 적어도 정보제공 차원에서 지속적으로 참여를 이어가는 것은 수락을 내포하고 있는 것이다.
- 임시용도에 관한 협력은 하나의 부지를 개발하는 데 있어서 투명성과 욕구 지향성을 확대시킨다.

절차상의 걸림돌

- 목소리가 큰 관심집단들은 참여절차를 한편에서 장악할 수 있으므로 다양한 관심집단들의 활성적인 편입은 이를 완화시킬 수 있다.
- 절차를 함께 만들어갈 참여자들의 다양성은 포괄적인 내부의 표결 및 타협과정에 필수적이다. 이때 역할과 과제에 있어서 분명한 한계를 두는것이 반드시 필요하다.
- 계획이 꾸준히 진전됨에 따라 일시적인 참여로는 철저하게 다룰 수 없는 새로운 갈등분야가 항상 생긴다.
- 근본적으로 반대 입장에 있으면서 타협가능성이 없으면 지루하고 힘겨운 타협과정으로 이어지게 된다.
- 예를 들어, 건축이 시행되는 동안의 법률적이고 구조적인 한계는 참여를 힘들게 한다.
- 내용과 조정 사이의 역할갈등은 (외부의) 중립적인 지원자의 투입으로 회피할 수 있다. 이는 기본조건과 한계의 관철을 용이하게 한다.

4 | 2

주민참여 예산수립에 있어서의 참여

주민들은 주민참여 예산의 수립을 통해 예산계획에 참여할 동기를 부여받게 된다.
그들은 조언과 아이디어 제공자로서 예산의 사용에 영향을 미치게 된다.
그들의 제안과 우선순위에 의해 정책과 행정은 어떤 분야의 계획이 욕구에 합당한 지,
아닌 지를 분명히 하게 된다.

4.2.1 서론

지금까지 베를린의 8개 구(區)에서 주민참여 예산을 실시하였다. 이를 통해 주민들은 구(區)의 예산수립에 참여하였다. Lichtenberg구(區)의 주민참여 예산은 베를린에서 최초로 Marzahn-Hellersdorf에서 행해졌다. 이는 2005년 시정부가 재편성한 아젠다의 틀 안에서 모델 프로젝트로 시작되었다. 그 이후 이는 구(區)에 정착하여 계속 발전되어 가고 있다. Lichtenberg의 주민들은 구(區)에서 조정이 가능한 과제 내에서 예산의 집행에 관한 아이디어를 낼 것을 요청받고 있다. 물론 여기에도 결정할 여지는 남아 있다. 2010년부터는 참여자들이 절약 가능성이 있는 우선순위도 정한다.

절차상의 걸림돌

주민참여 예산에 관한 아이디어는 1980년대에 브라질에서 생겼다. 수입이 적은 사람들과 많은 사람들 간의 소득의 격차가 커졌다. 정치와 행정은 부패현상을 보이고 있었다. 따라서 시민단체는 예산의 계획에 협력할 수 있는 가능성을 촉구하였다. 1988년 노동당이 선거에 승리하면서 Porto Alegre에서 처음으로 주민참여 예산이란 것을 창설할 수 있게 되었다. 이 주민참여 예산은 오늘날까지도 지역행정의 가장 실질적인 사례로 여겨지고 있다.

주민참여 예산의 원래 모델은 3가지 기본원칙을 포함하고 있다:

- 일반 대중에 의한 민주주의: 개별적인 도시의 지역(洞)에서의 시민모임에서는 대표자가 선출되며, 우선순위를 확정한다.
- 사회적인 정의: 예산은 개별적인 도시지역(洞)별로 분배된다. 여기에는 주민수, 기간시설 구조의 질 그리고 지역적인 우선순위 목록이 고려된다.
- 시민들에 의한 통제: 시민모임에서 선출된 주민참여 예산 담당위원들은 정기적으로 회의를 하고, 예산계획에 확정한 우선순위를 대변한다.

주민참여 예산 원칙은 하나의 모델에만 국한되지는 않는다. 이는 지역의 여건에 따라 다양한 형태로 실행될 수 있다. 현재 유럽에서는 250개 이상의 도시에서 다양한 형태로 주민참여 예상 계획에 대한 참여가 이루어지고 있다. 라틴 아메리카와는 대부분 전제조건이 다르므로 주민참여 예산의 기준은 유럽과 독일의 여건에 맞추어져 있다.

4.2.2 성공요인과 장애물로 선정된 인식들

지자체 예산에 관한 정보들은 주민참여 예산의 기초가 된다.

공공 예산은 복잡하다. 따라서 주민참여 예산에 있어 내용과 우선순위에 관한 건설적인 토론은 지역(구(區))예산에 대한 기본적인 이해가 전제된다.

Lichtenberg의 주민참여 예산 : 해마다 주민참여 예산에 대한 현실화된 소책자가 발행된다. 여기에는 지역(구(區))과 지역의 개발에 있어 모범사례에 대한 일반적인 정보들이 담겨있다. 지역(구(區))의 수입에 대해 짧게 밝히고, 중요한 과제범주의 지출에 대해서도 소개된다. 여기에서 의무적인 과제와 조정이 가능한 과제 간의 구분도 짓는다. 마지막으로 12개 분야로 과제를 분류하고 소책자에 내용적인 것을 소개한다: 이 범주에 관해서는 주민들이 제안을 할 수 있다. 마지막으로 이 책자에는 지난 주민 참여 예산에 제안들이 어떻게 적용되었는지에 대한 사례들도 있다. 책자와 더불어 인터넷에 정보를 제공하는 포털사이트도 있다.

추가적으로 주민참여 예산은 지역(구(區))의 예산수립에 관한 이해와 추적 가능성에 현저한 기여를 한다. 이는 수용을 강화시킨다.

- **주민참여 예산절차의 전체를 구성하는 데 절대적으로 필요한 요소는 한 지역(구(區))의 예산에 대한 일반적인 구조에 대한 이해력을 가지고 조망할수 있도록 하는 것이다.**

주민참여 예산에서 공동결정 가능성은 제한되어 있다.

주민참여 예산에서 주민들은 공적 기금의 사용에 관한 제안과 아이디어를 제공한다. 이 공동결정은 지역(구(區))이 조정 가능한 과제를 위해 책정된 예산의 틀 안에서만 가능하다. 이는 지역(구(區))의회(BVV)의 예산관련 법률에 정해져 있다. 주민들이 이런 기본조건에 대해 충분히 알고 있지 못하면 영향을 미칠 가능성에 대해 잘못된 기대를 할 수 있다.

Lichtenberg의 주민참여 예산 : 아이디어나 제안을 제공할 수 있는 총 12개의 조정이 가능한 과제분야가 있다. 지역(구(區))의 과제분야에 해당되지 않거나 조정이 가능한 과제에 해당되지 않는 주민들의 제안은 적용되지 않을 수 있다. 취급의 여지가 있는 것에 대한 주민들의 활발한 정보활동과 더불어 절차의 진행과정에서 생기는 영향을 미칠 가능성의 한계를 고려해야 하는 결과도 있다: 적용될 수 없는 제안들은 평가도 하기 전에 제외된다. 이렇게 함으로써 참여자들이 평가국면에서 이런 제안들에 대한 그들의 한정된 투표권을 소멸시키는 것을 방지하게 된다. 이런 제안들을 제외시킨 데 대해서는 이후에 해명을과 함께 그 이유를 밝히게 된다.

- **예산에 대한 제안이 가능하도록 내용과 규모에 대해 적극적으로 정보를 제공하세요. 여기에서는 지역(구(區))의 과제를 의무과제와 조정이 가능한과제로 분명히 구분해야만 합니다.**
- **제안들은 어떻게 취급되며, 어떤 전제조건 하에서 적용되는 지를 투명하게 하세요.**

생활권 지향적인 공간들은 주민참여 예산을 위한 지역적 기반이다.

주민참여 예산은 그것이 그들의 일상 생활권과 관련이 있다고 보이면 사람들이 이에 협력하게 된다.

구(區)차원의 지역에 기초를 두고, 13개 구(區)에서 주민참여 예산에 대한 토의가 열린다. 지역의 시설들은 여기서 점점 더 많은 주민참여 행사의 실시를 맡고 있다. 그 결과 모든 도시지역(洞)에 시민들의 주변 환경과 직접적인 관련이 있는 그들만의 제안목록이 생겼다. 이를 통해 강한 연대감과 구체적인 관심사도 생기게 된다.

- 예를 들어 구(區) 또는 市를 도시지역(洞)과 같은 소규모 단위로 분류하고 현장에서 토의가 이루어지도록 조직하세요.
- 지역의 시설들을 준비와 시행을 하는 데 편입시키도록 하세요. 이들은 지역의 확대 재생산자로서, 또는 특정 목표 집단을 위해 효과를 미칠 수 있습니다.

주민들에게 주민참여 예산에 관해 다방면으로 호소해야만 한다.

주민참여 예산은 서로 상이한 모든 관심사를 갖고 있는, 참여에 대한 준비 정도 역시 각기 다른 시민들에게 해당된다. 따라서 주민들을 폭넓게 참여시키기 위해서는 목표 집단 지향적으로 개발한 전략이 중요하다.

Lichtenberg의 주민참여 예산 : 주민참여 예산 참여에의 접근가능성은 의도적으로 낮게 잡았다. 여기에는 나이 제한이 없다. 일반적인 선거권도 전제조건이 되지 않는다. 이렇게 함으로써 Lichtenberg에서 살거나, 일하는 모든 사람들이 참여할 수 있다.

참여의 문턱을 낮춘 것과 더불어, Lichtenberg의 주민참여 예산에는 특정 주민집단이 활성적으로 참여하도록 하는 다양한 전략도 있다.

- 이주배경을 지닌 거주자들의 모국어로 정보를 제공하세요.
- 확대 재생산자들을 업무에 편입시키세요. 예를 들어, 이주배경을 지닌 사람들을 주축으로 하는 협회나 행정과 공공시설에서 다중언어를 사용 하는 직원들이 그들입니다

이주배경을 지닌 사람들의 편입

Lichtenberg의 주민참여 예산 : Lichtenberg에 거주하는 이주민들은 동구권과 아시아 출신들이 많다. 이들의 편입은 이주자들을 주축으로 한 협회와의 협력과 지역 센터를 통해 조직된다. 협회들은 확대 재생산자로서 목표 집단에 정보를 전달하고, 또 목표 집단 측의 정보를 알리는 역할을 한다. 마찬가지로 이주배경을 지닌 직원들은 공공시설에서 확대 재생산자로서 효과를 할 수 있어 목표 집단에 호소하고, 정보를 제공할 수 있다. 추가로 러시아어, 베트남어로 된 깃발을 만들어 널리 알리기도 한다. 편입의 기능을 이런 방법을 통해 제대로 이루어지고 있다. 예를 들어, 도서관에서 베트남의 현대문학 작품의 구입하도록 하는 것과 같은 분명하게 이주민들의 관심사에 귀속된 제안들이 주민참여 예산에 제출되었다.

청소년들의 편입

Lichtenberg의 주민참여 예산 : Lichtenberg의 주민참여 예산에서의 경험들은 청소년들을 참여시키는 것은 어렵다는 것을 보여 주고 있다. 저녁에 열리는 도시지역 컨퍼런스는 청소년에게 감동을 주지 못했다. 2년 후에야 실시된 시간제한을 두자는 결정도 청소년들을 얼마 포용하지 못했다. 이런 이유에서 특별히 청소년들을 위한 추가적인 정보 및 참여제안이 있었다:

- 주민참여 예산에 대한 정보는 학교와의 협력으로 전달된다; 정보자료를 제공하는 이외에 수업 시간에 이를 주제로 다룬다.
- 무엇보다도 청소년시설과 협력하여 청소년들에게 말을 걸 수 있는 방법, 청소년 미래공작소 같은 것을 개발하였다. 여기서는 지역의 예산에 대한 아이디어나 이의에 대해 토의하고, 마지막에 이를 주민참여 예산절차에 반영시킨다.
- 주민참여 예산 자체에서는 구청에 청소년들과의 조정을 담당하는 자리를 설치하자는 제안이 나왔다. 이 자리를 통해 어린이 및 청소년을 담당하는 시설들과 구행정의 협력이 이루어지게 될 것이다. 이런 협력은 주민참여 예산을 위해서도 활용될 것이며, 이를 통해 청소년들의 통합이 개선될 수 있었다.
- 프로젝트를 통해 시사성있게 빠른 시일 내에 실시할 수 있는 예산과 관련된 것이면 청소년들의 참여가 더 잘 이루어진다. 2010년 도입된 지역기금은 청소년들의 제안을 편입시킬 수 있다는 가능성을 보여 주었다.

> **• 어린이 및 청소년들의 요구를 충분히 고려하기 위해 어린이 및 청소년 관련시설과 해당부서와 협력하도록 하세요.**

주민참여 예산은 지역예산에서 성별에 관한 측면을 고려하는 데도 기여한다.

주민참여 예산에의 주민들의 참여를 통해 여성과 남성의 성별에 따른 요구를 더 잘 고려할 수 있다. 이를 위한 전제조건으로는 성별에 다른 동등한 참여가 이루어져야 한다는 것이다.

Lichtenberg의 주민참여 예산 : 이 방법은 남성과 여성의 참여태도의 관점에서 지속적으로 조사되었다. 여기에서는 얼마나 많은 남성과 여성이 참여제안을 활용하는 지와 표결에 있어 남성과 여성이 어떻게 행동하는 지에 대해 중점을 두었다. 인터넷을 통한 참여에서는 등록과 관련해 성별의 조사를 쉽게 검증할 수 있다. 그 외의 특정일에 주민들은 개개의 도시지역의 공개적인 장소에서 제출된 제안들에 대해 투표권을 행사할 수 있다.

몇 년 전 남성과 여성이 서로 다른 색깔의 점으로 표시하도록 했다. 이렇게 함으로써 후에 평가가 가능하도록 했다. 이를 통해 여성들이 남성들보다 자주 참여하며, 다른 관심사를 갖고 있다는 것을 분명히 알 수 있다. 문화 분야의 제안들은 여성들이 많이 선택했으며, 스포츠와 경제 분야는 남성들의 선택이 더 많았다. 이 결과는 남성과 여성의 관심사를 적절히 고려하였는지에 대한 정보를 얻기 위한 실제 예산배정에 대조된다.

> **• 남성의 여성과 의사표시에 대한 차별화된 분석을 가능하게 하는 참여방법과 평가방법을 고려하세요.**

부록: 성별에 따른 예산책정

성별에 따른 예산책정은 예산수립 방법에 있어 성별에 따른 차별을 철폐하는 방법을 응용한 것이다. 이 개념은 예산을 수립하는 입장에서 하나의 목표 집단에 관련하여 평가한다는 것을 의미한다.

평가과정에서는 교부된 재원이 무엇에 유용하게 쓰였는 지를 되돌아보는 것이 검토된다. 얼마나 많은 여성과 남성이 예산에서 재정을 지원한 프로그램들 또는 제안들을 받아들였는지에 대한 검토 외에 대개 소규모의 목표 집단들이 고려된다. 소규모 목표 집단으로는 보행 장애 또는 유모차를 끄는 부모들과 같이 장애물을 없애야 통행을 하는데 유리하거나, 이주배경을 지닌 소녀들에게 따로 선정된 도서관에서 특별한 매체를 통해 여가시간 갖도록 주는 것을 말한다. 예산을 수립하는 입장에서 목표 집단과 관련하여 평가를 한 것을 기초로 그 다음 예산에서 재원을 분배할 때 변경을 결정할 수 있다. 그렇게 함으로써 성별에 따른 예산수립을 조정의 목적에 맞게 멀리 앞을 내다보는 방법으로 전환시킬 수 있다. 주민참여 예산의 사례는 성별에 따른 예산수립이 참여방법과 결합되어 이미 현재 조정의 목적에 삽입되었다는 것을 보여 주고 있다.

꼭 필요한 감축에 대한 결정은 주민참여 예산에 있어 어려운 점 중의 하나다.

교부의 감축이 필요하면 주민참여 예산은 결정을 함에 있어 정책을 뒷받침할 수 있다. 정책에 대해 주민들이 정하는 우선순위는 이를 통해 알 수 있게 된다 – 그러나 이는 주민참여 예산에 있어 주된 관점이 되어서는 안 된다.

Lichtenberg의 주민참여 예산 : Lichtenberg 구(區)에서 사람들은 지금까지 주민참여 예산에서 감축하는 측면을 고려하기 위한 다양한 방법을 시도하였다. 우선 이미 도입된 제안들도 부정적으로 평가할 수 있도록 했다. 그러나 이는 좋은 경험을 만들지는 못했다. 시민들은 구체적인 아이디어를 선택 취소하는 것을 매우 어렵게 느꼈다. 따라서 이 방법은 다시 포기하였다. 2010년 이와 비슷한 내용을 내포한 "절약 포인트"제를 도입했는데, 이는 조정이 가능한 12개 영역에 분배할 수 있다. 정책분야의 대표자들은 이로써 주민들이 어느 분야에 더 또는 덜 줄이는 것을 받아들이는 지 알게 된다.

- **주민참여 예산은 무엇보다 "긍정적인" 영향을 미칠 가능성을 내포하고 있다는 것에 주목하세요. 주민참여 예산이 감축에 대한 권한이 주가 되면 신빙성을 잃게 됩니다.**

주민참여 예산은 정책을 통해 인정을 받는 것이 필요하다.

정책적인 의지, 제안을 시종일관 고려하는 것은 주민들의 제안을 적용할 형식적인 의무가 없다고 해도 주민참여 예산의 성공에 결정적인 영향을 미친다.

Lichtenberg의 주민참여 예산 : Lichtenberg 구의회(BVV)는 모든 제안들을 검토하고, 이를 적용시킬 것인지에 대해 토의할 의무가 있다. 우선 개개의 제안들은 BVV의 해당 전문위원회에서 논의된다. 그러고 나서 이는 BVV에서 적절한 결정을 내릴 것을 준비하는 예결위원회의 표결에 붙여진다.

제안들은 모두 또는 일부만 예산계획에 고려될 수 있다. BVV에서 거부되면 그 이유를 밝힐 의무가 있다. 이를 위해 해마다 BVV는 제안들에 대해 어떤 결정을 내렸는 지를 설명하는 행사를 실시한다. 여기에서는 특별히 고려대상이 되지 못한 제안들에 대한 이유를 밝힘으로써, 실현가능성이 없는 제안들은 거부당한다는 것을 참여자들이 이해하도록 한다.

모든 정당이 결정에 참여함으로써 모든 원내 교섭단체가 주민참여 예산의 뒤에 있다는 것이 증명된다. 이렇게 함으로써 선거결과, 변화하는 정치적 상황 또는 새로운 행정의 편성으로 인해 위험에 처하지 않는다.

- **과정의 시작에서 결과는 어떻게 활용되는지, 거부당한 제안들은 어떻게 다루어지는 지를 분명히 약속하세요.**
- **제안들과 관련된 것들에 대한 정보를 적극적으로 알리세요.**
- **예를 들어, 해명을 위한 행사 등 결정에 대해 추가적인 투명성을 창출하는 절차를 행하는 것을 확고히 하세요.**

주민참여 예산은 총체적인 행정을 위해 유익한 것이다.

주민들의 제안은 적용을 하는 데 책임이 있는 다양한 전문 해정분야의 계획들에 해당된다. 주민참여 예산은 그들의 업무를 내적으로 윤택하게 해준다.

Lichtenberg의 주민참여 예산 : Lichtenberg 구청의 모든 직원들은 주민참여 예산이라는 주제를 일상과제로 정의하고 있다. 그들은 전문적인 입장 표명을 하는 자리나 행사 등에서 참석을 요청받거나, 독립적으로 과정에 참여할 수 있다. 과정의 시작에서 모든 행정 분야의 직원들이 주민참여 예산이라는 주제에 입문하고, 분야를 초월한 업무를 강화시키는데 가치를 두었다. 여기에는 기회의 시장이 실시되었다. 각 분야별 관청이 하나의 부스를 열고, 거기서 자신들의 업무를 소개하였다. 이렇게 함으로써 주민참여 예산과 관련된 것을 포함한 자신들의 소관을 알 수 있도록 했다. 주민참여 예산에서 나온 제안들과 우선순위 덕분에 행정 분야의 직원들은 어디에서 계획이 주민들의 요구와 일치하는지, 어디에서 요구에 부응하지 못하는지를 분명히 알 수 있다. 여기에서 적용된 테마에 관해서, 제안하는 행사에 관해서 함께 대화할 의사소통의 계기가 생긴다. 총체적으로 볼 때 Lichtenberg의 주민참여 예산의 틀 안에서 행정과 주민들은, 자전거도로의 계획과 같은 특정 주제를 위한 작업공동체를 구성이 보여주듯이 서로 가까워졌다.

- 분야를 총망라하는 행정 직원들에게 주민참여 예산 절차에 관한 정보를 제공하여 그들로 하여금 분야를 초월한 협력을 강화하도록 하세요.

절차상의 성공 요인

- 구 예산에 대해 알기 쉽도록 정보를 선별하는 것은 주민참여 예산의 기초이며, 중요한 부산물이다.
- 소규모로 지역을 편성하는 것은 시민들이 참여에 대해 명확히 알 수 있게 해준다.
- 주민들과 대화를 시도하는데 있어 목표 집단에 방향을 맞추는 전략은 가능한 한 균형 있고, 다양한 참여를 지원해 준다.
- 주민참여 예산에 성별을 고려한 예산수립 방법을 적용함으로써 예산수립에 있어 성별에 특화한 정보를 얻을 수 있다.
- 주민참여 예산을 실시하는 데 있어 원내 교섭단체들을 총망라한 정책적결정은 장기적인 지속성을 보장한다. 여기에는 성과를 어떻게 다룰지에 대 한 분명한 약속도 있어야만 한다.
- 주민참여 예산은 행정의 모든 분야와 연관이 있으므로 다양한 부서들 간, 또는 행정부서들과 주민들 간의 의사소통이 이루어질 수 있는 계기가만들어져야만 한다.

절차상의 걸림돌

- 주민참여 예산에서 실제로 주민들과 공동결정을 할 수 있는 취급의 범위는 매우 제한적이다. 실망을 안겨주지 않으려면, 이를 분명하게 밝혀야 한다.
- 주민참여 예산도 다양한 주민집단들의 하나의 선택적인 참여태도에 해당된다. 따라서 가능한 한 쉽게 참여할 수 있도록 문턱을 낮춘, 목표 집단에방향을 맞춘 전략을 필요로 한다.
- 주민참여 예산을 통해 예산을 감축할 수 있는 정당성을 주는 것은 실제로 매우 실현가능성이 낮으며, 참여에 대한 신뢰감도 떨어뜨린다

4 | 3

도시지역 예산 위탁에의 참여

도시지역(洞) 예산은 지역의 시민들에 의한 공동결정을 강화시키고, 효과적인 재원의 사용을 가능하게 한다. 그의 도움으로 요구가 비관료적으로 파악되고 충족될 수 있다.
그들은 지역에서의 의사소통과 지구(地區) 내에서의 네트워크화를 강화시키고, 행정에서 담당부서를 총망라하는 취급과 사회적 공간 지향의 원칙을 지킬 기회를 제공한다.

4.3.1 도입

도시지역(洞) 예산(그리고 : 지구(地區)기금)은 "전반적인, 프로젝트와 연결되어 있는 예산"으로, 지역 차원에서 사회통합적인 도시개발의 틀 안에서 마련되며 이의 사용에 대해서는 일차적으로 주민들과 지역의 파트너들이 복잡하지 않게 결정할 수 있다. 이 재원에 대한 결정은 선출된 주민협의회에서 한다. 베를린의 지구관리 위원회의 사례에서 본 도시지역(洞) 예산의 모델에 대해 서술하고자 한다.

부록: 베를린의 지구관리 절차에서의 지구관리 위원회들

베를린의 사회 통합적 도시 프로그램의 적용

특별히 많은 문제점에 시달리고 있는 지역들에서 행해져온 비판적인 사회적인 개발의 방향을 반대 방향으로 돌리기 위해 베를린에서 사회통합적 도시 프로그램의 실시가 결정된 것은 1999년이었다. 2010년 베를린에서는 이에 해당하는 지역이 총 34개 지역이었다. 그 지역에서는 프로그램의 실시와 촉진기금의 투입을 조화시키는 지구관리가 적용되었다. 주민들, 지역의 시설, 협회, 관심집단들의 활성화와 참여, 그리고 지역의 네트워킹 및 의사소통 구조의 강화가 중요한 과제가 되었다.

베를린의 지구관리 위원회들

프로그램의 목표인 주민들의 활성화와 참여를 이행하기 위하여 2001년 봄 실험 프로젝트 "지역에 백만 마르크를"이 시작되었다. 이는 당시 시민들로 구성된 심사위원회에서 15개 지역(2002년부터 17개 지역)에 각각 100만 마르크씩을 주기로 결정했던 것이다. 이는 2003년의 지역재생을 활성화시키는 효과를 가져왔다는 매우 긍정적인 평가가 있었다.

따라서 2005년에는 모든 베를린의 지구관리가 시행되고 있는 지역에서 시민들로 구성된 심사위원회의 모델을 기초로 하여 지구관리 위원회의 도입이 결정되었다. 이는 최소 51%의 선출된 주민들과 최고 49%의 기관(예를 들어, 학교, 유치원, 사회복지시설, 건강관련시설, 회사, 경찰, 교회 및 종교단체, 문화관련 시설, 협회, 단체, 주택소유주들) 대표들로 구성된다.

이들의 과제는 지역을 위한 개발목표와 촉진기금의 사용에 대해 결정하는 것이다. 이는 지구 관리팀 및 지역의 해당 행정기관과의 긴밀한 조정에서 이루어질 수 있다.

4.3.2 성공요인과 걸림돌에 대한 선택된 결과

도시지역(洞) 예산에의 참여는 포괄적이며 과정지향적이다.

지구 관리위원회 위원들은 문제점의 정의와 아이디어 찾기에서부터 구체적인 프로젝트 실행을 위한 선택과 동반에 이르기까지 총체적인 계획과정에 참여한다. 여기에서 그들은 한 도시지역(洞)의 기금 사용에 대한 결정할 것을 준비한다.

베를린의 지구 관리위원회 : 도시지역(洞)의 개발을 위해서는 어떤 목표가 따라야 하는 지를 확실히 하기 위해서는 절차상 우선적으로 지역의 잠재력과 문제점에 대해 다루게 된다. 여기에 맞추어 프로젝트 아이디어를 개발하게 되며, 아울러 이로 인해 아이디어가 생기게 된다. 지구 관리위원회는 모든 아이디어 중에서 선택하게 되는데, 여기에서 그들은 지역적, 전문적 지식을 바탕으로 하여 지역의 개발을 위해 잠재력을 갖고 있는 프로젝트의 의미에 대해 검토한다. 그들은 선택된 아이디어를 갖고 우선순위 목록을 작성한다. 이는 구와 시행정부의 결정으로 서면으로 공고가 되며, 프로젝트 시행자에 의해 실행된다. 이런 방법으로 지역적인 여건과 목표 집단의 욕구에 밀접한, 수많은 훌륭한 프로젝트 아이디어가 지역에서 발의된다.

- **전 과정에 걸쳐 참여자들을 통합시킴으로써 총체적인 접근을 할 수 있으며, 문제점의 정의, 해결책 모색, 프로젝트를 실행하는 데 있어 지역의 전문가들과 밀접하게 연결된다.**

표 : 도식화한 지구 관리 위원회 절차의 진행과정 (출저 : 베를린 시정부 도시개발부 (발행)2010 8쪽)

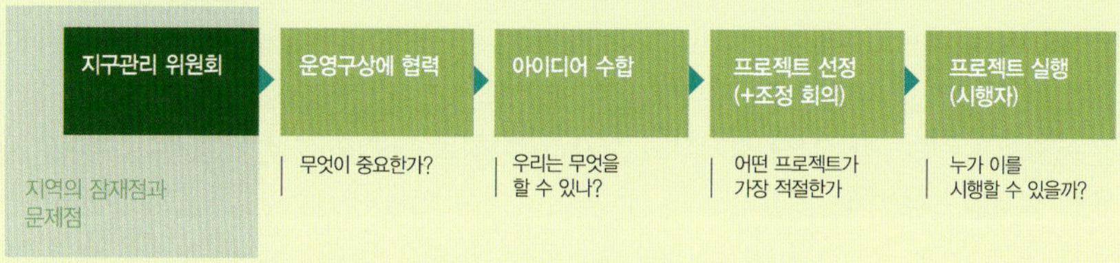

도시지역(洞)의 예산에 대한 결정에는 다양한 지역주민들이 통합되어야만 한다.

도시지역(洞)의 예산을 결정하는 위원회는 지역에 거주하는 사회문화적 다양성을 지닌 주민들의 의사를 반영시킬 권리를 갖고 있다. 이렇게 함으로써 다양한 욕구와 견해들을 토론에 붙일 수 있다. 수적으로 약해 대표성이 떨어지는 집단도 각기 다른 참여의 형태로 참여시켜야 한다 : 청소년들, 이주민들, 사회적으로 열악한 처지에 있는 주민들. 이를 위해서는 지구 관리위원회가 상당히 높은 수준에서 일을 해야 하며, 지속적인 협력이 필요하므로 부담이 된다.

베를린의 지구 관리위원회 : 주민들에게 다가가고, 지속적인 관계를 맺기 위해서는 행사에 대해 언론, 인터넷, 뉴스레터, 포스터, 광고 등 다양한 매체를 이용한 광범위한 홍보활동을 전개해야 한다.

주민들이 지구 관리위원회에서 협력할 수 있도록 하는 일반적인 방법은 주민등록에서 무작위로 선정하는 것이다. 주민들을 추첨한 후, 개인적으로 협력에 초대한다. 이 방법은 비용이 매우 많이 들지만, 상대적으로 반향은 미약하다. 목표로 한 사람들한테 접근하는 것이 성과가 크다. 여기에는 지구 관리와 관련된 다양한 네트워크와 시설과 확대 재생산자로서 영향을 미치는 사람들과의 협력이 도움을 준다. 협력하도록 자극을 주는 것도 효과가 있다. 지구 관리위원회에 참여하는 사람들은 지역, 정치, 행정에 대한 다양한 정보를 얻을 수 있다. 지구의 발전에 영향을 미칠 수 있다. 지역에서 그들의 교제와 네트워크가 개선된다. 상대적으로 자유롭게 예산을 결정할 수 있다는 것도 협력할 수 있게 하는 중요한 동기부여가 된다.

- 광범위한 홍보활동을 펼치세요.
- 목표로 한 개개인에게 말을 걸고, 협력하는 데 관심을 갖도록 하기 위해서는 확대 재생산자들과 협력하세요. 이는 특히 관심있는, 수적으로 약해 대표성이 떨어지는 집단에 해당됩니다.
- 지구 관리위원회에서 일은 모든 개개인에게 다 열려있다는 매력을 강조 하세요.

지구 관리위원회의 선거는 투명성과 절차의 개방성을 제고시킨다.

지구 관리위원회의 선거 목적은 위원회에 합법성을 부여하는 것이다.

베를린의 지구 관리위원회 : 매 2년마다 지구 관리위원회의 선거가 치루어진다. 지역의 주민들과 그 지역에서 근무하는 사람들에 의해 지구 관리위원회의 위원으로 선출될 수 있는 사람들이 여기에 후보로 나가게 된다. 이 선거는 주로 정해진 일정한 날에 선거사무실에서의 모임의 틀 안에서 열리며, 가능한 한 많은 사람들이 참가하도록 하기 위해서는 활발한 홍보활동이 필요하다. 최대한 위원회의 정당성과 대표성을 창출하는 것이 목표다. 후보자와 유권자에 비해 – 주민 수에 비추어 – 이런 목표를 수행하기에 선거 참가자의 수가 너무 적을 때도 공적 선거를 통해 높은 투명성과 그로 인한 절차를 수용하게 된다.

- 가능한 한 많은 사람들이 절차에 주목하도록 공적 선거를 실시하세요.
- 활발한 홍보활동을 통해 선거를 뒷받침하도록 하세요.

도시지역(洞)의 예산은 도시지역(洞)과 행정 내부에서의 지역적인 의사소통과 네트워크화를 강화시킨다.

지역적인 도시지역(洞) 예산을 발의하는 데 있어 가장 중요한 목적은 네트워크 구축과 도시지역(洞)에서의 명예 봉사직의 참여를 강화시키려는 것이다. 이 절차는 이를 위한 일련의 기회를 제공하고 있다.

- 지구 관리위원회의 업무에 대해 다양한 사람들과 관심집단이 모여 서로 알게 되고, 생각을 교환하게 된다.
- 대화를 통해 지역의 문제점에 대해 알게 되고, 해결책에 대해 논의한다. 이렇게 함으로써 참석자들은 점점 도시지역(洞)에 대해 정확하게 재인식하고, 책임을 지게 된다. 이로써 도시지역(洞) 예산절차도 사회 공간 지향적 목표에 상응하게 된다.
- 참여하는 주민들과 관심집단의 대표자들은 공동의 목표와 이를 지원해 주는 프로젝트에 대해 이해하게 된다. 여기서 프로젝트의 공동 수행 또는 자원의 교환을 통한 협력이 이루어진다.

- 행정 내부에서는 부서 간의 소통이 개선된다. 프로젝트의 평가와 선택절차는 여러 부서의 입장 표명이 필요한 경우가 자주 발생하므로 구청에서의 부서를 총망라하는 업무를 지원해 준다.

- 많은 다양한 의사소통 및 만남의 기회를 창출하세요.
- 토론에서 지역과의 관련성을 강조하고, 공동의 목표를 주제화 시키도록 하세요.
- 사회적 공간 지향 원칙과 부서를 총망라하는 운용 원칙을 위해 절차상 기회를 활용하세요.

도시지역(洞) 예산에의 참여는 강력한 지역적인 협력구조를 필요로 한다.

도시지역(洞) 예산의 위탁을 위한 위원회는 다방면의 복잡한 과제와 커다란 책임을 짊어지고 있다. 그들이 일을 잘 수행하기 위해서는 집중적인 관심과 지원을 할 수 있는 높은 수준의 구조적인 체계가 꼭 필요하다.

베를린의 지구 관리위원회 : 베를린에서는 이 업무를 지역의 지구 관리위원회 팀이 맡고 있다. 지구 관리는 자원봉사자들, 단체 또는 협회들에 의해 운영된다. 지구관리 매니저는 구체적으로 4가지 분야에서 활동한다:

1. **홍보활동과 지역의 활성적인 네트워크화**
   지구 관리의 네트워킹 업무는 주민들의 활성화를 위한 중요한 토대가 된다.
2. **토의와 결정과정의 조직**
   지구 관리팀들은 지구 관리위원회의 회의를 준비, 진행, 기록한다. 그 외에도 그들은 아이디어를 찾기 위해, 프로젝트 고시 또는 지역 컨퍼런스의 형태를 조직한다. 지구 관리위원회는 홍보활동의 진행 또는 지원과 같은 과제를 스스로 맡는 경우도 있다.
3. **행정과의 조정**
   지구 관리팀들은 지구 관리위원회와 행정과 다른 관심 있는 봉사자들 사이에서 중재를 한다. 그들은 정보의 교환에 대해 노력하며, 타협에 이르도록 돕는다.
4. **프로젝트의 관리와 촉진기금의 결산 지원**
   지구 관리팀들은 프로젝트의 실행을 위해 일을 할 봉사자들을 선정하는 것을 조직하고 세부적인 프로젝트 기금의 결산을 지원한다(촉진기금1, 촉진기금2).

구조적인 과제는 다양하고 복잡하다. 그들은 지속적인 네트워크와 관련된 업무, 체계적인 접근방식, 다방면의 배경에 대한 지식, 중립성을 필요로 한다.

- 절차상 조정에 대한 책임을 확실히 해두세요.
- 조정을 하는 자리는 조정 및 네트워크 관련 업무에 잘 맞는 인성을 갖춘 사람들이 있어야 합니다.
- 조정을 하는 사람(들)은 가능한 한 지역 출신으로 중립적, 지속적, 전문적, 독립적으로 일해야만 합니다.

기본조건의 복합성은 높은 투명성을 필요로 하며, 얼마 지나지 않아 과다한 요구를 하게끔 한다.

예산에 대한 결정에 있어 복잡한 기본조건은 잘 알려지고, 고려되어야만 한다.

1. **법률적인 규정**
   기금지원 프로젝트들은 내용적으로 기금사용 지침과 예산 규정, 즉 기금의 액수와 기간 등이 상응 해야만 한다.
2. **정책과 행정의 일정과 결정구조**
   프로그램의 재원은 예산이 책정된 해에 프로젝트에 투입되어야 하므로 지구 관리위원회의 결정은 기간이 정해져 있으며, 요구 양식이 있다.
3. **내용적인 행정업무**
   지구 관리위원회가 선정한 프로젝트 아이디어는 내용적으로 다양한 행정부서에 해당될 수 있다. 따라서 기존의 계획들과 중첩되거나 갈등을 불러올 수 있다. 이런 이유에서 전문분야의 프로젝트 아이디어에 대한 동의와 전문적인 입장표명이 필요하다. 이를 가지고 지구 관리팀과 지구 관리위원회가 계속 일을 해나가게 된다.

베를린의 지구 관리위원회 : 지구 관리팀들은 지구 관리위원회의 위원들에게 이런 기본조건들을 분명히 해두어야 그들이 업무의 가능성과 한계를 현실적으로 추정할 수 있다. 지구 관리위원회에는 여기에 높은 수준의 구속력과 지속성도 필요로 한다. 지구 관리위원회는 2년 내에 상당한 과정에 대한 지식을 습득해야 한다. 내용적, 시간적으로 지나친 요구를 하는 것은 빨리 뒤로 물러나게 하거나 위원들 개개인을 퇴진하게 만든다. 지구 관리팀은 절차와 과정에서 생기는 의문점에 대해 상임 중재인으로서 행동한다. 그들은 이런 복합적인 연관성에 잘 대처함으로써 지구 관리위원회가 회의의 틀 안에서 결정에 이를 수 있는 능력을 갖추도록 도움을 준다.

- **지구 관리위원회가 결정을 이끌어낼 수 있는 지원 및 동반 구조를 창출 하세요.**
- **중요한 정보들을 제공하세요: 행정의 구조, 대화 파트너와 책임감, 공공기금의 위탁에 대한 기간과 규정에 대하여.**
- **해당 행정 분야와 지구 관리위원회 간의 직접적인 교환이 가능하도록 하세요.**

참여자의 많은 수가 역할과 과제에 대해 분명히 정의하고 구분하는 것을 필요로 한다.

많은 개인이나 기관은 절차상 영향을 미친다. 권한이 역할과 명백하지 않거나 의구심이 생기면 갈등이 생긴다.

베를린의 지구 관리위원회 : 절차상 다양한 과제를 담당하는 다양한 파트너들이 가담하게 된다.

- 시정부 도시개발부는 절차를 주도한다. 기금이 합법적으로 사용되도록 규정을 만들고, 프로젝트가 자격을 갖추었는 지 결정하고, 지구 관리위원회의 기본운영규정 등을 통해 기본적인 전제조건을 확정한다.
- 구 행정기관은 촉진기관으로서 법률적, 시간적 규정을 준수할 책임이 있으며, 해당 행정부서는 프로젝트에 대한 제안들을 내용적으로 검토한다.

- 구의회(BVV) 같은 정책 위원회는 결정을 통해 절차의 기본조건에 마찬가지로 영향을 미친다.
- 지구 관리팀은 지역에서 일을 하며 위원회와 구 행정기관 사이에서 중재를 한다.
- 지구 관리위원회 위원들은 스스로 그들의 생활 및 업무영역에 있어 전문가로서 이해한다. 따라서 그들은 지역에 필요한 것이 무엇인 지에 대해 판단할 권한이 있다고 본다.
- 그 외 주민들, 단체와 기관들은 지구 관리위원회에 제안을 하고, 채택되기를 기다린다. 그 외에도 그들은 실현 가능성 있는 결정을 내릴 것을 강력하게 요구한다.

절차상 갈등 중 하나는 지구 관리위원회와 행정 간의 결정권한 분배에 관한 것이다. 여기에서는 지구 관리위원회의 권한을 과소평가하지 않으면서 한계를 분명히 해야 할 필요가 있다. 갈등이 생긴 경우의 중재는 대체로 지구 관리팀이 맡는다.

- 과정마다에서 누가, 어떤 기대를 하는지, 과제를 처리하는 지, 결정권한이 있는 지를 투명하게 하세요.
- 갈등이나 오해가 생기면 단지 의사소통과정과 타협과정을 통해서만 정리할 수 있을 뿐입니다.

의사소통 및 네트워크 구조의 구축은 시간과 분명한 구조를 필요로 한다.

지금까지의 통상적인 지구 관리위원회의 절차에 있어 네트워크 구조는 지구 관리의 지원에 의존적이다. 따라서 독립적이고 외부지원 없는 구조의 창출은 시간과 전략, 자원을 필요로 하는 특별한 도전이다.

Helmholtplatz 지구 관리의 지속성 : Helmholtplatz 지구 관리지역은 베를린의 사회통합적 도시 프로그램이 만료된 4개 지역 중 하나다. 사회통합적 도시 프로그램을 통해 지역의 참여가 끝난 후에, 주민들과 지역의 파트너들이 참여절차를 통해 그 사용에 대해 결정할 수 있는 기금 50만 유로가 다시 주어졌다. 이와 관련해 그들은 물론 구 행정기관의 지원으로 -의도대로- 스스로 계속 참여해야만 했다. 실제로 바로 작업팀과 위원회가 구성되었고, 스스로 과제를 인수받고 기금의 위탁에 대해 결정하였다.

이렇게 하여 생긴 구조는 절차가 끝난 후에 남는 것이 아무 것도 없다. 그들은 커다란 시간적 압박감을 받았으며, 완비된 동반적 구조도 이루어지지 못했다. 여기서 명예직으로 봉사하는 사람들은 구로부터 미미한 지원만을 받는다는 걸 알아차렸다. 따라서 그들은 주로 기금의 단기 위탁을 결정하는 일을 했을 뿐 미래의 목표와 과제에 대해서는 생각할 기회조차 없었다. 너무 짧은 기간 내에 "너무 많은"과 적극적 지원없는 동반은 주민참여를 활용하기보다 오히려 망친다는 지적이 있을 수 있다: 많은 참여자들에게 너무 과도한 것을 요구하는 방향으로 과정이 진행되어 산발적으로 실망을 하게 되어 참여를 포기하고 빠져나가게 되었다.

- 참여는 항상 시간, 행정적인 구조로부터의 전폭적인 지원 그리고 공간, 간소한 사무실 설비, 재정적인 지원 등 최소한의 기반구조를 필요로 합니다.
- 접근방식과 구조의 지속성은 적재적소에 투입되어야 하며, 적절한 전략으로 기초를 보강하고, 구 행정기관들과 시정부, 정책을 통해 뒷받침되어야만 한다.

절차에 있어서의 성공요인

- 도시지역(洞)의 예산에의 참여는 전체적이고, 과정지향적인 접근방법이 있다. 여기에서는 문제점의 정의, 아이디어 발굴과 프로젝트의 실행이 지역의 전문가들과 긴밀하게 연결된다. 이는 프로젝트 관련 아이디어의 질을 제고하게 만든다.
- 다양한 목표 집단에 도달하기 위해서는 확대 재생산자들과의 협력이 있어야 한다.
- 지구 관리위원회에서의 협력은 정보에 대해 잘 알게 되고, 영향력 행사, 대인관계와 네트워크의 개선 등 개인적인 매력을 느끼게 해준다.
- 지구 관리위원의 선거는 절차상의 투명성과 공공성을 증대시킨다.
- 도시지역(洞)의 예산은 지구(地區)내에서의 지역적인 의사소통과 네트워크를 강화시키고, 행정에서 부서를 총망라하는 운용과 사회적 공간 지향적 원칙을지킬 기회를 제공한다.

절차상의 걸림돌

- 다양한 주민집단의 참여는 의견일치를 이끌어내기 어려워 특정 집단이 자주 수적으로 약해 대표성이 떨어지게 된다. 이는 업무의 추상성과 장기성으로 더욱 강화된다.
- 목적은 지구 관리위원회의 대표성과 권한을 가능한 한 높이는 것이다. 그럼에도 불구하고 실제 이를 달성하기 매우 어렵다.
- 위원회가 제 기능을 제대로 하기 위해서는 동반 구조에 대한 많은 투자가 반드시 있어야 하는데, 이는 강력한 지역의 조정구조를 필요로 한다.
- 법률적, 절차상 정책적 기본조건은 다양하고 복잡하다. 이는 잘 알려지고, 고려되어야 하는데, 이를 위해서는 강력한 지원 및 동반구조가 반드시 필요하다.
- 많은 사람들이 절차상 영향을 미치는데, 여기에서 역할과 권한에 대한 갈등과 오해가 생길 수 있다. 이는 꾸준한 중재와 타협과정을 필요하게 만든다.
- 조직된 네트워크와 시민단체의 지속성은 장기적인 전략을 필요로 한다.

4 | 4

어린이와 청소년의 참여

어린이와 청소년들은 자기들과 관련해서는 전문가들이다.
그들의 생활상과 관련된 것들을 계획하고 결정하는 데 그들이 참여하지 않으면 누가 한단 말인가?
이런 방법으로 젊은이들은 일찍부터 자기의 의견을 표현하는 것을 경험하고,
민주주의에 강력한 관심을 전개시켜 나간다.
그들은 공동책임을 배우고, 사회적인 능력을 키우게 된다.

4 . 4 . 1 성공요인과 걸림돌에 대한 선정된 인식

어린이와 청소년들의 참여는 목표 집단의 생활권에 관심을 갖는 것으로 거기에 방향이 맞추어져야 만 한다. 어린이와 청소년들은 그들의 생활 상태에 있어서 전문가들이다. 그들이 참여시킴으로써 높은 질의 합목적적인 결정과 계획을 이끌어낼 수 있다. 참여절차가 어린이와 청소년들의 생활세계 지향적일 때 그 성과가 크다.

Pankow-Weißensee 놀이터 기본계획 : 이런 과정지향적인 형태에 있어서 어린이 및 청소년들의 참여는 전략적으로 공간적인 계획에 근거를 두었다. 여기서 어린이와 청소년들은 그들과 관련된 것에 있어서 전문가들이다: 그들은 어떤 곳을 좋아하는가? 그들은 도시공간에 대해 어떤 요구를 하고 있는가? 어디에 갈등이 있는가? 2009년 5, 6월 참여국면에 200명 이상의 어린이들이 놀이터의 기본계획을 작성하기 위한 설문조사와 도시 계획가들이 이끄는 사진답사에 참가하였다. 이 행사는 그들의 주거 주변 가까이에서 이루어졌으며, 학교와 킨더가르텐을 편입시켰다. 여기에서 어린이들은 도시공간, 놀이장소, 갈등을 인지하는 데 있어 세세한 정보를 얻을 수 있었다. 이 참여절차의 성과물을 기초로 구의회에서는 제출된 놀이터 기본계획을 수정하기로 하였다. 이로부터 놀이터와 교통, 오픈스페이스 계획에 있어서의 구체적 방안이 도출되었고, 광범위한 참여절차를 활용하여 변경이 이루어졌다.

- 예를 들어, 주거 주변과 학교, 그리고 어린이와 청소년들이 여가시간을 보내는 그들이 속해있는 생활세계의 공간과 주제에 대해 논의하도록 하세요(청소년 관련시설, 협회 또는 비형식적인 만남의 장소).
- 어린이와 청소년들의 참여를 실행에 옮기게 하기 위해서는 학교, 킨더가르텐 그리고 시설들과 협력하도록 하세요.

어린이와 청소년들의 표현능력은 구상하는 데 있어 함께 고려되어야만 한다.

젊은이들과 어른들 사이의 의사소통은 자주 불균형적으로 전개된다. 어린이와 청소년들은 그들의 인지, 시각, 아이디어를 그들 나이에 맞게 표현한다. 따라서 그들의 표현을 어른들이 받아들이기 위해서는 자주 "의역"을 하여야 한다. 어른들이 가르치려 들고, 약속을 지키지 않으려 하고, 참여행사가 성과없이 지지부진 하거나 투명성이 떨어지면 불균형적인 의사소통이 발생한다. 하나의 절차를 구상하는 데 있어서는 어른들이 정보와 경험에 있어 앞서고 있다는 점을 고려하여야만 한다.

Tempelhof-Schoneberg의 어린이 및 청소년의회 : 어린이와 청소년들의 업무는 반나절 근무하는 직원 한 명에 의해 지원된다. 그는 어린이와 청소년들의 업무 집행을 도우며 교육적으로 지도한다. 청소년 담당 관청에 의해 마련되는 이 자리의 업무에는 다음과 같은 것들이 있다:

- 의회업무의 조직적, 행정기술적 진행 보장;
- 총회와 프로젝트그룹, 주제그룹, 지역그룹의 만남 준비;
- 참여과정을 배우면서, 경험할 수 있도록 조직하고, 젊은 의원들에게 동기를 부여해 주며, 질적으로 향상시키고;
- 어린이와 청소년들에게 알맞은 참여형태의 계속적인 개발에 기여하고;
- 질문과 희망 그리고 어린이와 청소년들에 관한 다른 주제를 처리할 수 있어야 한다.

이 자리는 서로 의견이 다른 어린이와 청소년들 사이에서 중요한 의사 전달과 중재 기능을 맡아 소통을 지원한다.

- 어린이와 청소년들의 (나이에 걸맞은) 특별한 언어를 수용하세요.
- 상이한 소통의 창구를 마련하기 위해서는 외부의 중재자 채널을 이용하거나 이를 조정할 자리를 마련하세요.
  여기에서 교육을 시킬 수 있는 능력을 갖추는 것은 필수적입니다.
- 중재와 조정을 통해 어린이들에게 적극적으로 조언하고, 동반해나감으로써 그들의 관심사와 생각, 아이디어를 구체적으로 형상화시킬 수 있도록 지원해야 합니다.
- 이 지원은 의사소통의 기초를 확립하도록 하는 것에 제한되어야 합니다.

어린이 및 청소년들에게 적합한 참여방법은 주제, 목적, 연령에 따라 매우 다양하다.

어린이 및 청소년들의 참여를 위해 어떤 방법을 선택할 것인가는 그 과정이 얼마나 오래 지속될 것인지, 어떤 테마를 다룰 것인지, 어느 연령대가 참여할 것인지, 어떤 사회적 공간과 관련된 것인지에 달려 있다. 가장 이상적인 것은 여러 가지 다른 참여방법을 조합시키는 것일 수 있다.

Pankow-Weißensee 놀이터 기본계획 : 놀이터 기본계획을 전개시키는 데 있어 다양한 연령층의 어린이들이 편입되었다. 따라서 다양한 연령층과 목표 집단에 특화한 참여방법이 선택되었다.

- 10-17세 사이의 어린이와 청소년들을 대상으로는 학교나 놀이터 가는 길에 있어서의 교통 또는 어른들과의 갈등을 어떻게 바꾸기 원하는 지에 대해 설문조사를 하였다. 여기에서는 14세 이하와 이상을 대상으로 다른 설문지를 사용했다. 어린이들은 학교에서 이 설문에 응했으며, 이에 대해 설명하고, 정보를 제공해주어 어린이들이 답을 할 수 있도록 도와주는 진행 요원이 참석했다.
- 5-8명의 어린이들로 구성된 소규모 그룹으로 사진답사를 실시하였다. 이는 어린이들에게 어떻게 인지하는 지 질문할 어른 1명이 인솔을 하였다.

Nauener Platz의 개조 : 여기에도 목표한 바와 같이 창의적이고 유희적인 방법으로 어린이와 청소년들이 긍정적으로 반응을 한 여러 가지 방법이 투입되었다.

- 이 프로젝트를 위해 특별히 고안한 (판)놀이로 광장에 대해 인지하게 하고 아이디어를 수집하였다.
- 환상여행: 가상의 배에 참가한 20명의 어린이들을 고독한 섬, 그곳에서 아이들이 하나의 놀이터를 만들 곳으로 데려갔다.
- 이주배경을 지닌 어린이와 청소년 45명과 함께 미래공작소를 실시했다. 여기에서는 좋은 아이디어뿐만 아니라, 폐해에 대한 중요한 정보들도 부각시킬 수 있었다.

프로젝트 지향적이고 창의적인 놀이와 같은 방법들은 어린이와 청소년들의 참여에 있어 종종 큰 성과를 이룬다. 부록에서 다루게 되는 가능성에 있어서의 광범위한 커다란 흥미거리도 있다.

- 참여에 대한 기본조건(시간, 주제, 사회공간적인 관련성, 연령집단)을 확정하세요.
- 어떤 형태의 참여가 의미가 있는지를 기본여건과 관련해 결정하세요.
- 가능한 참여방법에 대한 정보를 수집하세요. 지역의 대화상대자, 경우에 따라 참여에 대한 경험이 있는 동료 또는 시설과 대화하도록 하세요.

부록: 어린이와 청소년들의 참여형태

참여의 형태는 법률과 시행규정에 명시되어 있지 않다. 이렇게 지난 20년간 매우 다양한 방법의 어린이와 청소년들의 참여형태가 자리를 잡아왔다. 이 방법들은 어린이와 청소년들이 다양한 관심사, 출신, 문화적인 관련성을 갖고 계획의 과정과 정책적인 결정에 편입하는 것을 가능하게 했다. 어린이와 청소년들의 참여형태는 6가지로 구분할 수 있다:

- 대표적인 형태는 의회의 성격 또는 관심사를 대표하는 장치들이다. 그 예로 어린이 및 청소년 의회, 학교 대표 또는 하나의 시설이나 공동체에서의 청소년 활동들이 있다.
- 참여의 개방적인 형태는 지속적으로 행해지며, 자유의사에 의해 이루어지지만 종종 어린이와 청소년들의 일시적인 협력을 가능하게 한다.
- 프로젝트 및 과정지향적인 형태는 특정 주제와 관심사 또는 일정한 기간내에 하나의 질문에 대한 해답을 얻어내야 하는 경우 또는 하나의 과정을 가동시키려 할 때 이용하는 방법이다. 여기에는 미래공작소, 도시지역(洞)탐색, 설문조사, 공모전, 건설기본계획 수립에의 참여하는 어린이 및 청소년들의 평가서 작성 등을 들 수 있다.
- 권한대행 형태로는 어린이 및 청소년 사무실, 어린이 및 청소년 대의원, 어린이 대변인, 어린이 위원회 등이 있다. 이들은 어린이와 청소년들의 관심사와 인지에 대해 알고 탐색하며, 대표로 기관이나 결정을 하기 위한 위원회에 참석한다. 여기에는 어린이들이 소화할 수 있는 것인 지를 검토하는 행정 내부의 연구그룹도 들 수 있다.
- 의사소통을 촉진시키는 형태는 불만편지통, 어린이 대화의 날, 설문조사, 인터넷 제안 등을 통해 어린이와 청소년들의 의견과 인지를 수집한다.
- 스스로 조직하는 참여의 형태로는 자립적으로, 스스로 조직하고, 관심사에대한 교육적인 수반없이 가입하는 어린이 및 청소년들의 단체들이 있다.
- 가능한 참여방법에 대한 정보를 수집하세요. 지역의 대화상대자, 경우에 따라 참여에 대한 경험이 있는 동료 또는 시설과 대화하도록 하세요.

나이에 적합한 진지한 참여는 과도한 요구를 하지 않으며, 비효율적이지 않고, 정당화를 하기 위한 행사를 하지 않도록 한다.

어른들은 종종 어린이와 청소년들의 참여에 대해 선입견을 갖는다. 그들은 어린이와 청소년들이 주어진 주제와 관련해 과도한 요구를 받고 있으며, 그에 대한 이해가 너무 적다고 생각한다. 따라서 참여 프로젝트는 비효율적이거나 금새 정당화를 위한 행사로 전락한다고 한다. 하지만 참여가 눈높이에 맞추어 열리고, 나이에 걸맞은 주제와 방법이 다루어지고, 아이디어가 실현될 수 있는 기회를 갖게 된다면 참여는 모든 면에서 성공을 거둘 것이다.

Tempelhof-Schoneberg의 어린이 및 청소년의회 : 2005년 3월에 구의회의 당을 초월한 연구그룹에서는 어린이 및 청소년 의회(KJP)의 설치를 위한 제안서 작성을 시작하였다. 이 아이디어는 우선 다양한 구의원들로부터 비판을 받았다. 어린이와 청소년들이 대표성을 띠는 형태의 참여에 과연 관심이 있을 지, 이것이 하나의 정당화를 위한 행사가 되는 것은 아닌 지 하는 의문이 있었던 것이다. 그럼에도 불구하고 Charlottenburg-Wilmersdorf에서의 어린이와 청소년 의회에 대한 좋은 경험을 바탕으로 결국 이를 설치하기로 결정하였다.

그 이후 학교와 어린이 및 청소년 시설들에서는 의회의 대표들을 선출하였다. 그들은 지자체의 정책적 결정에 매우 적극적으로 협력하였다. 자신들이 속한 위원회 활동과 의회 회의의 틀 안에서 그들은 정책적인 아이디어를 이끌어내고, 토론하고, 제안서를 작성했다. 어린이와 청소년들의 제안서는 구의회에서 정당과 각종 위원회의 제안서와 유사하게 다루어졌으며, 일부는 행정적으로 취급되었다. 구의회의 운용규정에 어린이 및 청소년들의 제안서는 구의회 위원회와 총회의 시작에서 다루어야 한다고 정해놓았다. 그리고 각각의 결의는 어린이와 청소년들과의 대화를 통해 이루어진다. 2010/2011 현재 어린이 및 청소년 의회는 6번째 선출된 의원들이 일을 하고 있다. 51개의 제안서가 채택되었는데 그 중에는 청소년, 학교, 환경, 도시개발에 관한 주제가 대부분이다. 이렇게 해서 현재 어린이 및 청소년 의회는 안정되어, 인정받는 기구가 되었다.

- 어린이와 청소년들은 그들의 구체적인 관심사에 대해 즐기고 전력을 기울이려 합니다. 여기서 그들은 연령에 맞는 제안들을 필요로 합니다.
- 참여제안을 함에 있어 관료적인 과정과 장기적인 의무의 부담을 덜어주세요.
- 정보들을 나이에 맞게 선정해 준비하고, 관심사와 아이디어를 시사성 있게 다루고, 결정과정은 투명하게 하세요. 참여한 어린이와 청소년들을 상대로 어떤 결과와 효과가 있었는지 대화하도록 하세요.
- 참여에서 얻은 성과를 어떻게 활용할 것인 지에 대한 분명한 약속을 하세요. 이 약속은 가능한 한 지자체의 정책적인 결정을 통해 확실히 해두세요.

어린이와 청소년들의 참여는 그들의 민주주의에 대한 이해와 사회적인 능력을 촉진시킨다.

어린이와 청소년들의 참여는 계획과 결정과정에 이 연령집단의 관심사를 고려해야 한다는 것에 주의를 기울여야 한다. 그 외에도 어린이와 청소년들 스스로를 위한 일련의 긍정적인 (교육적인) 효과를 준다.

- 젊은이들은 협력을 통해 어떻게 민주적인 과정이 진행되고, 결정에 이르며, 실행되는 지를 배운다.
- 이는 이후에 정치적인 참여에 관심을 갖게 하는 기초를 창출한다.
- 어린이와 청소년들이 갈등을 해소하고, 실행된 프로젝트에 대해 책임을 질 준비 능력을 강화시킨다. 그럼으로써 잠재적인 갈등을 생산적이고, 해결지향적으로 결말짓게 있게 한다.
- 하나의 과제를 다양한 세대가 함께 다루면서 연령그룹 간의 소통을 강화 시킨다.

empelhof-Schoneberg의 어린이 및 청소년의회 : 위에서 언급한 청소년, 학교, 환경, 도시개발과 관련된, 2009/2010년에 제출된 51개의 제안서는 어린이와 청소년들이 정치와 행정적 운용에 관여하는 데 큰 관심이 있음을 보여 준다. 이를 넘어서 Schoneberg의 어린이 및 청소년의

회는 어린이와 청소년들의 참여에 있어서 다양한 형태로 참여 활동을 하고 있다: 의원들은 제1차 전국 컨퍼런스에서 이웃한 Charlottenburg-Wilmersdorf 구의 어린이 및 청소년 의회와 어린이의 권리를 위해 협력을 시작한 독일 어린이지원센터의 고문으로도 참여하고 있다.

- 어린이와 청소년들에게 참여하여, 스스로 활동하고, 책임질 오픈스페이스를 제공하세요. 그들은 그와 동시에 민주적인 과정과 구조에 대한 지식을 향상시키고, 민주적인 운용, 갈등을 교섭을 통해 화해로 이끌어내는 것을 지원합니다.

어린이와 청소년들의 참여는 전략적으로 형식적인 계획 및 결정의 구조와 연결되어야만 한다.

어린이와 청소년들의 참여는 청소년 지원계획에서처럼 원칙적, 전략적으로 총체적인 계획 및 정책적인 결정과 연결이 되어야만 한다. 그러기 위해서는 어린이와 청소년들의 다양한 관심사와 개발단계를 상응한 관점에서 고려하는 장기간의 참여구조가 확립되어야 한다.

하나의 성과가 큰 프로젝트 지향적인 형태는 Friedrichshain-Kreuzberg에서의 지역탐정이다. 여기서 어린이들은 도시개발의 계획 및 결정과정에 자기들과 관련된 일에 전문가로서 편입된다. 그들은 지역의 탐정으로서 생활 및 주거 주변 환경에 대해 탐사하고, 전시의 형태로 강점과 약점을 제시하며, 시청 어린이 모임에서 그 성과를 발표한다. 지역의 정책과 행정 담당자들과 봉사자들은 어린이들에 의해 적발된 결손부분을 다루게 된다. 뒤이어 약 6개월 후 열린 모임에서 실행결과가 제시된다. 어린이들의 참여는 장기적인 프로젝트로 진행되어야 한다. 지역탐사, 어린이 모임, 성과 조정은 구 차원의 결정과정에 편입된다.
규정에 대한 이런 좋은 예를 남기기 위해, 2010년 말 주정부 청소년 지원위원회는 "SGB VIII §78 베를린에서의 어린이와 청소년들의 공동결정에 따른 주정부 차원의 연구모임"에서 만든 "외부공간 계획을 위한 어린이 및 청소년들의 참여절차"를 확정하고, 시정부 교육 · 과학 · 연구부에 시정부 도시개발부가 이를 인지하도록 해줄 것을 권고했다. 이를 위해 구(區)의 청소년 및 도시개발부를 위한 프로젝트 계획시트를 가지고 과정을 도식화하는 협력에 관한 협약의 견본이 제안되었다.

- 이미 존재하는 계획과 결정, 그리고 현재 이루어지고 있는 계획 및 결정구조에의 참여 인터페이스에 대한 정의를 내리세요.
- 책임 있는 구의 정책관련 대표자 및 행정 대표자와 참여성과에 대한 협력과 고려에 대한 협약을 하도록 하세요.
- 성과의 적용에 대해서도 참여했던 어린이들과 청소년들에게 보고할 수 있도록 장기적인 구조를 마련하도록 하세요.

어린이 및 청소년들의 참여에 있어서의 성공요인

- 어린이와 청소년들의 참여가 그들의 생활세계에 방향이 맞추어져 있어 흥미를 가질 수 있으면, 그들이 갖고 있는 전문가로서의 지식이 참여를 성공적으로 이끌 수 있다.
- 어린이와 청소년들에게 적합한 방법은 과정의 지속기간, 주제, 연령그룹, 사회공간적인 것을 고려하여 결정해야 한다. 특히 다양한 방법들을 조화 시키는 것이 의미가 있다.
- 성공적인 실행은 참여를 진지하게 받아들이는 것을 전제로 한다.
- 참여는 어린이와 청소년들의 민주주의에 대한 이해와 관심, 사회적인 능력을 촉진시킨다. 이를 위해서는 어린이와 청소년들이 스스로 활동할 수 있는 오픈 스페이스가 제공되어야만 한다.
- 행정과 정치에 있어 연결된 구조는 참여의 성과들을 보장해주고, 어린이와 청소년들에게 투명하게 활용하게 해준다.

어린이 및 청소년들의 참여에 있어서의 걸림돌

- 어린이와 청소년들의 나이에서 오는 표현능력은 어른들이 깊이 생각하고 받아들여야만 한다(균형 잡히지 않은 의사소통). 여기서는 때때로 "의역"이 필요하다.
- 어른들은 종종 어린이와 청소년들의 참여에 대해 그들이 과도한 요구를 받고 있으며, 비효율적이며, 정당화를 위한 행사일 뿐이라는 선입견을 갖고 있다

4 | 5

네트워크와 시민단체 참여의 지원

지역적인 네트워크와 시민단체들의 참여는 도시(지역)의 개발에 있어 큰 의미를 가진다.
참여과정에서 활동가들은 확대 재생산자들로서 커다란 기능을 넘겨받는다.
시민단체의 참여는 때때로 소모를 높이고 결정 필요성을 발생시키기도 한다.
여기에서 중요한 것은 해결지향적인 태도다.

4.5.1 성공요인과 걸림돌에 대한 선정된 인식

시민단체의 참여는 참여과정을 지원하고 반면에 또 지원을 필요로 한다.

거의 모든 계획은 기존의 시민단체들이나 조직된 관심집단과 부딪치게 된다. 이는 이미 계획과정의 발의에 기여하는 경우도 자주 있으며, 광범위한 과정에 관여하는 데 관심을 둔다. 여기에서 그들은 지속적인 지원을 받아야만 한다.

Nauener Platz의 개조 : 시민단체 "Nauener Neu!"는 이미 오랫동안 광장의 소생과 개조에 노력을 기울여왔다. 회원들은 참여과정에 매우 큰 관심을 보였다. 그들은 모든 절차에 걸쳐 광장 위에 있으면서 대화하고 정보를 제공하였다. 그럼으로써 시민들과 대화하고 정보를 제공하는 데 있어 중요한 기여를 하였으며, 주위의 도시지구에 가치있는 인터페이스를 형성하였다. 이 단체는 아이디어, 목표, 방안에 대해 정기적인 결정에 함께하며 파트너로서 연결되었다. 이 단체는 계획의 진행국면을 넘어서 모든 과정과 건축방안에도 참여하고, 심지어 변경계획까지도 작성할 수 있었다.

이를 위해서는 실행국면에서 점점 더 많은 것을 달성할 수 없던 절차상에서의 프로젝트 조정 등을 통해 지속적이고, 소모적인 동반이 필요했다. 건축이 진행되는 단계에서는 프로젝트의 관리에 있어서의 집중력의 상당 부분이 요구되었던 행정상에서의 매우 큰 소모가 있었다. 그리고 시민단체의 일부 대표자들도 이로써 관료적인 진행과정과 시간적인 압박을 받는 등 무리한 요구를 받았다. 따라서 시민단체의 회원들은 동등한 자격이 있는 파트너로서의 느낌을 가질 수 없게 되었다. 광장의 조성이 끝난 후 시민단체는 그들의 과제는 충분히 했다고 보았기 때문에 결국 뒤로 물러났다.

- 시민단체들은 의무감과 지역에 대한 지식을 가졌으며, 계획과 참여절차를 풍부하고 윤택하게 하는 데 있어 매우 중요하다. 가능한 한 조기에 이런 시민들의 관심사를 계획하고 고려하는 데 편입시키도록 하세요.
- 시민단체, 계획가 그리고 행정 간의 지속적인 정보교환이 이루어지도록 하세요.
- 활동가들과 함께 과정상 어떤 과제를 스스로 책임질 수 있을 것인지, 책임지려 하는 지에 대해 상의하십시오. 이때는 소요비용과 능력에 대해 현실적인 평가를 하도록 하세요.

명예 봉사직에 대한 규정은 행정이 실행을 가능하게 하려는 입장을 취하는 것을 필요로 한다.

참여과정에 있어서 명예 봉사직으로의 참여는 긍정적이다. 행정은 명예 봉사직의 업무를 장려하고, 동기부여를 강화하여 이것이 참여영역에서 긍정적으로 발전할 수 있도록 허용해야 한다. 여기서 명예 봉사직의 희망은 생각과 자주 담당부서의 책임자, 법률 규정 또는 책임소재와 갈등을 빚게 된다. 그렇게 되면 행정직원들은 해결가능성을 찾을 방법에 대해 묻게 된다.

이웃 공동정원 – Wuhlegarten : 이웃 공동정원 또는 다문화 정원은 여러 측면에서 삶의 내용을 풍부하게 해준다. 생물학적, 사회적 다양성, 사회적 통합, 창의적이고 참여적인 오픈 스페이스의 조성, 정원을 가꾸는 사람들의 생활세계, 이웃들의 주거인근의 휴양 장소와 사회적인 만남의 장소로서. 그럼에도 불구하고 적당한 장소를 물색하는 것과 이를 활용 가능하도록 하는 것은 대개의 경우 매우 힘들다. 이를 실행하는 데 있어 몇 가지 질문이 생기게 된다: 관리와 관할권에 대한 책임을 어떻게 규정할 수 있을까? 토지의 오염 또는 정원기구의 사용으로 인해 생기게 되는 안전에 대한 책임은 누가 질 것인가?

행정은 이런 질문에 대한 해결책을 찾는 것을 지원할 수 있다: 휴한지로 버려둔 구(區) 소유의 토지들이 있다. 이는 공공적으로 출입이 가능하거나, 공공녹지로 사용할 수 있도록 되어 있다. 또한 이런 토지들은 적은 재원과 물적, 인적 자원의 투입으로 이용할 수 있다. 이를 위해서는 우선 행정 직원들의 시간과 에너지 투입이 있어야 한다. 이런 종류의 프로젝트는 장기간 소요되지만 지자체를 위해서는 매우 유익하다. 명예직으로 참여하여 이런 부지를 관리함으로써 행정의 부담을 덜 수 있다. 베를린의 실제 사례가 이웃 공동정원이 인근 주변에 매우 긍정적인 효과를 미치고 있음을 보여 준다: 인접한 부지의 문화 파괴주의와 방치로 인한 황폐화가 사회적인 통제와 눈에 띄는 참여로 줄어들었다.

- 명예 봉사직으로 일하는 사람들의 희망을 실현(다문화 정원)시킬 수 있는 기회가 두드러지게 하세요.
- 갈등이 생기면 어느 정도까지 해결책을 찾을 수 있을 것인 지를 검토하세요. 마찬가지로 프로젝트를 실행에 옮기기 위해서는 갈등을 회피해 가는 방법을 모색할 수도 있습니다.
- 프로젝트에 대한 설득력 있는 이유를 이야기할 때는 개방적으로 대화 해야만 합니다.
- 행정기관에 담당부서 사이에서 중재를 해줄 수 있는 분명한 대화파트너가 있다는 것은 시민단체로 봐서는 특별한 의미를 갖습니다.
- 행정에서는 새로운 모델들에 대한 용기를 갖는 것이 필요합니다. 여기에서는 항상 다른 구(區)나 도시의 행정 현장사례에 대해 교환할 것을 권합니다. 베를린 전역에만도 좋은 사례와 경험은 많이 있습니다 – 관리에 대한 협정, 협력 및 이용에 관한 계약 등.

행정은 네트워크를 목적한 바와 같이 활발하게 하고, 또 지원할 수 있다.

행정과 정치는 네트워크의 발의와 지원을 통해 도시지역의 개발을 위한 자극을 줄 수 있다. 지역 활동가들은 네트워크를 형성해 더불어 더 많은 것들을 성취하기 위해 서로 정보를 교환하고, 상호 지원하거나 공동의 목표를 추구할 수 있다. 강력한 네트워크의 구축에는 지원구조에 너무 의존하게 될 위험도 존재한다.

Weißensee 주민들이 Weißensee를 조성한다 : 2008년과 2009년 "앞으로 나가는 지구(地區)"라는 프로그램의 틀 안에서 2개의 미래공작소가 실시되었다. 목표는 지역의 활동가들을 함께 모으는 것과 도시지역의 개발을 위한 미래 비전의 공동 전개를 통해 민감하게 하려는 것이었다. 많은 단체와 추진자들은 이미 Weißensee에서 독립적으로 각자 활동하고 있었지만, 이제 그들은 서로 교환을 시작한 것이다. 첫 번째 미래공작소에서 시간의 흐름에 따라 참가자들에 의해 자주적, 지속적으로 추구된 구체적인 프로젝트 아이디어가 생겼다. 그 다음의 중요한 성과인 Weißensee의 네트워크도 마찬가지로 지속적으로 자리 잡아갈 수 있었다. 이 네트워크의 틀 안에서 만남이 이루어졌고, 여기에서 Weißensee에서 활동하는 시민단체들은 시사성있는 계획에 대한 정보를 교환하고, 결정하고, 공동의 프로젝트를 전개시켜 나갔다.

Pankow 구 행정은 네트워크의 발전에 개방적인 입장을 취하고 있다. 네트워크 만남에는 행정기관의 직원 또는 담당부서를 총망라하는 계획 네트워킹 AG(社)의 행정직원이 참석한다. 네트워크의 독립성을 보장하고, 시작에서 부터 지원 구조에 의존적이지 않도록 하기 위해 행정은 네트워크를 이끄는 역할을 맡지 않으면서도 이상적인 방법으로 지원을 한다. 조직과 진행은 모두 네트워크 스스로 책임을 진다. 도시지역(洞)의 신생 시민단체들은 구 행정의 지원을 받게 되며, 거기서 행정은 대화파트너로서의 역할을 하거나 접촉을 주선해 준다.

- 지역 시민단체들의 네트워킹에 활성적인 자극을 주도록 하고, 그 안에서 의사소통의 기회를 창출하도록 하세요.
- 참여자들이 그들의 추진력으로 행동할 수 있도록 지원과 유보 사이에서 균형을 꾀하도록 하세요.
- 참석하여 정보를 제공함으로서 지원하고, 스스로도 이익을 얻기 위해 네트워크와의 접촉을 유지하세요.

지역의 시민단체들은 오픈 스페이스의 컨셉 개발, 실행과 관리에 있어 책임을 넘겨받기 위해 교육을 받을 수 있다.

지역의 이용 및 관심집단은 계획과 실행에 있어서의 책임이 중대한 과제에 편입되거나, 책임을 독자적으로 인수받을 수 있다. 이는 성과를 위한 수용과 현장의 네트워크 구조를 강화시킨다. 그러나 전문적이고 소모적인 동반이 필수적이므로, 이것이 행정의 부담을 덜어주지는 못한다.

Wriezn의 오픈 스페이스 실험 : 지구정비계획 절차의 틀 안에서 실시된 참여절차는 지역의 한 시민단체에 주어졌다. 이 단체는 오픈 스페이스를 공원으로 조성하는 계획공작소를 조직하였다. 여기에서는 그 부지가 이미 여러 집단에 의해 비공식적으로 사용되고 있음이 확인되었다. 이 단체는 기존의 용도를 프로젝트의 형태로 앞으로 계속 이끌어 가는데 강한 관심을 보였다. 이를 기초로 하여 하나의 공동 구상이 개발되었다. 여기에서는 구체적인 이용과 관련해 지역의 참여자들에 의해 계획되고, 개발될 5개의 모듈이 예정되었다. 예를 들어, 한 시민을 통해 "반 야생의 채소재배"를 위한 시설, 그리고 인근 김나지움을 통해 하나의 녹색 교실 시설 등.

여기에 편입되었던 아이디어와 이용에 대한 생각은 대부분 너무 광범위했다. 이에 대해서는 우선 관심을 갖고 있는 사람들이 얼마나 많은 책임을 장기간에 걸쳐 실제로 넘겨받을 수 있는 지, 公共의 공원에 어떤 용도가 가능한 지 등 현실적인 평가가 필요했다. 그들은 이를 위해 참여자와 담당자의 역할을 교체해 입장을 바꿔보는 방법을 실시해야 했다. 시작할 때는 그 규모를 제대로 평가할 수 없기 때문에 그들은 계획과 대치되기도 한다. 이는 구체적인 실행에 옮기는데 있어서도, 공적 기금의 공제를 위해 반드시 필요한 소비를 하는 데 있어서도 해당된다. 이런 모든 관점들은 참여자들에게 많은 권한을 주게 되고, 프로젝트를 이끌어가는 데 있어 높은 비용을 발생시킨다.

총체적으로 그 과정에는 누구나 참여할 수 있도록 되어 있었기 때문에 참가자 개개인이나 개별적인 집단의 퇴각과 같은 변화에도 프로젝트가 곤경에 빠지지 않을 수 있었다. 원래 "반 야생의 채소재배" 시설을 제안했던 사람은 절차가 진행됨에 따라 책임이 너무 과도해지자 빠져나갔다. 그러나 다른 관심 있는 사람을 찾을 수 있었으며, 그가 이 모듈의 개발을 인수했다.

이런 열린 행동양식으로 국가 차원에서 계획할 수 없는, 그리고 부분적으로 재정을 조달할 수 없는 제안들이 확고히 자리를 잡을 수 있었다. 그 외에도 공원 일부분의 관리와 시설의 유지를 시민단체가 책임지도록 할 수 있었다. 이런 협력을 통해 네트워크 구조가 형성되었다. 이는 또한 앞으로 생길 수 있는 갈등과 어려움을 함께 해결할 수 있도록 한다.

- 행정의 기본적인 과제는 어떤 것을 가능하게 하는 것이다. 여기서는(법률적인) 요구와 재정적, 인적 가능성과 시민들의 관심사 사이의 중재가 이루어져야만 합니다.
- 지역의 시민단체들을 위해 전문적인 과정의 조정, 지속적으로 보살핌과 상담, 지원이 가능한 구조를 창출하세요.
- 기본여건과 결과에 대해 분명히 말하세요. 참여자와 관심을 갖고 있는 사람들에게 그들이 없으면 풍요로운 아이디어와 동기부여가 있을 수 없다는 책임의 의미와 과제에 대해 인식하도록 하세요.

시민단체의 참여 지원에 있어서의 성공요인

- 시민단체들은 참여과정에 가담하고, 지원할 수 있다. 여기에서 그들은 스스로 참여하고, 지원하는 것이 필요하다.
- 시민단체의 참여는 긍정적인 전개를 활발하게 하고, 지자체의 부담을 덜어준다. 따라서 행정은 모든것을 가능하게 해주려는 태도를 취해야 한다.
- 네트워크는 목적으로 한 자극을 주어 활성화시키거나 강화시킬 수 있다. 여기서는 지원과 유보의 균형을 잡는 것이 필수적이다.

시민단체의 참여 지원에 있어서의 걸림돌

- 시민단체들의 참여는 때때로 높은 비용의 소모와 결정의 필요성이 생기기도 한다.
- 시민단체의 희망과 프로젝트는 부분적으로 담당부서의 책임자, 법률적 규 정 또는 책임소재와 관련해 갈등을 빚게 된다. 여기에는 해결지향적인 태도가 요구된다.
- 시민단체가 중대한 책임이 따르는 과제를 인수할 수도 있다. 이는 상당한 수준의 동반과 지원을 필요로 하며, 행정의 부담을 덜어주지는 않는다.

4 | 6

온라인(간접) 참여

인터넷은 이미 오래 전부터 현대적인 시민참여를 위한 정치계의 선택이었다. 따라서 전자 매체의 활용은 참여의 플랫폼으로도 점점 더 중요해지고 있다. 전자참여는 계획의 투명성을 높이고, 교환 및 협력 과정을 신속하게 하거나 간단하게 할 수 있다. 그 외에 비용면에서도 효율적이라는 장점이 있다.

4.6.1 도입

전자정부와 웹 2.0의 한 부분으로서의 전자참여

전자정부 개념은 넓은 의미에서 공공 행정 분야에 있어 구조적인 변화와 관련해 정보 및 의사소통 기술을 통해 공공 서비스와 민주적인 과정을 개선하는 것으로 이해할 수 있다.

전자정부의 개념에서 유도된 전자참여는 전자식 참여절차를 위한 가능성을 말한다. 이것의 목적은 대중들을 현대적인 정보 및 의사소통 기술의 도움으로 계획의 과정에 좀 더 적극적으로 편입시키는 것이다. 참여과정에 온라인 매체를 투입하여 광범위한 참여가능성이 생기게 된다.

전자참여 실시가 가능한 분야

정치와 행정은 전자참여를 이용해 계획과 계획과정에 대해 정보를 제공하고, 계획 및 결정과정에서 (추가적으로) 더 나은 질적 향상을 꾀하기 위한 제안, 아이디어, 지적을 받아들일 수 있다. 전차참여에도 참여의 단계–정보, 협의, 공동결정, 결정–가 적용된다. 적용가능한 분야들은 다음과 같다:

- 계획의 규정과 결정과정에 대한 정보제공
- 건축 관련 프로젝트와 토지이용에 대한 토의
- 활성화, 입장표명, 숙고 또는 잦은 질문에 대한 요약에 대한 정보입력을 문서로 작성해야 할 때
- 온라인 설문조사의 실시
- 법률 제정에 대한 제안, 법적 규정에 대한 입장을 수집할 때
- 시민들이 온라인으로 예산계획 수립에 참여
- 특정 계획과 질문에 평가를 하거나 그에 대해 결정하고자 할 때

온라인 참여방법 – 활용, 비용, 기본여건

온라인 참여에는 특히 참여강도와 실시에 소요되는 비용에 따라 여러 가지 방법이 있다.

인터넷 + 온라인 양식에서의 정보제공 사이트

인터넷 정보 사이트에는 모든 계획 절차에 대해 제공된다. 이와 결합된 온라인 양식을 통해 관심이 있는 사람들은 질문과, 제안을 할 수 있다.

활용 : 이 방법은 정보를 전달하는 목적을 넘어 시민들의 협의를 위해 사용된다. 이는 통상적으로 시정부 도시개발부에서 지구정비계획 절차와 토지이용계획의 변경에 이용된다. 시민들의 입장표명은 온라인으로 하게 되며, 계획의 과정에 편입된다.

비용 : 온라인 양식의 설치는 구(區) 행정과 시정부 행정에서 웹 편집자를 통해 실행할 수 있다. 웹 편집자는 웹사이트의 내용을 받아 이를 공개한다. 콘텐츠 관리시스템 임페리어(황제)로 접촉할 수 있는 양식을 만든다. 온라인 참여의 방법은 비용이 매우 적게 들며, 재산권 대리인의 개입은 요구되지 않는다.

인터넷 포럼과 온라인 대화

인터넷 포럼과 온라인 대화는 근본적으로 매우 유사하다. 인터넷에 플랫홈을 만들어 관심 있는 사람들이 거기서 일정한 테마와 그에 상응하는 하위 주제를 갖고 와 의견을 교환 할 수 있다. 여기에는 하나 또는 다수의 명백한 질문이 있으며, 이들에 대해 성과지향적으로 작업을 하게 된다. 참여자들은 스스로 다른 사람들이 읽고, 그에 대해 평가를 할 수 있는 토론 주제에 대한 의견을 적는다. 이는 구조화시킨 형태로 정보들을 중재하고, 견해를 교환하고, 협의와 설문조사를 실시하고, 해결방안을 전개시켜 나갈 수 있다. 이런 과정은 적극적인 진행을 통해 지원된다.

온라인 포럼은 협의를 위해 삽입시킬 수 있다. 여기에는 주제에 관해 정확하게 서술하는 것이 필요하며, 토의 성과를 어떻게 활용할 것이며 참여절차는 앞으로 어떻게 진행될 것인지도 명백히 해야 한다.

온라인 대화의 목적은 아이디어를 개발하고, 평가하는 것일 수 있다. 또한 온라인 대화에서는 판단기준 목록, 우선순위 목록 또는 추천사항 등이 생길 수 있다. 온라인 대화는 정보제공과 협의, 그리고 공동결정도 가능하게 하는 하나의 광범위한 참여방법이다.

활용 : 모든 사이트에 올린 의견들은 공개되므로 모두가 전 토의과정을 수행할 수 있다. 이용자는 무명 또는 등록을 하고 참여할 수 있다. 무명으로 참여하게 되면 많은 사람이 참여할 수 있으며, 등록을 해야 하는 경우는 참여자 개개인에 대한 직접적인 피드백을 가능하게 한다.

하나의 온라인 참여는 수주에 걸쳐 진행된다. 이런 시간적인 틀은 만남의 밤 행사 등과는 달리 다양한 시간대에, 다양한 측면에서, 다양한 목표 집단이 참여하게 되므로 강도 높은 토의를 가능하게 한다. 온라인 대화의 또 하나의 장점은 공개적인 행사에서는 하기 어려워 주저하게 되는 말을 많은 사람들 앞에서 할 수 있는 익명성이다.

비용 : 인터넷 포럼과 온라인 대화는 테마에 대해 토론하고, 대화를 이끌어나가는 데 있어 일반적인 규칙을 지킬 수 있도록 하기 위해 진행자가 있어야만 한다. 여기서 모든 사이트에 올린 의견들은 진행자가 바로 도는? 검토를 거친 후 공개할 수 있다. 사이트의 구축과 진행은 외부에 위임해야 한다. 아무때나 행정의 반응을 필요로 하는 질문이나 평이 올라올 수 있다. 이는 행동양식에 있어 명백한 책임성과 신속한 반응, 그리고 가능한 한 분명한 협약을 필요로 한다.

포럼을 기술적으로 실현시키기 위해서 행정내부의 IT 담당직원이 지원을 제공할 수 있다. 여기서 담당직원은 포럼의 설치에 무료 소프트웨어를 사용하고, 공급자에게는 포럼의 운영을 위한 서버의 용량을 임대한다. 여기에는 저비용이 든다. 진행자는 이 절차에 동반하는 행정에서 확보해야 한다.

온라인 결정과 온라인 여론조사

시민들은 인터넷에서의 설문양식에 여러 가지 대안에 대해 투표를 할 수 있다.

활용 : 온라인 투표는 가장 광범위한 참여형태–결정–가 가능하다. 이를 동반하는 행정은 적시에 표결결과가 어떻게 고려되는 지에 대한 정보를 제공하여야만 한다. 이 방법은 "Tempelhof 공항부지"의 용도변경에 있어 온라인 대화 2차 국면에서 실시된 것처럼, 표결에 부쳐진 대안들의 우선순위만을 쓰려고 했을 때는 협의 또는 여론조사로도 적용할 수 있다.

비용 : 포럼과 관계없이 시행되어야만 하는 표결 또는 여론조사는 기술적으로 임페리어(황제) 절차의 도움으로 구(區) 또는 市 행정의 웹 편집자에 의해 스스로 실현시킬 수 있다. 재산권 대리인의 투입이 반드시 필요하지는 않다.

전자참여절차는 전통적인 참여절차에 추가적인 제안일 뿐이다. 인터넷으로는 모든 목표 집단에 접근할 수가 없으며, 모든 참여자가 온라인 상으로 참여하는 것은 불가능하다. 따라서 전자참여는 항상 다른 정보 및 참여 제안과 함께 적용되어야 한다.

4 . 6 . 2 성공요인과 걸림돌로 선정된 인식

전자참여는 항상 추가적인 제안으로 지역에 존재해야만 한다.

참여에 대한 온라인 상의 제안은 결코 그것 하나만으로는 안 된다. 지역적인 관련성을 형성하고, 추가적인 목표 집단에 도달하기 위해서는, 전자참여 외에 추가적으로 현장에 안착한 제안들을 제시하는 것이 꼭 필요하다.

이 핸드북에 있는 모든 전자참여 방식을 적용한 사례들에서 전자 참여는 추가적인 참여제안으로 보충되었다. 여기서는 많은 다양한 목표 집단이 접근할 수 있기 위해서는 여러 가지 방법을 혼합하여 적용시키는 것이 도움이 됨을 알 수 있다.

Bernauer Straße의 추모지 : 여기에서는 추가적으로 탐색을 하기 위한 산책과 마지막에 시민모임을 실시했다. 이런 행사가 진행되는 동안 지역적인 정보제공과 온라인 대화에 참여할 수 있도록 했다.

Gleisdreieck의 오픈 스페이스 조성과 "Tempelhof 공항부지"의 개조 : 전자참여 방법 외에 중요한 요소로서 현장에서 추가적으로 시행된 주민대상 여론조사, 초점집단과의 대화 같은 다양한 행사가 있었다.

Lichtenberg의 주민참여예산 : 인터넷을 이용한 제안과 강력하게 지역에 안착한 방법을 의미 있게 조화시키는 것이 선택되었다. 인터넷에서는 무엇보다 구(區) 전체를 아우르는 제안들에 대해 토론하고, 결정하였으며; 도시지역(洞)의 행사에서는 洞에 관련된 제안들에 대해 토론하고 평가하였다.

- 전자참여로 아날로그 방식의 참여제안을 대체할 수는 없다. 다양한 목표 집단에 도달하고, 지역적인 관련성을 형성하기 위해서는 다른 방법들과 반드시 병행하도록 하세요.
- 온라인으로도 참여할 수 있다는 것을 알리거나 접근하도록 권유하기 위해서는 지역의 협력 파트너들을 활용하세요.

진행자가 있는 온라인 대화는 복합적임에도 불구하고 구조적인 토론이 될 수 있다.

온라인 대화에 있어 진행자의 과제는 토론의 구조를 만들어가고, 주제에 따라 질문을 정리하고, 의견들을 주제별로 정확히 귀속시키고, 토의에서 성과를 얻을 수 있도록 이끌어가는 것이다. 그 외에도 관심집단들 간의 균형과 의사소통의 규칙을 고수하는 것에 주의를 기울여야 한다. 인터넷은 이를 위해 좋은 전제조건을 제공한다.

온라인 참여의 이용통계를 보면: 활성적으로 참여하는 사람들보다 읽기만 하는 사람들이 훨씬 많다. 읽기만 하는 사람들의 태도 뒤에는 대개 정보에 대한 일반적인 관심과 기본적인 동의가 있다. 활성적인 참여자들은 더 높은 수준의 동기부여를 필요로 한다. 이는 대부분 계획을 거부하는 사람들에 있어 그러하다. 진행에 있어서는 온라인 참여를 무엇보다 비판적인 목소리를 담는 하나의 매개체로 취급해야만 한다.

"Tempelhof 공항부지"의 개조 : 참여는 공항부지의 단기적, 장기적인 추후용도 개발과 이를 공공의 토론으로 가져가는 것에 대한 과제와 비전을 갖고 있었다. 온라인 대화가 시작되었을 때 대중의 목소리는 공항의 폐쇄에 반대 하는 쪽으로 바뀌었다. 많은 사람들이 공항을 그대로 열어두도록 촉구하기 위해 온라인 제안을 이용했다. 이런 입장들이 진행자에 의해 수집되었고, 그 범주("공항으로 이용")에 귀속시켰다. 동시에 녹지, 자연 그대로, 공원 도는? 스포츠와 여가시간에 이용하자는 다른 아이디어 범주도 찾아볼 수 있게 되었다. 모든 아이디어들은 동시에 토론대상이 되었다. 결국 의견들은 각각의 범주별로 요약되었고, 아이디어들에 대한 평가가 이루어졌다. 매우 다양한 대안적인 용도에 대한 아이디어가 나왔다.

- 하나의 온라인 참여에는 분명한 목표 및 질문 설정이 필요하다.
- 참여의 틀은 토의가 건설적이며, 성과지향적으로 진행될 수 있도록 구성되어야만 한다.
- 읽는 사람들이나 참여자들이 어떻게 진행되는 지 쉽게 조망할 수 있도록 때때로 중간성과가 요약되어야 한다. 이는 뉴스레터 형식을 취할 수도 있다.
- 성과는 마지막에 내용 분석적으로 평가되고, 요약되고, 선별되어야만 한다. 그럼으로써 결정권을 가진 사람들에 의해 계획과정에 통합시킬 수 있다.

적용할 수 있는 성과는 텍스트의 공동 편집과 건설적인 평가를 통해 생성된다.

광범위하게 계획에 편입시킬 수 있는 성과를 얻기 위해서는 의견들을 의미 있게 요약하고, 다양한 대안들로부터 우선순위를 확정하거나 온라인을 통한 표결을 시행하는 것이 필요하다.

Gleisdreieck의 오픈 스페이스 조성과 Bernauer Straße의 추모지 : 이들 사례에서는 모든 참가자들이 텍스트의 작성과 기본적인 성과의 요약에 참여할 수 있는 가능성을 주었다. 그럼에도 불구하고 텍스트의 작성과 편집에 있어 실제적인 참여는 매우 적었기 때문에 진행자에 의한 광범위한 예비 작업이 필요했다.

"Tempelhof 공항부지"의 개조와 Lichtenberg의 주민참여예산 : 이 두 가지 사례에서는 전자참여를 통해 아이디어와 제안들에 대해 평가를 할 수 있도록 했다. 여기에서 아이디어들은 긍정적이지만은 않아 부정적인 평가를 받기도 했다. 그럼에도 불구하고 제안들을 부정적으로 평가하는 데는 어려움이 있다. Lichtenberg의 주민참여예산에 있어서는 시민들이 구체적인 아이디어에 대해 평가하는 것을 과도한 요구로 느끼는 것을 볼 수 있었다. 이런 연유로 표결절차가 다음 몇 년간 바뀌었다. "Tempelhof 공항부지"의 온라인 대화에 있어서는 이와 반대로 공항을 폐쇄하는 데 반대하는 시민들이 주어진 평가가능성을 제시된 아이디어에 대한 평가절하에 이용하였다. 결국은 긍정적인 평가가 평가절하를 저지하였다.

- 전자참여에 대한 제안의 틀 안에서 결정된, 적용가능한 성과를 얻어낼 수 있는 가능성을 창출하세요.
- 이 가능성을 가능한 한 건설적이고, 긍정적인것으로 만드세요.
- 활성적인 진행과 간단한 표결 가능성을 통해 성과를 전개시켜 나가도록 지원하세요.

온라인 참여는 폭넓은 홍보활동을 필요로 한다.

온라인 참여에 참가하려는 목표 집단들의 준비성은 한계가 있다. 참여가능성을 충분히 알림으로써 많은 사람들이 참여하게 되고, 가능한 한 높은 대표성에 도달할 수 있다.

Bernauer Straße의 추모지 : 온라인 토론은 추모지 인근에 깃발과 현수막을 걸고, 시정부 도시개발부 웹사이트에 보도 자료를 올리고, 또 추가적으로 Bernauer Straße를 따라 지역산책을 하는 것으로 홍보했다. 기록센터에는 관심 있는 사람들이 직접 이용할 수 있는 액세스 포털을 마련했다. 중심지역과 행사시에는 주소록을 비치해 정기적으로 정보를 받을 수 있도록 했다. 이런 다양한 홍보활동은 성과가 있었다: 만 명이 넘는 사람들이 온라인 대화를 읽었으며, 280명이 직접 등록을 하고 참여하였다 – 15-86세의 시민들이 참여하였는데, 인근에 거주하는 주민들뿐만 아니라 베를린 전역에서 참여하였으며, 심지어는 외국에서 참여한 사람도 몇 명이 있었다.

- 광범위한 홍보활동과 대중에게 효과를 미치는 의사소통을 위해 다양한 매체를 활용하세요: 신문, 깃발, 인터넷....
- 가능한 한 온라인 제안을 널리 알리기 위해 확대 재생산자로서 지역의 시설도 편입시키도록 하세요.
- 인터넷이 없는 사람들도 참여할 수 있도록 지역에 시설을 창출하도록 하세요.

전자참여의 기회

- 전자참여는 교환 및 협력과정을 지원할 수 있으며, 계획의 투명성을 제고 시킨다.
- 전자참여는 다양한 강도의 단계(정보제공에서부터 결정까지)로 시행할 수 있다.
- 진행자가 있는 온라인 대화는 복잡한 토론을 구조화시킬 수 있다.
- 적용할 수 있는 성과는 텍스트의 공동 작성과 건설적인 평가를 통해 생성 된다.

전자참여에 있어서의 걸림돌

- 비용은 경우에 따라 매우 높을 수 있으며, 그리고 행정 측의 분명한 책임 , 신속한 반응, 구속력 있는 행동양식이 요구된다.
- 전자참여는 지역적인 관련성이 있는 추가적인 제안을 필요로 한다.
- 진행자는 능력에 있어 다양한 요구조건을 갖추어야 한다.
- 전자참여는 다양한 목표 집단에 도달하기 위해 폭넓은 홍보활동을 필요로 한다.

권장사항들

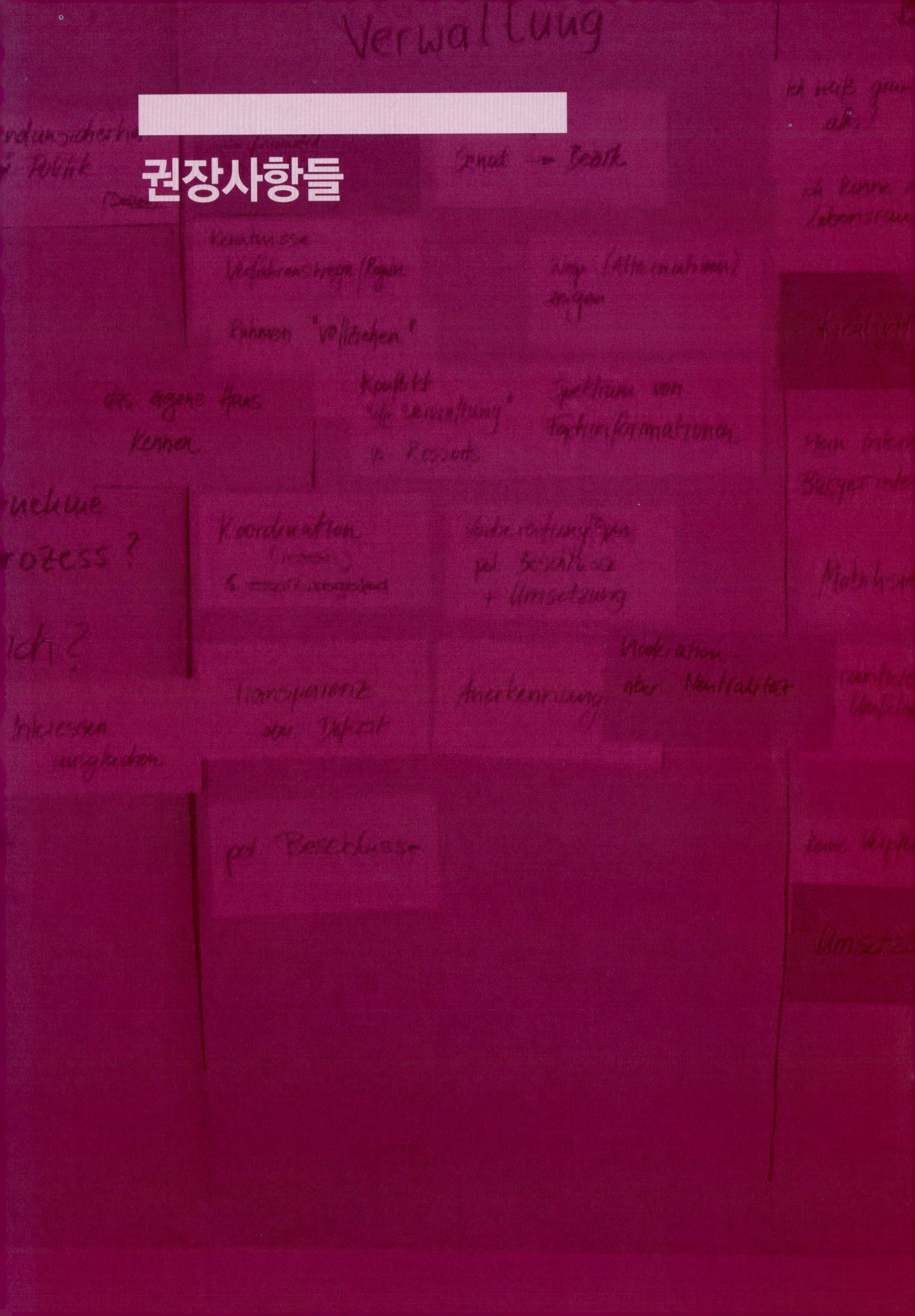

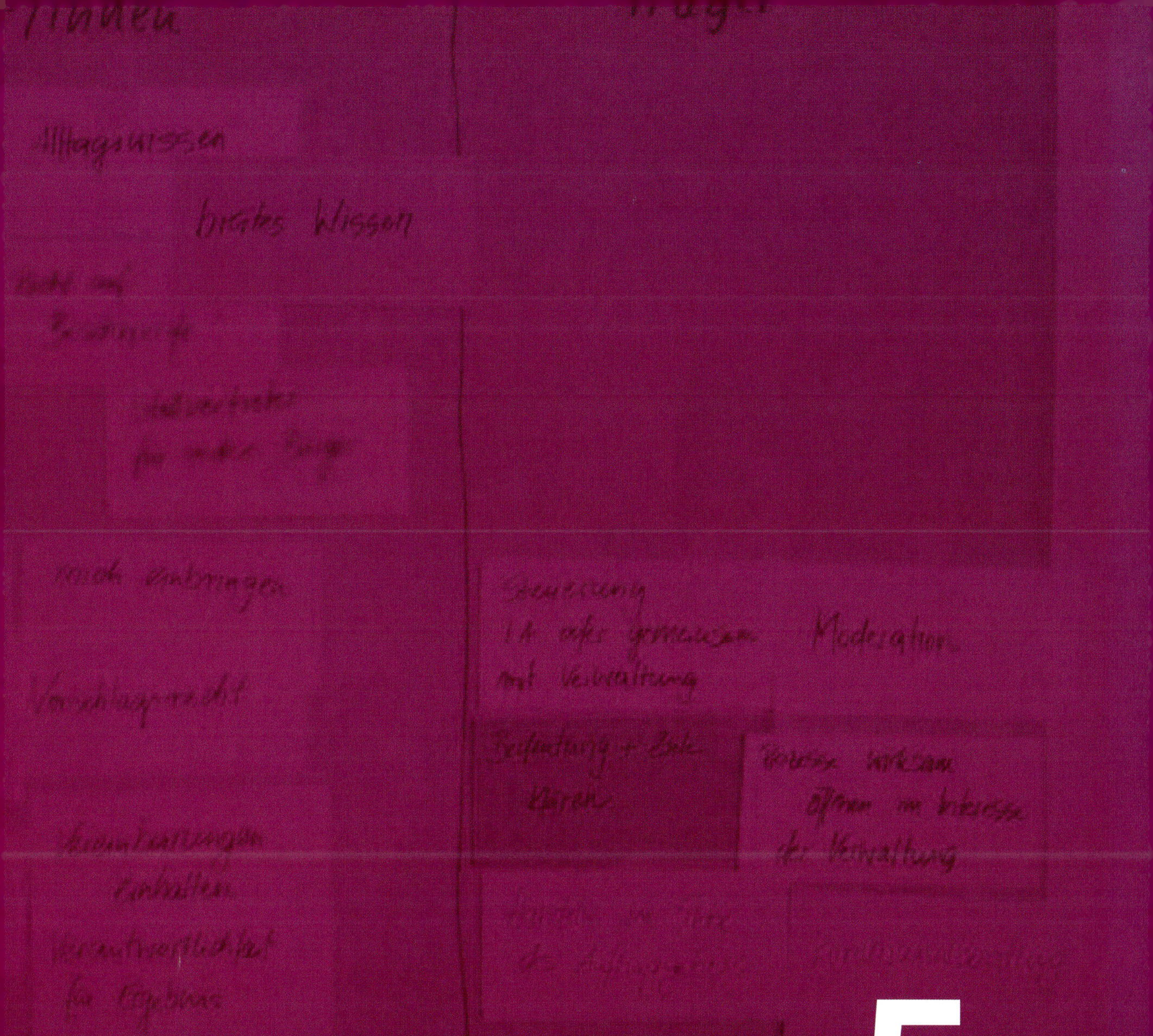

5

참여과정의 성공을 위한 이상적인 해결방안은 없다. 어떤 방법도 다른 방법과 마찬가지로 정확하게 진행되지 않는다. 모든 방법에는 새로운 도전이 따르게 마련이다. 그러나 기존의 경험을 바탕으로 하는 것에 대해서는 이의가 없다.

다음의 권장사항들과 체크 목록은 앞 장에서 밝힌 성공요인 및 걸림돌과 빈틈없이 연결되어 있다. 그것은 참여과정의 성공에 기여하는 모든 것을 알려주며, 포괄적인 준비에도 도움을 준다. 이 모든 것들은 이론이다 – 이제 여러분들은 현장에서 커다란 성과를 이끌어내야 하는 대열에 서있다.

5 | 1

참여과정의 진행

참여과정의 이상적인 진행에는 발의, 준비, 실행 그리고 평가국면이 잇따르게 된다. 그럼에도 불구하고 현장에서는 많은 것들을 지속적, 평행적으로 처리해야만 한다. 다음에서는 개개의 국면의 의미를 일목요연하게 보여주고 있다.

도표: 하나의 참여국면에 있어서의 과제들(출처: 편집자)

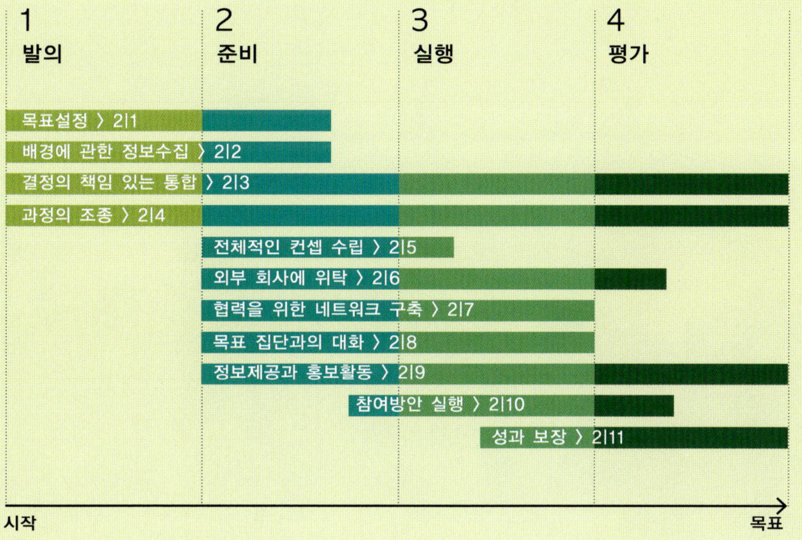

발의국면 : 하나의 과정의 발의에 있어 이것이 법률적인 규정에 의해 정해져 있는 경우, 시민단체가 참여를 강력히 요구할 경우 또는 시민단체가 하나의 프로젝트를 계획하는 데 참여해야만 하는 경우가 있게 된다. 즉 참여과정에 대한 아이디어가 생긴다 – 여기에서 실행을 위해 처음으로 참여가 고려된다. 이미 첫 번째 국면에서 명백한 책임을 확실히 하고, 대화파트너가 지정되어야 한다.

준비국면 : 4장에서 성공의 기준에 대해 분명히 했듯이, 훌륭한 준비는 모든 성공적인 참여과정에 있어 시작과 끝이다. 준비국면에서는 절차를 실행하고자 함에 있어서 중요한 내용적, 구조적인 질문들이 명백하게 드러나며, 컨셉이 구상되고 참여자들과 외부의 위탁을 받은 기업들 또는 사무실들과의 협력체계가 조직된다.

실행국면 : 하나의 참여과정의 실행은 그것의 강도와 규모에 달려있다. 이에 따라 참여방법과 조정방법을 선택하는 데 있어 차이가 있다. 여기에서 중요한 것은 목표 집단과의 대화와 방안의 성공적인 실행이다.

평가국면 : 참여과정의 종료 후에는 평가가 이루어져야만 한다. 성과와 경험의 선별, 공개 그리고 성과의 보장도 여기에 속한다

5 | 2

부분과제를 위한 구체적인 권장사항들

이 장에서는 하나의 참여과정에서 중요한 개개의 부분과제에 대해 알고자 한다.
여기에서 순서는 연대순일 뿐이다.
우선 각각의 권장사항들을 밝히고, 배경에 대한 정보들을 보충하였다.
그 외의 것은 짧게 요약한 체크 목록에서 찾아볼 수 있다.
전체적인 것은 베를린 시정부 도시개발부 홈페이지 http://www.stadtentwicklung.berlin.de 에서 볼 수 있다.

5.2.1 목표 설정

조기에 참여과정의 목표에 대해 생각하는 것은 매우 중요하다. 이는 각각의 프로젝트의 목표와 밀접한 관련이 있다: 하나의 프로젝트에 대한 정보를 제공하고, 새로운 아이디어에 대해 확인하거나 제시된 아이디어에 대해 토론 하거나 공동의 결정에 이를 수 있을 것인가? 참여절차에 있어 가능한 목표들은 다음과 같다:

- 조기에 계획 관련 프로젝트들에 대한 정보를 제공하고, 가능한 갈등 잠재력을 조기에 인식하고 다루는 것
- 구체적인 조성에 관한 제안들을 주민들과 함께 전개시켜 나가는 것
- 하나의 계획에 다양한 이용집단의 요구를 통합시키려는 것
- 주민, 행정, 정책 간의 대화가 이루어지도록 하는 것
- 다양한 관심집단 간에 중재를 하는 것
- 정보제공과 갈등에 대한 해명을 통해 계획의 수용도를 높이는 것

광범위한 과정에서의 총체적인 행동양식은 참여과정의 목표에 달려있으며, 목적에 합당해야만 한다 – 방법의 선택, 시간적, 재정적인 소비, 참여의 시점 등. 이후 참여과정의 성과는 설정했던 목표에 도달했는지에 따라 결정된다..

▼

프로젝트에 참여가 어떤 영향을 미칠 수 있는 지에 대해 생각하세요.

▼

참여의 목표에 대해 분명하게 정의하고, 이를 문서화하세요.

▼

여러 가지 목표가 있을 경우에는 주목표와 부수적인 목표 간의 우선순위를 설정하세요.

▼

프로젝트의 어느 국면에 얼마나 많은 참여가 이루어지기를 원하는 지, 가능할 지(준비, 계획, 계획의 구체화, 실행)를 결정하세요.

5.2.2 배경에 대한 정보의 수집

뒤따르는 기본조건의 많은 것들은 계획과 참여과정에 영향을 미칠 수 있다. 이런 요인들은 적시에 알려야 한다. 중요한 정보의 원천으로는 담당 행정부서, 도시지역(洞) 센터, 인터넷 매체, 신문, 관보 등이다.

법률적인 규정(형식적인 참여에 있어서의)

참여에 있어서는 많은 법률, 특히 계획법 상에 정해진 기초가 있다. 이는 직 · 간접적으로 계획과 관련이 있는 사람들은 참여할 권리가 있다는 것이다. 그들은 프로젝트에 대한 정보를 제공받고, 입장표명을 할 수 있다. 이 입장표명은 국가에서 광범위한 계획과정에서 다루게 된다.

▼

형식적인 참여절차에 어떤 규정과 방침이 있는 지에 대한 정보를 수집하세요.
특별한 규정이 여러분들에게 관할 영역을 줄 수 있다는 것에 주목하세요.

▼

프로젝트가 그 이외의 법률적인 규정 또는 지자체의 결정과 어느 정도까지 관련이 있는 지 검토하세요.

존재하고 있는 활동과 계획들

계획들은 앞서 진행되어 온 계획과 이전에 개발된 것 위에 구축된다. 계획된 참여 및 계획과정을 위해서는 이미 존재하고 있는 계획과 개발에 대해 아는 것이 중요하다.

- 예비계획
- 다른 부서와 다른 계획 차원(예를 들어 주정부 차원의)에서의 프로젝트
- 이미 실행된 여론조사, 조사 및 검증 또는 참여절차
- 시민단체들의 활동
- 정책적인 결정(구의회와 주 의회의 출판물)
- 유사한 사례들의 경험

여기에서 여러분들의 생각에 일찍이 있었던 경험들을 편입시켜 기존의 계획을 구축하고, 갈등과 한계를 초반에 알아차릴 수 있다.

▼

이런 프로젝트에는 이전에 어떤 활동과 경험들이 있었는 지 명백히 하세요.

▼

이런 활동들은 참여절차에 있어 어떤 면에서 중요한 지 고려하세요.

▼

일찍이 활동에 참여했던 사람들과 접촉하세요.
그들은 탐구에 유용한 지적을 해줄 수 있습니다.

프로젝트의 시행범위에서의 사회적 구조

우선 지역이 제한되어야 하며, 그 안에서 프로젝트가 이루어지는 것이다. 그러고 나서 참여과정에서 대화하게 될 목표 집단을 설정하라. 이를 위해서는 지역의 사회적 구조, 즉 다음과 같은 것을 잘 알아야 한다:

- 연령대의 구성(어린이, 청소년, 가정, 노인의 비율)
- 세대구조(싱글, 가족, 주거공동체 등)
- 이주민의 비율과 출신국가
- 수입구조
- 교육수준

이런 것들에 대한 정보는 매년 발행되는 베를린의 사회구조에 관한 부도와 사회통합적 도시개발에 대한 모니터링, 그리고 주정부 통계청에서 찾을 수 있다. 예를 들어, 건강보험과 같은 특정 주제에 관한 정보도 담당 행정부서에 있다.

주민들 외에 토지 소유주들이나 시민단체 같은 관심집단들도 계획과 연관이 있을 수 있다. 여기에는 종종 특별한 목적이 따르게 되고, 기대를 갖고 참여하는 과정에서 매우 지배적으로 행동한다. 당신은 프로젝트가 이들 그룹에 어떤 영향을 미칠 수 있을 것인 지와 그들의 관심의 관점에서 갈등이 생길 수 있을 것인 지를 인식해야만 한다.

마지막으로 지역의 사회적 구조에 대한 조망이 중요하다: 어떤 단체, 시설, 시민단체, 협회가 지역에서 활동하고 있는가? 이들은 이후 과정에 참여할 수 있다. 단지 그들의 연락처만 조사할 것이 아니라 그들이 어느 분야에서 활성적인 지도 알아내야 한다. 이런 정보의 도움으로 그들은 이후 과정에 편입될 수 있다. 당신이 이런 정보들을 수집하면 무엇이 참여과정에 제동을 걸거나 촉진시킬 수 있는 지와 어떤 기본조건들에 대해 주의를 기울여야만 하는 지를 짐작할 수 있다.

▼

프로젝트 시행범위의 한계를 설정하세요:
인근 지역인지, 區인지, 도시 전체인 지가 중요하다.

▼

지역의 현재 사회적 구조에 대한 정보들(연령대 구성, 이주민들의 비율과 출신국가, 수입구조, 교육수준 등)을 수집하세요.

▼

어떤 관심집단이 계획과 관련이 있는 지, 이들이 어떤 목표와 시각으로 과정에 참여할 지를 조사하세요(예를 들어, 토지 소유주들, 시민단체 등).

▼

지역의 단체, 시설, 시민단체, 협회의 목록을 작성하세요. 거기에 그들의 연락처만이 아니라 그들이 어떤 분야에서 활동하고 있는 지도 기록하세요.

▼

이런 정보의 도움으로 어떤 제동을 거는, 촉진시키는 효과가 기대되는 지도 고려하세요.

가능한 참여방법

참여의 목적과 선택된 강도에 따라 이미 어떤 참여방법이 적당한 지는 한계가 지어진다. 몇몇 방법은 초점집단과의 작업 같은 소규모 그룹에 적당하다. 어떤 것은 오픈 스페이스 방법이나 주민상대 여론조사 같은 커다란 규모의 집단에 권할 만하다. 또한 모든 참여자들에게 정보를 제공하는 방법(시민모임), 또는 하나의 프로젝트에 대해 협의하거나 결정을 가능하게 하는 방법(예를 들어, 미래공작소, 아이디어 공작소)이 있다. 라운드 테이블 또는 중재절차는 갈등상황을 해결하는 것을 돕는다. 이 핸드북에서 방법들에 대해 요약한 것을 찾아볼 수 있으며, 여기에서 목적에 맞는 적당한 방법을 고를 수 있을 것이다.

여기서 흥미로운 것은 특정 방법의 가능성을 알고 방법의 혼합을 위해 의미 있는 조합을 꾀하는 것이다. 이 핸드북에 있는 방법에 대한 개관 외에도 인터넷에서도 참여방법에 대한 많은 정보들을 찾을 수 있다. 계획사무실 또는 다른 행정부서의 대표자들과의 정보교환도 이를 폭넓게 도와줄 수 있다.

▼

참여의 목적과 희망하는 강도에 따라 가능한 참여방법에 한계를 정하세요.

▼

당신의 프로젝트를 실행할 수 있는 방법에 대한 정보를 수집하세요.

기본조건의 평가

조사한 기본조건을 기초로 하여 참여과정의 성과에 대한 의미와 전망에 새롭게 반영할 수 있다. 이런 입장에서 다시 한 번 참여절차의 실행에 대한 근본적인 결정을 하거나 참여의 목적에 대해 숙고해야만 하는 것은 가능하다.

▼

참여과정의 기본조건과 예상되는 효과를 반영하세요.

▼

당신의 프로젝트에 하나의 참여과정이 적절한 방법인지, 아니면 대안이 있는지 분명히 하세요.

▼

참여절차의 목적이 형식적인 규정, 정책적인 기본조건 또는 이와 유사한 요인들과 갈등관계에 있는 지 검토하세요.

5 . 2 . 3 결정에 책임이 있는 사람들의 통합

성공적인 참여는 포괄적인 준비를 필요로 한다. 준비 작업을 시작하기 전에 하나의 중요한 질문이 해명되어야 한다: 참여에 대한 정책적인 지원이 있는가?

정책적인 지원과 긍정적인 동의는 참여과정을 위해 큰 의미가 있다. 정책적인 의지에 반하면서 참여를 실행에 옮기는 것은 불가능하다. 가끔 재정이 확보되지 않은 경우가 있다. 이런 경우는 정책적인 차원에서 참여절차의 성과를 인정하지 않아 참여가 효력이 없어질 위험이 있다.

따라서 계획의 시작에서 이미 정책적인 차원에서의 정보제공과 지원을 확실히 해둘 것을 권장한다. 그 외에도 어떤 경우에서나 정책을 대표하는 사람들과 효과적으로 협력할 것을 권장한다 – 재정적, 인적 자원 및 기반구조를 마련해주어서 만은 아니다.

예를 들어 주민참여예산과 같이 참여구조가 장기간에 걸쳐 지속적으로 자리를 잡기 위해서는, 폭넓고, 가장 좋은 것은 정당을 초월한 의견의 일치가 반드시 필요하다. 이렇게 되면 여러 번의 선거를 거치더라도 지속성이 보장된다.

▼

프로젝트에 대한 정책적인 차원에 대한 충분한 정보를 확보하고,
정책적인 지원을 받을 수 있는 지 확인하세요.

▼

정책적인 결정에 대한 책임을 질 준비가 되어 있는 지, 꼭 필요한 자원이
마련되었는 지를 명백히 하고, 재정적인 틀(직원 및 물품비용)을 결정하세요.

▼

얻어낸 해결책을 고려하고, 적용할 정책적인 의지가 있는 지를 확인하세요.

5 . 2 . 4 과정의 조종

과정의 조종을 위한 과제 요약

모든 방법은 과정의 조종을 필요로 한다. 복잡하면 복잡할수록 조종에는 많은 지출이 따르게 된다. 과정의 조종은 많은 참여자들을 성공적으로 편입시키는 것을 돕는다. 장기간에 걸쳐 다양한 개별적인 방안을 계획하여 – 예를 들어, 다수의 참여방법 – 많은 참여자들이 협력하게 되면 참여과정은 얼마 안가서 일목요연하게 조망하기 어렵게 된다. 이럴 때 총체적인 과정을 조정하는 조종이 기여하게 된다.

전문적인 과정의 조종은 절차에 대한 조망을 지녀야만 한다. 참여의 목표와 한계에 대한 정의를 분명히 해야 하고, 끊임없는 정보의 흐름, 즉 참여자들 간의 교환을 보장해야 한다. 참여절차 범위 내에서의 다양한 방안들을 조정하고, 성과의 확보를 보장한다.

훌륭한 조종에는 절차를 지속적으로 성찰하는 것도 속한다. 참여절차의 목표는 항상 존재해야 한다. 절차의 진행이 목표를 향해 가는 지 관찰하고, 필요한 경우 여기에 맞추도록 해야 한다.
과정의 조종은 절차에 관여하는 행정부처가 맡는 것이 최선일 수 있다. 그들은 꼭 필요한 내용적, 구조적인 배경에 관한 지식을 지니고 있고, 이를 마음대로 다룰 수 있다. 여러 개의 부서가 조종에 편입되는 경우에는 내부적으로 의견의 일치를 이루는 것이 반드시 필요하다. 여기서는 어떤 과제를 어느 부서가 맡을 것인 지를 분명히 해야만 한다.
어느 경우에는 과정의 조종을 외부의 기업이나 사무실에 전적으로, 또는 일부 지원형식으로 위탁하는 것이 나을 때도 있다.

▼

절차를 시행하는 데 있어 외부에서 과정의 조종을 필요로 하는 지 고려하세요.

▼

과정의 조정에 자원을 임의로 배정할 수 있어야만 한다는 것을 주목하세요. 꼭 필요한 요원의 배치는 참여자의 수, 계획된 과정의 상황과 규모에 따라 달라집니다.

▼

지속적으로 인적 자원, 부서 또는 전문영역이 편입되는 경우에는, 과정에서 누가 어떤 역할을 맡을 지를 분명히 하세요. 그리고 각자 자기의 할 일을 인식하고 있는 지를 확인하도록 하세요.

▼

어떤 형태로 협력을 할 것인 지를 분명히 하세요(업무형태, 장소, 규칙성). 일정을 확정하여 참여자들이 그 날을 비워놓을 수 있도록 하세요.

▼

행사와 과정을 특화한 주제와 투입할 수 있는 시간적, 재정적 자원에 맞추도록 하세요.

▼

시민단체와 정책 측과 접촉할 구체적인 인물을 정하도록 하세요. 예를 들어, 투고함을 설치하거나 블로그를 개설해 질문과 제안에 대해 정기적으로 접촉할 수 있도록 하세요.

▼

제3자들에게 과정에 참여하는 사람들의 관할권을 투명하게 하세요.

▼

외부 위탁자들과의 의사소통 구조를 어떻게 조직할 것인지 분명히 하세요: 모든 참여자들을 통해 또는 개개의 책임을 맡은 사람들을 통해 묶어서 조절을 해 나갈 것인지?

▼

과정과 내용의 지속적인 관찰과 반영이 되고 있는 지 보살피세요.

협력하는 사람들 간의 투명성 창출

협력자들은 서로 다른 수준의 정보를 갖고 과정에 들어온다. 각자 다른 배경에 대한 지식을 갖고 있게 마련이다. 거기에다 협약이 구체화되거나, 참여방안으로 성과가 확정되거나 하면 꾸준히 새로운 정보들이 추가된다. 이런 정보들은 지속적으로 교환이 이루어져야 한다. 과정의 조종은 이런 교환이 이루어지도록 하는 것과 협력자들 간에 반드시 필요한 투명성을 창출하도록 하는 데 책임이 있다. 모든 참여자들은 유효한 기본조건, 프로젝트의 현재 상황, 표결결과, 앞으로 진행될 일에 대한 정보를 제공받아야만 한다. 또한 목표에 대한 검토와 이것이 계획에 적합한 지에 대해서도 대화가 이루어져야만 한다.

정보교환의 강도는 무엇과 관련이 있는지, 3가지 단계가 있다:

- 직접 참여과정의 형성에 참여하여 과정의 조종에 관한 과제를 맡는 사람들은 한정된 집단에 속한다. 이들에게는 항상 모든, 완전한 정보가 제공되어야 한다.
- 좀 더 포괄적인 집단에는 협력과정에 있어 중요한 지역 주민과 시민단체, 그리고 정책분야의 대표자 집단이 있다. 이들은 정기적으로 정보의 교환에 편입되어야 하며, 과정을 진척시키는 데 있어 중요한 정보들을 보유한다.
- 마지막으로 광범위한 집단에는 모든 관련이 있는 대중들이 속한다.

정보의 교환은 매우 다양한 가능성을 통해 이루어진다. 가장 중요한 것은 하나의 의사소통 형태로 일치시키는 것이다: 정기적인 결정을 하기 위한 모임이 있는지, 거기에 모든 협력자들이 참여하는지, 그들에게 모든 중요한 협정이 이루어지는지? 이런 모임의 기록은 어떻게 하는지? 인터넷 포럼이 있는지, 이를 통해 결정을 하고 정보를 교환하는 것이 가능한지? 기록은 이메일로 보내거나 다운받을 수 있게 되어 있는지? 이런 정보 중 어떤 것들에 대중들이 접근할 수 있는지? 모든 한정된 집단과 포괄적인 집단이 참여하는 정기적인 조종에 관한 회의를 목적에 맞게 조정할 수 있다.

▼

외부 위탁자들과의 의사소통 구조를 어떻게 조직할 것인지 분명히 하세요: 모든 참여자들을 통해 또는 개개의 책임을 맡은 사람들을 통해 묶어서 조절을 해 나갈 것인지?

▼

대중의 주목을 받기를 바라는지, 언론에 끌어들일 것이지 신중하게 검토하세요.

▼

정보들을 꾸준히 현실화시키는 것이 보장될 수 있도록 하세요.

▼

이런 과제를 담당할 책임자를 지정하세요.

5 . 2 . 5 참여절차에 대한 전체적인 컨셉 창출

컨셉 창출

기본조건이 분명해지고 참여과정의 형성에 협력할 사람들을 찾으면 하나의 컨셉 안에 목표와 행동 양식을 고정시킨다.

▼

경우에 따라서는 전문가들의 도움을 받아 참여과정의 복합적인 기본조건(아이디어, 배경과 목표)이 활자로 명시된 컨셉을 작성하도록 하세요.

컨셉에는 다음과 같은 것이 포함되어야 한다:
- 참여과정의 목표(경우에 따라서는 다양한 국면과 목표 집단에 대해)
- 참여과정의 강도(정보, 협의, 공동결정)
- 가능한 한 많은 협력자들을 얻기 위해 관련자들을 위한 참여과정의 활용
- 테마의 중요성(전체 도시 또는 도시지역과 관련된 의미)
- 취급여지, 참여대상과 절차상의 한계
- 참여가 실시될 체계적으로 정리된 절차에 있어 적절한 시기와 일정계획
- 참여과정을 위한 방법과 참여방안에 대한 구체적인 문제제기
- 재정조달에 관한 계획

▼

하나의 참여과정에 있어서의 기회와 위험에 대해 숙고하세요.
어떤 결과가 초래될 것인지, 어떻게 리스크에 대처할 것인지 고려하세요.

▼

절차가 성과에 있어 개방적일 정도로 충분한 여지를 갖고 있는 지 관리하도록 하세요.

▼

제안된 과정이 참여를 넘어서 지속될 수 있는 지, 어떻게 이런 관심사를 조기에 준비할 수 있는 지에 대해 고려하도록 하세요.

취급 여지(범위)에 대한 정의

취급 여지는 다양한 기본조건들에 의해 제한된다. 그들 중 몇 가지는 영향을 미치지 않는다. 이들은 절차상 고려되어야만 한다. 이에 반해 영향을 미칠 수 있는 것들이 있는데, 담당자들과 교섭하여 타결을 봐야 한다.

기본조건들이 어떻게 참여의 취급여지에 영향을 미칠 지를 검토해야만 한다. 준비 팀에서 절차에서 어떤 목표와 영향을 미칠 가능성을 추구하게 될 지에 대한 의견의 일치를 이끌어내야 한다.

참여자들에게 목표와 한계에 대해 충분히 알려줌으로써 영향력에 대해 잘못된 생각을 갖지 않도록 하는 것은 중요하다. 그들은 참여의 목적이 어디에 있는지, 어떤 문제에 대해 다루어야 하는지, 이에 대한 결정권은 누구에게 있는지, 참여의 성과물로 무엇을 할 것인 지에 대해 잘 알고 있어야 한다. 이들은 구속력이 있어야만 한다: 취급 범위는 절차가 진행됨에 따라 후에 변경할 수 있는 것이 아니다.

▼ 어떤 결정 권항이 있는지를 명백히 하세요.

▼ 모든 참여자들과 함께 절차의 진행상황을 명백히 하고, 결정을 하는 데 있어 권리와 의무 그리고 방법(예를 들어 만장일치 또는 다수결)에 대한 약정을 하도록 하세요.

▼ 어떤 재정 예산 실행에 사용할 수 있는 지 분명히 하세요.

▼ 기본조건 외에 놓여있는 요구 또는 갈등과 관련된 것들을 고려하세요: 얼마나 많은 토론의 여지가 있는가? 누가 그것에 대한 결정을 할까?

▼ 모든 참여자들에게 절차상 영향을 미칠 수 있는 가능성과 활동할 수 있는 가능성에 대한 정보를 제공하세요.

▼ 모든 참여자들에게 절차상의 성과물로 무엇을 할 것인 지와 이것이 어떤 구속력이 있는 지에 대한 정보를 제공하세요.

▼ 참여자들과 참여과정의 활용과 한계에 대해 그룹으로, 또는 개별적으로 대화를 이끌어갈 것인 지에 대해 생각하세요.

일정표 작성

구조가 훌륭한 일정표는 참여과정에서 부수적으로 생기는 과제들을 조정하고, 중요한 일정과 기간을 정하고, 지키는 데 도움을 준다. 동시에 이는 계획한 시간 내에 참여절차를 치러낼 수 있을 지 현실적으로 추정하는 기초가 된다.

모든 중요한 일정들과 함께 부수적으로 생기는 과제도 한 눈에 볼 수 있도록 한다. 변경사항이 있을 때는 일정을 그에 맞게 조절하여 진행시킨다. 지체될 경우를 고려해 처음부터 완충 시간도 계획에 넣어야 한다. 또한 일정표에 확정된 과제를 소화하기 위한 인적 자원이 충분한 지도 검토하여야만 한다.

지켜야 할 기간에 대해 관청에서 정보를 받으세요.

휴일, 휴가, 문화 축제, 사순절 기간 같은 중요한 일정을 일정표에 기입하세요.

계획된 참여방안을 언제 시행하는 것이 가장 의미가 있을 지 결정하세요.

중요한 이정표를 확정하세요(예를 들어 첫 번째 중간성과의 프레젠테이션, 계획된 절차의 마감 등).

예를 들어, 홍보활동과 같은 다른 분야의 과제에 대한 일정과 업무 진행과정도 보충하세요.

일정표에 관할권에 대해서도 기록하세요.

일정표에 확정된 표결일도 표시하세요.

일정표는 과정에서 생길 수 있는 뜻하지 않은 일들에 대해 유연하게 대처할 수 있도록 완충시간을 포함해 넉넉하게 잡도록 하세요.

모두, 특히 명예직으로 참여하는 사람들을 위해 시간적인 소모가 납득이 가고 수용할 만한지 확인하세요.

방법의 선택

다양한 목표 집단에 도달하고, 다양한 문제점들을 다루기 위해 여러 가지 방법을 동원하는 것은 의미 있는 일이다. 혼합된 좋은 방법은 다양한, 서로 보완적인 방법들로 구성된다. 절차상 어떤 현안들을 다루게 될 지는 컨셉에서 분명히 해야 한다. 쉽게 이해할 수 있는, 일상생활과 관련이 있는 현안들은 참여자들로 하여금 협력할 동기를 유발시킨다.

어떤 방법이 세부적으로 맞는 것인 지는 목표와 목표 집단 그리고 시간적, 재정적 틀에 달려있다. 참여방법에 있어 주요한 성공기준은 다음과 같다:

• 활성적인 접촉 및 대화 모색
• 지역에 주둔하는 것
• 아이디어와 희망에 대해 열린 태도를 갖는 것

▼

서로 다른 목표에 도달해야만 하는 다양한 국면을 구분하세요.

▼

어떤 것을 다루어야 하는 지 구체적인 현안을 작성하세요.
문서로 작성해 놓는 것이 가장 좋습니다.

▼

여러분들의 요구사항에 맞는 참여방법에 대한 정보를 수집하세요.

▼

차별화한, 목표 집단에 특화한 참여방법과 모든 목표 집단이 함께 하는
만남과 소통의 기회를 통합시키도록 하세요(성별과 다양성).

▼

여러분들의 요구사항에 맞는 참여방법에 대한 정보를 수집하세요.

재정의 확보

전체적인 컨셉의 기본적인 요소 중 하나는 재정이다. 참여절차의 시행이 결정되면 내부적으로는 재정이 확보되었는 지, 그 규모는 어느 정도인지 밝혀져야 한다. 재원이 없다면 과정의 조직은 매우 어렵고, 지루하거나 또는 전혀 시행할 수 없게 된다.

참여절차에 얼마나 비용이 드는 지는 무엇보다 소요기간, 선택된 방법 그리고 규모에 따라 정해진다. 이런 요인들은 다양하게 변화를 줄 수 있다. 따라서 참여절차에 대해 일괄적으로 비용을 산정하는 것은 불가능하다. 가능한 한 조기에 포괄적인 재정에 관한 계획을 수립하고, 충분한 예산을 계상해야 한다. 컨셉이 구체적일수록 예산을 책정하기 용이하다.

▼

재정계획을 수립하려면 다음과 같은 점을 고려해야 한다:
어떤 재정조달처가 있는 지, 거기에는 어떤 기본조건들이 있는 지 명백히 하세요.

▼

다음과 같은 입장에서 재정적 소비를 계산하고, 확보해야 한다는 것을
확인하세요.
• 외부에서의 과정의 조종(원하는 경우)
• 방법의 실행(재료의 비용과 전문가들의 도움으로 실행)

- 공개적인 행사 또는 워크숍을 위한 공간
- 행사 비용
- 홍보활동(레이아웃, 인쇄비, 우편물과 전시물의 배포, 광고방송 등)
- 자문형태의 추가적인 업무
- 기술과 기술적인 실행
- 참여자들의 지출 보상금

평가서 또는 추가적인 회의 등 예상하지 못했던 일이 생길 경우에 대비해 예비비용도 계획에 넣으세요.

재정적인 수요와 재정의 지출을 공개적으로 할 것인 지에 대해서도 생각을 하도록 하세요.

5 . 2 . 6 외부 사무실에의 위탁

일련의 성과를 위해서는 십중팔구 외부의 서비스 제공 기업 또는 사무실에 위탁을 해야 한다. 위탁을 하는 입장에서 당신은 위탁공고, 업체선택, 위임과 결정에 책임이 있다. 여기에서는 외주 기업의 활동이 참여절차에 효과적으로 기여할 것이라는 확신이 있어야 한다.

당신이 구체적으로 어떤 지원을 필요로 하는 지를 인식하는 것이 중요하다. 위탁공고와 선택에 있어 면접할 때 당신의 기대치를 분명히 밝히도록 해라. 여기에는 업체들이 제안할 수 있는 여지를 둘 수도 있다 – 물론 중요한 기본조건과 요구사항들은 당신이 확정하고 명백히 설명해야 한다.

외주업체가 일을 진행시키고 있는 동안에도 계속적인 결정을 하는 것은 필요하다. 여기서 구체적인 현안과 행동양식에 대해 논의할 수도 있다. 협력자들이 벗어난 생각을 하게 되거나 새로운 현상이 생기게 되면 이런 결정들은 오해를 없앨 수 있는 하나의 기회가 된다.

과정에서 여러 개의 외주업체가 일을 하게 되면 각각의 방안들을 차례로 결정하고, 중요한 정보들을 교환하는 것을 확실히 해두어야 한다.

당신이 위탁하고 싶은 외주업체들의 목록을 작성하세요.

위탁공고가 반드시 필요한 지, 또는 의미가 있는 지 검토하시고, 비교가 가능한 제안들을 수집하도록 하세요.

수탁자를 위해 프로젝트에 관한 중요한 자료와 정보를 모으세요.

수탁자를 결정하는데 누가 편입되어야만 하는지 검토하세요.

당신의 목표와 현안들에 대해 사무실과 논의하고,
일정과 진행계획을 함께 결정하도록 하세요.

계약을 체결하는데 있어 중요한 정보들(성과, 보수와 기간)을 수합하세요.

5 . 2 . 7 협력을 위한 네트워크 구축

각각의 계획과 각 지역에 협력을 위한 네트워크를 구축할 수 있다. 여기에는 시설, 시민단체 또는 협회 등이 속한다. 이미 이에 대해 조사를 했다면, 언제 그들을 절차에 편입시킬 것인 지를 결정해야 한다.

협력 파트너들을 한데 뭉치게 하는 것은 참여절차에 많은 도움을 줄 수 있다:

- 대부분의 경우 협력을 통해 네트워크가 구축되고, 확대된다. 주민단체들의 참여 지원도 이루어진다.
- 그들은 원하는 목표 집단에 도달할 수 있게 하는 확대 재생산자들이다.
- 그들은 특정 주제에 대한 포괄적인 지식을 제공하며, 전문적인 입장표명을 할 수 있다. 이는 앞으로 토의가 진행되는 데 있어 기초가 될 수 있다.
- 그들은 참여절차의 조직도 지원할 수 있다. 예를 들어, 그들은 공간이나 기술적인 장비를 제공한다.
- 그들은 참여절차를 넘어서 프로젝트를 실행에 옮기는데 있어서도 역할을 할 수 있다. 건설관련 프로젝트에서는 건축하는 것을 지원하거나 녹지, 광장, 시설 등의 관리에 참여할 수도 있다.

하나의 협력 네트워크 안의 많은 참여자들은 명예 봉사직으로 참여하기 때문에 과도한 요구는 하지 말아야 한다. 중요한 것은 명예직의 진가를 적절하게 인정하는 것이다.

적절한 협력 네트워크를 창출하기 위해서는 우선 프로젝트 주변상황에 대한 분석이 있어야 한다. 이는 어떤 조직, 영역, 인력 또는 시설이 프로젝트를 위해 의미가 있는 지와 그들과 협력을 하는데 있어 어떤 강도의 의사소통이 필요한 지를 밝혀준다.

여기에는 다음과 같은 것을 고려하는 것이 도움이 된다.

- 누가 프로젝트의 성공에 기여할 수 있을까?
- 특정 목표 집단을 고려하였는가?
- 프로젝트의 성공을 보장하기 위해 개개의 참여자들은 어떤 기여를 달성해야만 하나? 여기에서 그들은 각각 무엇을 필요로 하나?
- 여기에서는 당신을 위해, 당신의 부서를 위해 그리고 과정의 조종을 위해 어떤 결과가 생길까?

이런 분석을 기초로 협력에 관심을 갖고 있는 사람들을 확인하고, 목표로 하여 접촉할 수 있다. 그들과 대화할 때는 참여과정의 목표와 그의 활용에 대해 분명히 밝혀야 한다: 당신은 당신의 관심사와 목표 집단의 관심사를 편입시킬 기회를 갖게 되는 것이다.

▼

어떤 시설, 단체, 협회 또는 기관이 현장에서 활동하고 있는 지,
또는 프로젝트의 주제와 관련이 있는 지 조사하세요.

▼

이것이 협력 프로젝트를 위해 중요한 지, 프로젝트를 위해
어떤 의미가 있는 지, 그들이 어떤 과제를 맡을 수 있을 지를 고려하세요.

▼

긴밀하게 또는 폭넓게 과정에 참여하는 사람들을 위해 협력을 위한
네트워크에 대해 조사한 정보들을 함께 모아 작성하도록 하세요.

▼

협력 파트너들이 어느 정도까지 절차를 지원할 준비가 되어있는 지를
명백히 하세요. 여기서 현실적인 비용의 추정과 필요로 하는 능력에 대해
유념하세요.

▼

목표 집단에 접촉을 지원해 줄 수 있는 지역의 확대 재생산자를 찾도록 하세요.

▼

관심 있는 사람들에게 과정에 편입함으로써 생기는 이점을 분명히 밝히세요.

▼

지속적인 정보교환을 할 수 있는 조직을 구축하고,
필요한 상담과 보살핌을 보장해주세요.

▼

참여과정에 관심을 갖고 있는 사람들이 계획국면을 넘어 통합되고,
장기간 연결고리를 가질 수 있는 가능성에 대해 깊이 생각하세요.

5.2.8 목표 집단에 말 걸기

하나의 계획과정을 위해 모든 중요한 목표 집단의 관심사들을 고려하기 위해서 목표 집단을 대표하는 사람들(대략 청소년시설의 지원들)을 한 데 묶을 수 있다. 그러나 목표 집단(청소년들) 스스로 참여하겠다고 하는 것이 낫다.

모든 참여자들은 다양한 흥미와 관심을 갖고 온다. 몇몇 집단은 다른 집단들에 비해 도달하기 쉽다. 그러므로 어느 한 쪽의 참여가 빨리 이루어질 수 있다. 이는 목표로 한 방안이 참여자들에 의해 어느 한 쪽으로 기울어 균형적인 화합을 이루는 데 방해가 될 수도 있다.

목표 집단의 개인적인 욕구로 인해 참여에 매우 특별한 능력에 대한 요구사항이 생긴다. 이를 여기서 보편타당하게 설명할 수는 없으나, 이 특별한 요구는 경험에서 올 수 있는 것이며, 확대 재생산자들이나 해결의 열쇠를 쥐고 있는 사람(또는 시설)이 함께 긴밀하게 일하게 된다.

여러분들이 가능한 한 많은 목표 집단과 접촉할 수 있도록 도울 수 있는 방법을 찾을 수 있을 것이다.

참여 제안은 도달하고자 하는 사람들의 욕구와 생활 형편에 방향을 맞추어야만 한다.

- 개방적, 비형식적 소통방법은 자주 형식적, 관료적 행동양식보다 신뢰감 을 준다.
- 참여 제안은 도달하고자 하는 사람들이 있는 현장, 즉 학교, 학부모 카페또는 노인시설 등에서 해야 한다.
- 참여의 주제와 현안은 목표 집단의 일상생활에 방향이 맞추어져야 하며, 참가자들이 자신들의 관심사를 가져올 수 있게 개방적으로 형성되어야 한다.
- 개인적으로 만나서 대화하거나 전화하는 것이 일괄적으로 정보를 제공하는 것보다 더 효율적이다.
- 참여의 성과는 체험할 수 있어야 한다. 빨리 적용되면 참여의 동기부여가 커진다.

확대 재생산자, 조직과 시설을 목표로 말을 걸 수 있다.

확실한 목표 집단으로는 청소년 시설, 이웃 간의 만남의 장소, 노인 시설 등과 같은 지역의 조직들이 말 걸기에 적합하다. 그들은 요구에 대한 지식을 제공하며, 접촉이 용이하다. 한쪽으로부터 정보를 얻고, 사람들에게 도달하해서는 협력이 이루어질 수 없고, 각각 시설의 강화에도 기여하는 바가 있어야 한다. 이렇게 단체들에게 지원과 계속 교육을 제공할 수 있다. 경우에 따라서는 참여과정의 수행도 넘겨받을 수 있다.

사용하는 언어는 도달하고자 하는 목표 집단에 맞추어야 한다.

다양한 언어 구사로 다양한 집단에 말을 걸게 된다. 이는 독일어를 모국어로 사용하지 않는 집단에만 해당되는 것이 아니라, 다양한 연령대와 교육수준도 고려해야 한다. 언어장벽은 특정 목표집단의 참여를 방해한다.

- 홍보자료에는 목표 집단에 맞는 언어가 사용되어야 한다.
- 독일어가 모국어가 아닌 독일어 능력이 없는 사람들에게는 그들의 모국어로 이야기해야 한다. 통 · 번역 할 수 있다. 모국어로 된 정보는 참여하기를 원했던 사람들에게는 적절한 신호가 된다.
- 언어뿐만 아니라 표현방법도 적절해야 한다. 특정 소통형태를 제외시키는 효과가 있기도 한다. 이는, 사회복지 또는 가두 소년선도 계통의 일을 하는 사람들에게 뜻을 제대로 전달해주는데 도움이 될 수 있다.
- 목표는 항상 눈높이의 소통이어야 한다.

이주배경을 지닌 사람들과 일을 할 때는 문화적인 특수성을 고려해야만 한다.

이주배경을 지닌 사람들에게는 문화적, 종교적, 인종적인 정체성을 인정하는 것이 중요하다. 여기에는 다음과 같은 것들이 속한다.

- 종교적인 관행에 대한 존중, 즉 행사시 음식 준비와 사순절 등을 고려해야 한다.
- 여성과 남성을 분리해 대화한다.
- 자신의 문화적인 선입견에 대한 성찰
- 참여과정의 책임자들이 다문화적 능력을 갖추도록 훈련을 받는다.

사용하는 언어는 도달하고자 하는 목표 집단에 맞추어야 한다.

다양한 언어 구사로 다양한 집단에 말을 걸게 된다. 이는 독일어를 모국어로 사용하지 않는 집단에만 해당되는 것이 아니라, 다양한 연령대와 교육수준도 고려해야 한다. 언어장벽은 특정 목표 집단의 참여를 방해한다.

- 홍보자료에는 목표 집단에 맞는 언어가 사용되어야 한다.
- 독일어가 모국어가 아닌 독일어 능력이 없는 사람들에게는 그들의 모국어로 이야기해야 한다. 통 · 번역 할 수 있다. 모국어로 된 정보는 참여하기를 원했던 사람들에게는 적절한 신호가 된다.
- 언어뿐만 아니라 표현방법도 적절해야 한다. 특정 소통형태를 제외시키는 효과가 있기도 한다. 이는, 사회복지 또는 가두 소년선도 계통의 일을 하는 사람들에게 뜻을 제대로 전달해주는데 도움이 될 수 있다.
- 목표는 항상 눈높이의 소통이어야 한다.

이주배경을 지닌 사람들과 일을 할 때는 문화적인 특수성을 고려해야만 한다.

이주배경을 지닌 사람들에게는 문화적, 종교적, 인종적인 정체성을 인정하는 것이 중요하다. 여기에는 다음과 같은 것들이 속한다.

- 종교적인 관행에 대한 존중, 즉 행사시 음식 준비와 사순절 등을 고려해야 한다.
- 여성과 남성을 분리해 대화한다.
- 자신의 문화적인 선입견에 대한 성찰
- 참여과정의 책임자들이 다문화적 능력을 갖추도록 훈련을 받는다.

청소년들과의 대화는 특별한 기회인 동시에 도전이다.

어린이 및 청소년들의 참여에 대한 최근 정책적 논의에서는 2가지 서로 다른 형태의 주장이 있다: 결손지향적인 방법은 우선 어린이와 청소년들이 정책과 멀리 떨어져 있다는 데서 출발한다. 따라서 참여프로젝트로 젊은 세대들이 민주주의에 활기를 불어넣어야 한다는 것이다. 이에 반해 자원지향적인 방법은 어린이와 청소년들이 참여할 준비가 상당히 되어있다고 본다. 따라서 참여 프로젝트는 준비성을 끄집어내서 어린이와 청소년들이 그들의 관심사를 갖고 참여하는 것을 가능하게 할 수 있다는 것이다.

청소년들은 참여를 통해 일반적으로 참여과정에서 민주적인 운용방법을 배울 준비가 되어 있다. 그들은 참여과정에 건설적으로 편입하여, 특별히 갖고 있는 지역에 대한 훌륭한 지식과 창의성을 통해 중대한 기여할 수 있다. 그럼에도 불구하고 이를 위해서는 적절한 참여방법이 선택되고, 그에 합당한 기본여건이 창출되어야만 한다.

- 청소년과 관련이 있는 유연성 있는 대화
- 내용적으로 청소년들의 생활세계와 밀접하게 연결

- 참여에서 지역과 관련해 명료하고, 직접적인 효과를 낼 수 있어야만 함
- 실행에 옮기는 데 있어 직접적이고, 스스로 조직하는 협력 가능성이 있다는 것이 특히 매력적임 (행동의 연관성)
- 선입견 없는 접근과 눈높이에서의 의사소통

▼

참여를 통해 다루어야 하는 (사회)공간적 영역을 확정하세요.

▼

사회적 구조로부터 어떤 결론을 얻을 수 있는 지 고려하세요:
이주배경을 지닌 사람들이 있는가? 그들은 어떤 문화권에 속해 있는가?
연령별 구조는 어떠한가?

▼

참여절차를 활성화시키려고 하는 목표 집단을 확정하고,
어떤 목표 집단에 다가가 어떻게 말을 걸 수 있을지 생각하세요.

▼

목표 집단의 (문화적) 특수성에 대한 정보를 수집하세요.

▼

모든 중요한 주민 및 관심집단(여성, 남성, 부모, 청소년, 이주배경을 지닌 사람들 등)을 균형 있게 조화시켜 대화하도록 하세요.

▼

참여과정이 모든 주민집단이 참여할 수 있는 가능성을 제공하고 있는 지 검토하세요. 항상 경우에 따라 지원이 필요한 생각의 표현이 서툰 집단도 있다는 것에 주의를 기울이세요.

▼

도달하기 힘든 주민집단의 편입도 시도하세요.
이를 위해서는 지역의 단체나 시설에 부탁을 하세요.

▼

정보들이 모든 관계자들이 이해할 수 있도록 선정되었는 지 검토하세요.
이는 의사소통 도구의 선택, 언어, 표현방법과 관련이 있습니다.

▼

산발적으로 흩어져있는 집단들이 정보에 접근하는 데 어려움이 있는 지 검토하고, 경우에 따라서는 그 요인을 제거하세요.

목표 집단에 특화한 참여과정 방법을 선택하세요.

어떤 매체(깃발, TV 광고, 현수막, 직접적인 대화)를 통해 개개의 목표 집단에 가장 잘 도달할 수 있는 지 검토하세요.

5.2.9 정보와 홍보활동

홍보활동의 목적

홍보활동에 관한 정보는 성공적인 참여과정에 있어 하나의 중요한 구성 요소다. 포괄적이고 목표 지향적인 홍보활동만이 프로젝트의 목표를 바로 알리고, 그와 관련된 관심을 깨울 수 있다.

여기에 투명성은 시민단체, 행정과 정책 간의 신뢰의 기초가 된다. 투명성의 결여는 의심, 오해, 잘못된 추측을 하게 할 수 있다. 이는 시위를 유발하거나 분노를 일으킬 수 있다. 대중들 사이에서 계획에 대한 비판적인 토론이 이루어지지 않도록 하기 위해서는 개별적인 경우마다 정보제공을 유보시키는 것도 필요할 수 있다 – 그러나 이후 프로젝트를 저지하거나 힘들게 하는 반대나 항의에 부딪힐 위험이 있다.

투명성이 충분한 지, 또는 결여되었는 지는 주로 주관적으로 느끼는 것이다. 정보는 제공되었으나, 실제 인지되지 않을 수도 있다. 정보에 대한 관심은 항상 기본적으로 존재하는 것이 아니며, 종종 개인적인 관련성으로 인해 생기게 된다. 이런 갈등은 일찍이 참여의 역설로 묘사되었다. 특히 오랜 기간에 걸쳐 시행되는 계획들은 이에 의해 특별한 방법으로 위협을 받고 있다. 계획과 실행 사이의 기간에 지역의 소여성 또는 사람들의 인지가 달라질 수 있기 때문이다.

따라서 계획마다 모든 세밀한 부분까지 고려한 홍보활동이 지속적으로 동반되어야 한다. 이 때 정보는 다양한 매체를 통해 제공되어야 한다. 마찬가지로 시설들을 이용하여 정보를 확산시킬 수도 있다. 이렇게 함으로써 결정을 위한 수용과 행정에 대한 신뢰감을 높일 수 있다: 시민들은 정보를 제공받았다고 느끼고, 진지하게 받아들인다. 배경에 관한 정보는 간단하고, 이해하기 쉽게 모든 사람들에게 제공함으로써 절차와 목표에 대해 더 잘 이해할 수 있도록 한다.

대중들에게 정보를 제공할 책임은 해당 프로젝트의 조종을 담당하는 행정부서에 있다. 여기서는 소통이 이루어지고 있는 부서의 동의가 유의미하다. 경우에 따라서는 외부의 기업이나 사무실이 홍보활동을 위임받을 수도 있다.

홍보활동을 위한 컨셉의 수립

실제 홍보활동이 이루어지기 전에 컨셉이 수립되어야 한다: 소위 소통구조의 설계도로 하나의 일정표 안에 일목요연하게 홍보활동에 이용할 소통의 매체를 표시하는 것이다.

여기에서는 다음과 같은 관점들이 설명되어야 한다.

- **홍보활동의 목표 :** 프로젝트에 대한 1차 정보, 참가자들의 활성화, 규칙적 으로 반복되는 보고회 개최 또는 성과의 소개
- **정보제공 :** 언제, 얼마나 많은 정보를 제공할까? 이것은 더욱 선별되어야 하나?
- **매체선택 :** 선택할 수 있는 매체는 매우 다양하다 – 인터넷, 언론, 깃발, 현수막 또는 이메일 발송. 매체는 어떤 목표 집단에 도달하고자 하는 지에따라 효과를 고려하여 선택한다.

▼

홍보활동을 위한 컨셉을 작성하거나 이를 외부에 위임하세요.
- 홍보활동으로 도달하고자 하는 목표가 무엇인지 고려하세요.
- 누가, 언제, 어떤 정보를 가져야 하는 지 생각하세요.
- 적당한 매체를 선택하세요.

▼

어떻게 정보의 시사성을 보장할 수 있는 지에 대해 논의하세요.

▼

누가 홍보활동을 담당하고 있는 지를 분명히 하세요.

▼

언론과 대중과의 관계를 위해 정보를 다루는데 있어서의 규칙을 확실히 정하도록 하세요.

홍보활동의 실행에 있어서의 지적사항들

... 정보제공의 목표와 관련하여.
배경에 관한 정보를 잘 선별하여 제공해야만 절차를 잘 이해하여 일을 진행하기 수월하다. 이는 간결하고, 누구나 이해할 수 있어야 한다. 가장 중요한 모든 정보들을 제공하는 것은 과정을 조종하는 측의 책임이다.

일반 대중들도 절차의 진행과정과 성과에 대해 바로 정보를 제공받아야 한다. 이는 언론을 통해 이루어질 수 있다.

가장 먼저 참여과정에 대한 중요한 정보들을 제공해야 한다: 목표, 한계, 기본조건과 이해를 하는데 있어 중요한 다른 배경에 관한 정보들. 이런 정보들은 요약하여 이해하기 쉽게 작성되어야 한다.

주제에 관한 연구보고서, 인터넷 링크 또는 언론보도 등 정보의 출처를 밝히는 것, 전문가의 이름을 거론하는 것 또는 행사일정을 알리는 것도 도움이 된다.

... 활성화의 목표와 관련하여

참여에 대한 활성화는 절차의 시작 전에 일찍 이루어져야 한다. 그렇게 해야만 관련자들의 프로젝트에 대한 관심을 일깨울 수 있고 많은 참여를 달성할 수 있다. 여기에서는 어떻게 목표 집단에 다가가는 것이 최선인가를 결정하는 것이다.

▼

참여가 시작되기 전에 먼저 계획의 내용과 목표에 대한 정보를 선별하세요. 여기에는 프로젝트에 대한 이해에 바탕이 되는 배경에 대한 정보도 편입시키세요.

▼

인터넷, 깃발, 소책자, 정보제공을 위한 행사 등으로 일반 대중들이 정보에 쉽게 접근할 수 있도록 하세요. 이때에 가능한 모든 매체를 다양하게 활용하세요.

▼

참여과정에 대한 중요한 정보들을 모두 수집하세요:
어떤 제안이 언제 시행되는지? 어떤 현안들이 다루어지게 되는지?
지금까지는 어떤 성과가 있었는지?

▼

당신이 정한 목표 집단에 어떤 방법으로 접근하는 것이 가장 좋은 지를 생각하세요.

▼

일반 대중들에게는 어떤 내용의 정보를 언제 제공해야 하는 지에 대한 과정의 참여자들과 함께 결정하세요.

5.2.10 참여방안과 참여행사의 실시

조직적인 준비

예를 들어 행사의 형태로 구체적인 참여방안의 실행을 위해서는 다시 한 번 지금까지 서술한 취급 추천사항을 전제로 한 목표지향적인 준비를 하는 것이 필요하다. 여기에는 구체적인 목표, 현안 작성, 전체 구조적인 준비가 속한다.

▼

목표 확정:

- 행사를 함으로써 어떤 목표(해당되는 참여의 단계)를 달성하고자 하는 지를 확정하세요.
- 목표의 도움으로 정보, 의견표출, 공동결정 또는 자립적인 활동 간의 어떤 관계를 갖는 것이 알맞을 지에 대해 생각하세요.
- 가능한 한 분명한 한계를 설정한 현안을 작성하도록 하세요.

▼

일정 확정:

- 중요한 협력 파트너들과 행사가 가능한 일정에 대해 협정하세요.
- 목표 집단과 협력 파트너들이 가능한 한 많이 참석할 수 있는 날짜와 시간으로 일정을 잡으세요.

▼

공간의 확보와 준비:

- 예를 들어 관심집단의 대표자들에게 얼마나 참가할지 물어봐서 행사에 참가자 수를 추정하세요.
- 기대되는 참가자 수와 참여방법에 알맞은 공간을 물색하세요.
- 지역적으로 접근성이 좋은 공간을 찾도록 하세요.
- 장소를 물색하는 데 있어 협력 파트너들의 공간 또는 지역의 시설들도 편입시키세요.
- "특별한" 공간을 찾아보세요. 이런 때가 아니면 가볼 수 없는 곳이라면 행사에 대한 흥미를 더 갖게 해줄 것입니다.
- 가능하면 공간의 접근성이 좋아야 합니다. 접근하는 데 장애요소가 없는지 검토하세요.
- 행사장소를 잘 찾을 수 있도록 표지판이 되어있는 지에 대해서도 주의를 기울이세요.

▼

진행 계획과 프로그램 작성:

- 어떤 방법을 투입해야 할 지, 누구에 의해 어떤 정보의 입력을 하게 해야할 지를 결정하세요.
- 분명한 구조를 갖춘 행사에 대한 구체적인 진행계획을 수립하세요.
- 필요에 따라서는 행사가 제대로 진행되도록 전문적인 진행을 위임하도록 하세요.
- 가능하면 협력 파트너들도 편입시켜 행사의 진행을 도울 수 있는 구조를 조직하세요.
- 케이터링을 할 것인지, 어느 정도의 규모로 할 것인지 생각하세요 (행사가 걸리는 시간, 계절과 식사시간 등을 고려). 케이터링은 항상 행사의 가치평가를 하는 데 있어 중요하다는 것을 염두에 두세요.
- 어린이 돌보기나 숙박이 필요한 지 물어보고 이를 조직하세요.
- 어떤 추가적인 제공(예를 들어, 전시회, 담사, 프로젝트 상영)이 의미가 있는지 고려하세요. 이것이 행사의 요소가 되어야 하는지 또는 옵션으로 행사 전이나 후에 제공할 것인 지도 결정하세요.

- 반드시 필요한 정보 및 작업에 필요한 재료(의사일정, 소책자, 계획안 등)와 기술적인 장비(빔 프로젝터, 노트북, 카메라, 마이크 등)의 목록을 작성하고, 공간에 따라 그들의 이동과 기능성을 안전하게 확보하세요.

▼

초대와 홍보활동:
- 홍보활동에 필요한 정보들을 한데 모아 수집하고, 정보와 목표 집단의 활성화를 위한 자료를 만들거나 이를 위임하도록 하세요.
- 초대장과 정보를 담은 자료들을 확대 재생산자들과 지역의 시설에 배포하고, 행사의 홍보에 도움을 줄 것을 요청하세요.
- 경우에 따라서는 주제연설을 하거나 특별한 입장표명, 피드백 또는 질의자 등 특정 손님을 초대하세요.

여방안과 행사의 실시와 진행

하나의 참여방안 실시에 있어 중요한 성공요인 중의 하나는 훌륭한 준비와 더불어 성공적인 진행이다. 진행에 있어서의 과제는 모든 목표 집단을 절차에 공평하게 편입시키고, 모든 주장에 동등한 가치를 두고 토론하여 모두가 수용할 수 있는 성과를 끌어내는 것을 확보하는 것이다. 더 나아가 참여의 전 과정에 걸쳐 참여자가 어떤 취급여지가 있는 지를 알게 하는 것도 중요하다. 따라서 진행측은 토의 중에 미리 예측할 수 없는 (갈등)상황에 대해 다루고 이것이 첨예한 문제가 되지 않도록 할 수 있어야 한다. 이를 위해서는 중립적인 입장을 고수해야 한다. 이런 모든 요구조건들은 외부의 진행자가 가장 잘 충족시킬 수 있다. 행정 스스로 진행을 맡게 되면 역할에 대한 갈등에 절대적으로 주의를 기울여야 한다. 역할에 대한 갈등은 동시에 내용적인 지위를 차지하고 있을 때 생기며, 중립적으로 조정되어야만 한다.

모든 참여절차는 성공적인 실시를 위해 진행 규칙이 필요하다. 이는 조기에 내부적으로 조율이 되어야 하며, 절차의 시작 전에 확정하거나 또는 참여자들과 함께 결정해야 한다. 이렇게 해서 참여자들에게 정확한 과제가 만들어질 수 있으며, 참여자들과 구체적인 협약을 하게 해준다. 첫 번째 행사에서 이런 진행규칙이 소개되거나, 함께 결정하게 된다.

▼

모든 참석자들은 환영을 받는다.
경우에 따라서는 초대받지 않은 사람들도 유연성있게 편입되어야 한다.

▼

참여절차의 동기를 알려주고, 모든 중요한 과정의 참여자들을 소개하세요.

▼

전체적인 참여과정의 구조와 진행과정에 대해 설명하세요.

절차상에 있어 확정된 기본조건들을 알려주세요.

참여자들에게 어떻게 당신이 절차상 아이디어, 희망사항,
생각과 요구를 다룰 것인지 밝히세요.

시작할 때 참여자들에게 구체적인 기대가 무엇인지 질문하세요.

진행측은 일정과 진행규칙의 준수를 어떠한 경우에라도 보장해야만 합니다.

언제나 개방적으로 질문을 받을 것이며,
성과는 어떤 방법으로 보장되는 지를 분명히 하세요.

참여자들이 주제와 관련된 중요한 정보들을 얻을 수 있는 지를 밝히세요.

행사의 끝에 15분 내지 30분은 다음의 행동에 대해 구체적으로
얘기하는 시간으로 확보해 두세요.
여기에서는 다음과 같은 것들을 밝히세요.

- 미처 답하지 못한 질문에 대해서는 언제, 어떻게 더 다루게 될 것인지.
- 다음 모임은 언제 열릴 수 있는 지와 이를 위해 무엇을 준비해야 하는지.
- 누가, 어떤 과제를, 언제까지 계속 맡게 되는지.

행사가 기록되어 문서화되었는 지 확인하세요.

문서화된 기록물을 빠른 시일 내에 모든 참여자들과 과정상
중요한 파트너들에게 보내세요.

갈등다루기

참여는 교섭하여 타협을 이끌어내는 과정의 조직을 의미한다. 여기에서는 기존의 갈등들이 말로 불거져 나오거나 새로운 갈등이 나타나기도 한다. 목표는 이런 갈등을 피하려는 것이 아니라, 의견을 하나로 모으려는 목적으로 대회의 중재를 이끌어내려는 것이다. 따라서 이를 다루려면 모든 갈등이 표출될 수 있도록 해야 한다. 경우에 따라서는 의견의 표출을 주저하는 회원들이 말을 할 수 있는 방법을 찾아라.

갈등을 성공적으로 다루기 위한 가장 중요한 전제조건은 진행규정을 수립하고 이를 철저히 지키는 것이다. 도움이 되는 진행규정은 간단하고, 분명하며, 경험적이고, 지킬 수 있는 것이며, 모든 참여자들에게 동등하게 유효해야 한다.

계획에 대한 관심과 관련하여 일부 대표자들이 토의를 장악할 때가 있다. 이런 (아마도 특정한) 관심은 계획의 목적과 대립되어 대개 교섭과 타협의 과정을 힘들게 하는 결과를 초래한다. 목표지향적인 토의와 좋은 성과를 위해서는 다양한 관심사들 간의 균형을 창출하는 것이 중요하다.

집단은 일정한 틀 안에서 스스로를 조종할 수 있으며, 갈등을 결말지을 수 있는 능력을 소유하고 있다. 이를 허용하는 과정에 대한 통제를 포기하게 되지 않도록 민감하게 주의를 기울이도록 하세요. "평화를 깨는 사람들"과 개인적으로 대화하고, 그들의 관심사를 표명할 수 있는 기회를 허용하세요. 대응책으로 다른 쪽의 관심사의 수용과 진행규정의 고수를 강력히 요구하도록 하세요.

다양한 그룹들 간에 커다란 갈등이 있으면 우선 그 그룹들을 떼어놓는 것도 한 방법이다. 분리 작업을 통해 다른 집단을 수용하도록 시도할 수 있다. 여기서 여러분들은 경우에 따라 시종일관 방어하는 태도를 만날 수 있다.

참여 방안은 항상 계획한대로 진행되 지는 않는다. 모든 성과가 이미 계획의 단계에서 예견되고, 고려될 수는 없다. 따라서 절차의 진행과정은 항상 다시 숙고하고, 참여자에 대해 유연성 있게 대처해 나가는 것이 필요하다.

▼

어떤 (이용 상의) 갈등이 있는 지 관찰하고,
이를 어떻게 주제화시킬 지 숙고하세요.

▼

모든 집단들에게 그들의 쟁점을 부각시킬 여지를 제공하고,
이를 일정에 통합시키세요.

▼

반대의견을 표출할 다양한 기회를 만들고, 토의할 수 있도록 허용하세요.

▼

연설시간 등에 관한 진행규정을 협정하세요.

▼

연설시간을 제한할 모래시계 같은 진행규정에 적용할 보조도구를 찾으세요.

▼

토의를 구조적, 성과지향적으로 할 수 있도록 지원할 수 있는
방법을 선택하세요.

토의의 내용과 한계를 위한 기본조건을 확정하고,
이를 시종일관 지키도록 하세요.

▼

제안에서 어떤 결과가 생길 수 있는 지 밝히세요.
참여자들과 함께 이득과 손해에 대해 신중하게 검토하세요.

▼

참여집단에서 과반수를 확보하기 위해 목표로 결정에 있어서의
대안들을 줄이도록 하세요.

▼

아이디어의 선택 근거를 대고, 당신들의 결정이 실행에
옮겨질 수 있다는 것을 밝히세요.

▼

특별한 관심사로 인한 갈등이 있을 때는 참여 방안의 틀 안에서
의견의 일치를 이룰 가능성이 없으니, 추가적인 중재방법을 검토하도록 하세요.

5.2.11 성과의 보장

과정의 문서화

과정을 지속적으로 기록, 문서화하는 것은 다양한 이유에서 매우 중요한 과제다:

- 이는 대중이나 관심 있는 사람들(집단)에게 진행과정과 성과에 대한 정보를 제공하는 데 이용된다.
- 단계별로 기록한 문서는 앞으로 진행될 절차에서 이미 얻은 인식과 성과위에 구축할 수 있는 전제조건이 된다.
- 참여의 성과를 수행할 수 있게 한다.
- 참여과정의 평가에 있어 기초가 된다.

기록은 과정에 동반하여 조직되어야 한다. 중요한 행사와 일정은 직접 기록하거나 녹화하여야 한다. 이렇게 해야 진행 중에 정보를 잃어버리는 일이 없으며, 시시각각으로 과정을 따라잡을 수 있다. 이후 정보의 선별에도 종종 필요하게 된다. 여기에서는 언급된 목표에 따라 다양한 중점사항을 정할 수 있다.

일반 대중에게 정보를 제공하기 위해서는 진행과정과 성과를 요약해서 이해하기 쉽게 소개하는 것이 의미가 있다. 여기에서는 어떤 소통방법으로 기록물이 제공되는 지를 설명해야만 한다.

평가를 위해서는 우선 현안을 간결하게 표현해야만 한다. 예를 들어, 설정한 목표를 달성했는가? 관련 집단들은 만족했는가? 성과의 질은 어떠한가? 경우에 따라서 평가는 앞으로 있을 참여절차에 많은 도움이 된다는 중요한 인식을 제공하고, 누구나 접근할 수 있어야 한다.

방안이 외부의 기업이나 사무실에 위임되면 기록물은 계약 성과물의 한 부분이 될 수 있다. 여기에서는 어떤 목적으로, 어느 범위에서, 어떤 현안들에 대해 기록물을 만들어야 하는 지를 제때에 분명히 해야 한다.

▼

중요한 절차단계는 지속적으로 세심하고 실감나게 기록될 수 있도록 하세요.

▼

문서들이 어떤 목적에 기여할 지를 결정하세요
(대중에게 정보제공, 투명성, 평가).

▼

회의록과 문서들의 내용은 모든 참여자들과 함께 결정하세요.

▼

문서들을 어떻게 대중들이 접근할 수 있도록 할 것인 지를 결정하세요.

성과의 인정, 적용, 추가 처리

하나의 참여절차의 성공은 절차상의 성과를 인정하고, 적용시키고, 문서로 남기고, 이를 지속적으로 보존하게 될 때만 보장된다.

프로젝트가 시작될 때 성과를 어떻게 다룰 것인지에 대한 협약이 이루어져야 한다. 이 협약은 지금 적용되어야만 한다. 최상의 경우는 성과를 가능한 한 폭넓게 적용시키거나 원래의 프로젝트의 지속적인 추가 처리작업에 통합시키는 것이다.

이를 위해서는 성과물을 하나의 형태로 평가해야 하며, 그것이 앞으로의 진행과정에 적용되고 책임을 맡고 있는 담당자에게 전달될 수가 있다.

성과물은 고려될 수 없다면 그 이유를 투명하게 밝히는 것뿐만 아니라 참여자들이 이해할 수 있도록 활성적인 대화를 하여야 한다.

▼

성과물의 이용에 해당되는 협약을 준수할 수 있을 지 숙고하세요.

▼

성과를 앞으로의 진행되는 과정에 적용시킬 수 있도록 선별, 준비하세요.

성과를 책임 담당자에게 전달해 처리할 수 있도록 하세요.

왜 제안을 받아들일 수 없는 지와 무슨 일이 생길 지 분명히 하도록 하세요.

계획과 절차의 실행에 있어 계속적인 전개에 대한 정보를 제공하세요.

참여성과와 자기책임 구조의 지속적인 보장

많은 참여절차를 위해 성과물을 장기간 보장하는 것을 중요하다. 네트워크 구조를 구축해야 할 때 또는 주민들로 하여금 지역에 대한 정체성을 강화시키고자 할 때 등이 이런 경우다. 이는 도시건축 및 오픈 스페이스 영역에서 새로 조성된 것을 관리하고 지속적으로 유지하는 데 있어 매우 바람직하다.

이는 우선 관심이 있는 사람들과 참여자들의 성공적인 활성화와 장기적으로 책임감을 느끼게 하는 데 있어 그 기능을 한다. 이를 위한 전제조건들은 참여과정에 놓이게 되나, 적용을 넘어서 보장되어야만 한다. 이는 의사소통과 참여는 시공간과 참여절차를 넘어서 유지되어야만 한다는 것을 의미한다.

하나의 부지 또는 도시지역(洞)에 대한 책임을 인수받아야 하는 참여자들은 이 과제를 위해 강해져야만 한다. 상담교육과 계속교육에 대한 제안은 그들이 이 역할을 인수받는 것을 뒷받침해 줄 수 있다. 그들은 공간과 같은 하부구조적인 지원도 필요로 한다. 행정 내부에는 참여절차의 결과물에 대해 계속 책임을 느낄 대화파트너가 있어야 한다.

이런 참여에 거는 기대는 관심 있는 사람들과 참여자들에게 과도한 요구를 하지 않도록 현실적으로 항상 존재해야 한다. 여기서 중요한 것은 지자체와 명예직으로 봉사하는 사람들 사이의 긴밀한 협력이다. 한 사람을 다른 사람이 대신할 수 없다!

실행되고 있는 동안에도 참여 및 의사소통 제안을 할 수 있는 가능성이 있는 지 검토하세요.

성과를 보장할 수 있도록 도우려는 사람을 강하게 하고, 이 역할에 익숙해진 사람을 돕도록 하세요.

참여절차의 성과의 보장을 위해 계속 책임을 질 담당자를 지정하세요.

참고문헌목록

참고도서

Abgeordnetenhaus Berlin (Hrsg.) (2006): Lokale Agenda 21. Berlin zukunftsfähig gestalten. Berlin.
Download: http://www.stadtentwicklung.berlin.de/agenda21/de/service/download/agenda_21_web_2.pdf

AG Kiezforschung (Hrsg.) (2005): In den Straßen des Soldiner Kiezes. Studien über einen „gefährlichen" Stadtteil. Berlin: Verlag an der Spree. ISBN: 3-9809951-2-7.

Albers, G. (1993): Über den Wandel im Planungsverständnis. In: Raumplanung, Heft 61, S. 97-103.

Alisch, M. (Hrsg.) (2001): Stadtteilmanagement – Voraussetzungen und Chancen für die soziale Stadt. Opladen: Leske und Budrich. ISBN 3-8100-3217-4.

Arnstein, S. (1969): A Ladder of Citizen Participation. In: Journal of the American Institute of Planners, Heft 35, S. 216-224.
Download: http://www.informaworld.com/smpp/content~db=all~content=a787379321

Auswärtiges Amt der Bundesrepublik Deutschland (Hrsg.) (2007): Leipzig Charta zur nachhaltigen europäischen Stadt. O.O.
Download: http://www.dr-winkler.org/downloads/leipzigcharta.pdf

Becker, E.; Gualini, E.; Runkel, C.; Strachwitz, R. (Hrsg.) (2010): Stadtentwicklung, Zivilgesellschaft und bürgerschaftliches Engagement. Stuttgart: Lucius & Lucius. ISBN 978-3-8282-0502-4.

Beyme, K. von (Hrsg.) (1979): Die großen Regierungserklärungen der deutschen Bundeskanzler von Adenauer bis Schmidt. München/wien: Hanser Verlag. ISBN 3-446-12736-4.

Berlin 21 e.V. (Hrsg.) (2010): Partizipation und bürgerschaftliches Engagement. In: Berlin 21 – Magazin für ein zukunftsfähiges Berlin, Heft 1.
Download: http://prinzessinnengarten.net/wp-content/uploads/2010/03/B21_Infomagazin_1-10.pdf

Bertelsmann Stiftung (Hrsg.) (2004): Politische Partizipation in Deutschland. Gütersloh: Verlag Bertelsmann-Stiftung. ISBN 3-89204-787-1.

Bertelsmann Stiftung (Hrsg.) (2008): Mitwirkung (er)leben – Handbuch zur Durchführung von Beteiligungsprojekten mit Kindern und Jugendlichen. Gütersloh: Verlag Bertelsmann-Stiftung. ISBN 978-3-89204-987-6.

Bertelsmann Stiftung (Hrsg.) (2010): Politik beleben, Bürger beteiligen. Charakteristika neuer Beteiligungsmodelle. Gütersloh.
Download: http://www.b-b-e.de/fileadmin/inhalte/aktuelles/2010/06/nl11_buergerbeteiligung.pdf

Bertelsmann Stiftung (Hrsg.) (2010a): Leitfaden Online-Konsultation. Praxisempfehlungen für die Einbeziehung der Bürgerinnen und Bürger über das Internet. Gütersloh.
Download: http://www.bertelsmann-stiftung.de/cps/rde/xbcr/bst/xcms_bst_dms_31401_2.pdf

Bezirksamt Friedrichshain-Kreuzberg (2008): Kinderbeteiligung für eine gesunde Stadt – Dokumentation des Projektdurchgangs 2007/2008. Berlin.
Download: http://www.berlin.de/imperia/md/content/bafriedrichshain-kreuzberg/plan-undleitstelle/doku._kiez..pdf?start&ts=1264690772&file=doku._kiez.pdf

Bezirksamt Lichtenberg von Berlin (Hrsg.) (2010): Bürgerhaushalt Lichtenberg 2012. Wir rechnen mit Ihnen! Berlin.
Download: http://www.buergerhaushalt-lichtenberg.de/site/pictures/broschuere_bueha2012_de_29.03.10_internet_kleiner.pdf

Bezirksamt Marzahn-Hellersdorf zu Berlin (Hrsg.) (2008): Mehr Qualität durch Beteiligung. Stadtumbaustrategien in Marzahn-Hellersdorf. Dokumentation des Fachgesprächs vom 5. November 2008. Berlin.
Download: http://www.h6server.de/plattform/images/stories/fachgespraech_downloads/Doku_FGNov08_090312_Finaler%20Druck_web.pdf

Bibliographisches Institut & F.A. Brockhaus AG (Hrsg.) (2007): Duden Recht A-Z. Fachlexikon für Studium, Ausbildung und Beruf. Mannheim/Leipzig/Wien u.a.: Dudenverlag.
ISBN 978-3-411-72611-0.

Bischoff, A.; Selle, K.; Sinning, H. (1996): Informieren, Beteiligen, Kooperieren. Kommunikationsformen von A (wie Aktion) bis Z (wie Zukunftswerkstatt). In: Selle, K. (Hrsg.): Planung und Kommunikation. Wiesbaden/Berlin: Bauverlag. ISBN 3-7625-3216-8.

Bischoff, A.; Selle, K.; Sinning, H. (2005): Informieren – Beteiligen – Kooperieren. Kommunikation in Planungsprozessen. Eine Übersicht zu Formen, Verfahren, Methoden und Techniken. Dortmund: Dortmunter Vertrieb für Bau- und Planungsliteratur. ISBN 3-929797-92-5.

Blumenthal, J. von; Bröchler, S. (Hrsg.) (2006): Von Government zu Governance. Analyse zum Regieren im modernen Staat. Hamburg/Münster: LIT Verlag. ISBN 3-8258-9571-8.

BMFSFJ - Bundesministerium für Familie, Senioren, Frauen und Jugend (Hrsg.); TNS Infratest Sozialforschung (Bearb.) (2010): Hauptbericht des Freiwilligensurvey 2009 – Zivilgesellschaft, soziales Kapital und freiwilliges Engagement in Deutschland 1999 – 2004 – 2009. München.
Download: http://www.bmfsfj.de/BMFSFJ/Service/Publikationen/publikationen,did=165004.html

Bogumil, J. (Hrsg.) (2002): Kommunale Entscheidungsprozesse im Wandel. Theoretische und empirische Analysen. Opladen: Leske und Budrich. ISBN 3-8100-3425-8.

Bogumil, J.; Holtkamp, L.; Schwarz, G. (2003): Das Reformmodell Bürgerkommune: Leistungen – Grenzen – Perspektiven. Berlin: Edition Sigma. ISBN 3-89404-742-9.

Bogumil, J.; Jann, W. (2005): Verwaltung und Verwaltungswissenschaft in Deutschland. Einführung in die Verwaltungswissenschaft. Wiesbaden: VS Verlag für Sozialwissenschaften.
ISBN 3-531-14415-4.

Böhnke, P. (2011): Ungleiche Verteilung politischer und zivilgesellschaftlicher Partizipation. In: Aus Politik und Zeitgeschichte, Heft 1–2, S. 18–25.
Download: http://www.bpb.de/publikationen/3CEF73,0,Ungleiche_Verteilung_politischer_und_zivilgesellschaftlicher_Partizipation.html#footer

Boritt, G. (2006): The Gettysburg Gospel: The Lincoln Speech That Nobody Knows. New York: Simon und Schuster. ISBN 978-07432-8820-0.

Bundesinstitut für Bau-, Stadt- und Raumforschung; Forschungs- und Informationsgesellschaft für Fach- und Rechtsfragen der Raum- und Umweltplanung (Hrsg.) (2004): Kooperative Instrumente im Detail. O.O.
Download: http://www.3stadt2.de/doc/koopinstr-details.pdf

Bundesministerium für Verkehr, Bau und Stadtentwicklung; Bundesamt für Bauwesen und Raumordnung (Hrsg.) (2008): Zwischennutzungen und Nischen im Städtebau als Beitrag für eine nachhaltige Stadtentwicklung. Bonn: Bundesministerium für Verkehr, Bau und Stadtentwicklung. ISBN 978-3-87994-957-1.

Bundeskanzleramt Österreich; Bundesministerium für Land- und Forstwirtschaft, Umwelt- und Wasserwirtschaft (Hrsg.) (2009): Standards der Öffentlichkeitsbeteiligung. Empfehlungen für die gute Praxis. Wien.
Download: http://www.bka.gv.at/DocView.axd?CobId=40032

Bundesministerium des Innern (Hrsg.) (2008): Elektronische Bürgerbeteiligung in Deutschland. Aktuelle Projekte und Aktivitäten. Berlin.
Download: http://www.cio.bund.de/SharedDocs/Publikationen/DE/CeBIT/elektronische_Buergerbeteiligung_download.pdf?__blob=publicationFile

Bundesministerium für Verkehr, Bau und Stadtentwicklung; Bundesamt für Bauwesen und Raumordnung (Hrsg.) (2009): Bürgermitwirkung im Stadtumbau. Bonn: Bundesamt für Bauwesen und Raumordnung. ISBN 3-87994-472-5.

Bundesministerium für Verkehr, Bau und Stadtentwicklung (Hrsg.) (2010): Stadtquartiere für Jung und Alt – Bilanz zum ExWoSt-Forschungsfeld „Innovation für familien- und altengerechte Stadtquartiere“. Bonn: Bundesinstitut für Bau-, Stadt- und Raumforschung. ISBN 978-3-87994-049-3.

Bundesministerium für Verkehr, Bau und Stadtentwicklung; Bundesamt für Bauwesen und Raumordnung (Hrsg.) (2010a): Miteinander Stadt entwickeln. Stadtentwicklung, Zivilgesellschaft und bürgerschaftliches Engagement. Bonn: Selbstverlag.
Download: http://d-nb.info/1009687425/34

Buse, M. J.; Nelles, W. (1975): Formen und Bedingungen der Partizipation im politisch/administrativen Bereich. In: Alemann, U. von (Hrsg.): Partizipation, Demokratisierung, Mitbestimmung. Opladen: Westdeutscher Verlag, S.41. ISBN 3-531-21265-6.

Crouch, C. (2009): Postdemokratie. Bonn: Bundeszentrale für politische Bildung. Schriftenreihe Band 745. Bestellnummer: 1745.

Deutsches Institut für Urbanistik (Hrsg.) (2002): Soziale Stadt, Info 7: Aktivierung und Beteiligung. Berlin.
Download: http://www.sozialestadt.de/veroeffentlichungen/newsletter/aktivierung-und-beteiligung.shtml

Deutsches Institut für Urbanistik (Hrsg.) (2003): Soziale Stadt, Info 14 : Aktivierung und Beteiligung. Ein Blick in sieben europäische Länder. Berlin.
Download: http://www.sozialestadt.de/veroeffentlichungen/newsletter/

Deutsches Institut für Urbanistik (Hrsg.) (2006): Brennpunkt Stadt. Lebens- und Wirtschaftsraum, gebaute Umwelt, politische Einheit. Berlin: Deutsches Institut für Urbanistik. ISBN 978-3-88118-426-7.

Deutsches Institut für Urbanistik (Hrsg.) (2006a): Dritte bundesweite Befragung in den Programmgebieten „Soziale Stadt". Zentrale Ergebnisse und Empfehlungen. Im Auftrag des Bundesministeriums für Verkehr, Bau und Stadtentwicklung. Berlin.
Download: http://www.sozialestadt.de/veroeffent lichungen/arbeitspapiere/band12/

Deutsches Institut für Urbanistik (Hrsg.) (2007): Evaluierung der Partizipation im Rahmen der Berliner Quartiersverfahren. Gutachten unter besonderer Berücksichtigung der Aktivierung von Berlinerinnen und Berlinern mit migrantischer Herkunft. Berlin.
Download: http://www.stadtentwicklung.berlin.de/wohnen/quartiersmanagement/de/evaluation/download/bericht_evaluierung_partizipation.pdf

Deutsches Institut für Urbanistik (Hrsg.) (2009): ServiceStadt Berlin 2016. Anforderungen an die zukünftige Ausgestaltung der Leistungs- und Serviceangebote im Land Berlin unter sich verändernden Rahmenbedingungen. Berlin: Deutsches Institut für Urbanistik. ISBN 978-3-88118-469-4.

Deutsches Kinderhilfswerk (Hrsg.) (o.J.): Was ist Partizipation? Definitionen – Systematisierungen. O.O.
Download: http://www.kinderpolitik.de/beteili gungsbausteine/pdf/a/Baustein_A_1_1.pdf

Dienel, P. C. (Hrsg.) (2005): Die Befreiung der Politik. Wiesbaden: VS Verlag für Sozialwissenschaften. ISBN 3-531-14545-2.

Embacher, S. (2010): Demokratische Beteiligungsprozesse initiieren, solidarisches Denken und Handeln fördern. Neue Strategien für Parteien und Gewerkschaften. Expertise. Bonn: Abteilung Wirtschafts- und Sozialpolitik der Friedrich-Ebert-Stiftung. ISBN 978-3-86872-519-3.
Download: http://library.fes.de/pdf-files/wiso/07652.pdf

Enquete-Kommission „Zukunft des Bürgerschaftlichen Engagements", Deutscher Bundestag (Hrsg.) (2002): Bericht bürgerschaftliches Engagement: auf dem Weg in eine zukunftsfähige Bürgergesellschaft. Opladen: Leske und Budrich. ISBN 3-8100-3660-9.
Download: http://dipbt.bundestag.de/doc/btd/14/089/1408900.pdf

Färber, C. (2009): Bürgerinnenhaushalt und Gender Budgeting verbinden. In: Vorwerk, V. (Hrsg.): „Bürgerhaushalt und Gender Budgeting – (wie) geht das zusammen?" Dokumentation zum Symposium im Kölner Gürzenich am 05.06.2009. Köln, S. 47–53.
Download: http://www.buergerwissen.de/pdf/2009-gender-bhh-bericht-druck.pdf

Fassbinder, H. (1997): Stadtforum Berlin: Einübung in kooperative Planung. Dortmund: Dortmunder Vertrieb für Bau- und Planungsliteratur. ISBN 3-9804592-5-x.

Fürst, D.; Lahner, M.; Zimmermann, K. (2004): Neue Ansätze integrierter Stadtteilentwicklung: Placemaking und Local Governance. Erkner: Institut für Regionalentwicklung und Strukturplanung. ISBN 3-934669-03-4.

Geißel, B. (2008): Wozu Demokratisierung der Demokratie? – Kriterien zur Bewertung partizipativer Arrangements. In: Vettel, A. (Hrsg.): Erfolgsbedingungen lokaler Bürgerbeteiligung. Wiesbaden: VS Verlag für Sozialwissenschaften, S. 29–48. ISBN 978-3-531-15728-3.

Göll, E.; Nolting, K.; Rist, C. (2004): Projekte für ein zukunftsfähiges Berlin. Lokale Agenda 21 in der Praxis. Baden-Baden: Nomos-Verlag. ISBN 3-8329-0590-1.

Grauhan, R.-R. (Hrsg.) (1972): Großstadt-Politik. Texte zur Analyse und Kritik lokaler Demokratie. Gütersloh: Bertelsmann-Fachverlag. ISBN 3-570-08638-0.

Haury, S.; Willinger, S. (2010): Von der Beteiligung zum Selbermachen: Jugendliche als Akteure der Stadtentwicklung. Das ExWoSt-Forschungsfeld „Jugendliche im Stadtquartier". In: Newsletter Wegweiser Bürgergesellschaft, Nr. 23. Download: http://www.buergergesellschaft.de/fileadmin/pdf/gastbeitrag_haury_willinger_101126.pdf

Haus, M. (Hrsg.) (2002): Bürgergesellschaft, soziales Kapital und lokale Politik. Theoretische Analysen und empirische Befunde. Opladen: Leske und Budrich. ISBN 3-8100-3424-x.

Haus, M.; Heinelt, H.; Egner, B.; König, C. (2005): Partizipation und Führung in der lokalen Politik. Baden Baden: Nomos. ISBN 3-8329-1630-x.

Häußermann, H.; Kapphan, A. (2000): Berlin: Von der geteilten zur gespaltenen Stadt? Sozialräumlicher Wandel seit 1990. Opladen: Leske und Budrich. ISBN 3-8100-2754-5.

Häußermann, H.; Läpple, D.; Siebel, W. (2008): Stadtpolitik. Frankfurt am Main: Suhrkamp. ISBN 978-3-518-12512-0.

Heinelt, H.; Vetter, A. (Hrsg.) (2008): Lokale Politikforschung heute. Wiesbaden: VS Verlag für Sozialwissenschaften. ISBN 978-3-531-15803-7.

Herriger, N. (2009): Grundlagentext Empowerment. O.O. Download: http://www.empowerment.de/grundlagentext.html

Hermann, H. (1998): Institutionalisierte Öffentlichkeit, Bewohnerbeteiligung oder Alibi? Die Funktion von initiierten Stadtteilforen. In: Alisch, M. (Hrsg.): Stadtteilmanagement. Voraussetzungen und Chancen für die soziale Stadt. Opladen: Leske und Budrich, S. 171–192. ISBN 3-8100-1973-9.

Herzberg, C.; Röcke, A.; Sintomer, Y. (2005): Von Porto Alegre nach Europa. Möglichkeiten und Grenzen des Bürgerhaushalts. O.O. Download: http://www.buergerhaushalt-europa.de/documents/Artikel_von_Porto_Alegre_nach_Potsdam21.pdf

Holtkamp, L.; Bogumil, J.; Kißler, L. (2006): Kooperative Demokratie. Das politische Potenzial von Bürgerengagement. Frankfurt am Main/New York: Campus. ISBN 978-3-593-38013-1.

Institut für Informationsmanagement Bremen GmbH (Hrsg.) (2008): E-Partizipation – Elektronische Beteiligung von Bevölkerung und Wirtschaft am E-Government. O.O. Download: http://www.zuwanderung.de/cae/servlet/contentblob/574668/publicationFile/32662/studie_e_partizipation.pdf

Jansen, A. (2010): Die verfassungsrechtliche Bedeutung des Volkswillens für die Legitimation der Staatsgewalt. Ein Beitrag zur Auslegung des Art. 20 Abs 2 GG. In: Die öffentliche Verwaltung – DÖV, Heft 23, S. 949-960.

Jörke, D. (2011): Bürgerbeteiligung in der Postdemokratie. In: Aus Politik und Zeitgeschichte, Heft 1–2, S. 13–18. Download: http://www.bpb.de/publikationen/P2BRD2,0,B%FCrgerbeteiligung_in_der_Postdemokratie.html

Kaase, M. (1991): Stichwort Partizipation. In: Nohlen, D. (Hrsg.): Wörterbuch Staat und Politik. München/Zürich: Piper. ISBN 3-492-11179-3.

Kast, A. (2006): Gesellschaftliche Teilhabe sichern. Partizipation von Migrantinnen und Migranten in der „Sozialen Stadt". Berlin: Friedrich Ebert Stiftung.
Download: http://library.fes.de/pdf-files/bueros/berlin/50202.pdf

Kast, A. (2008): Überfordert oder übersehen? Partizipation und Engagement von MigrantInnen im Quartier. In: Newsletter Wegweiser Bürgergesellschaft, Nr. 17.
Download: http://www.buergergesellschaft.de/fileadmin/pdf/gastbeitrag_kast_080829.pdf

Kersting, N. (Hrsg.) (2008): Politische Beteiligung: Einführung in dialogorientierte Instrumente politischer und gesellschaftlicher Partizipation. Wiesbaden: VS Verlag für Sozialwissenschaften. ISBN 978-3-531-16158-7.

Klages, H. (2007): Beteiligungsverfahren und Beteiligungserfahrungen. Bonn: Friedrich Ebert Stiftung.
Download: http://library.fes.de/pdf-files/kug/0501 4.pdf

Klages, H. (Hrsg.) (2008): Das Bürgerpanel – Ein Weg zu breiter Bürgerbeteiligung: Abschlussbericht zum Projekt „Realisationsbedingungen lokaler Bürgerpanels als Instrument und Motor der Bürgerbeteiligung". Speyer: Deutsches Forschungsinstitut für Öffentliche Verwaltung. ISBN 978-3-932112-93-5.

Kornelius, B. (2009): Ergebnisse einer repräsentativen Befragung in Deutschland. In: Bertelsmann Stiftung (Hrsg.): Demokratie und Integration in Deutschland – Politische Führung und Partizipation aus Sicht von Menschen mit und ohne Migrationshintergrund. Gütersloh: Verlag Bertelsmann-Stiftung, S. 11–130. ISBN 978-3-86793-041-3.

Landesanstalt für Umwelt, Messungen und Naturschutz Baden-Württemberg (Hrsg.) (2006): Formen der Bürgerbeteiligung für eine nachhaltige Stadt- und Gemeindeentwicklung. O.O.
Download: http://www.lubw.baden-wuerttemberg.de/servlet/is/41807/buergerbeteiligung.pdf?command=downloadContent&filename=buergerbeteiligung.pdf

Lüttringhausen, M. (2000): Stadtentwicklung und Partizipation. Fallstudien aus Essen Katernberg und der Dresdner Äußeren Neustadt. Bonn: Stiftung Mitarbeit. ISBN 3-928053-70-1.

Märker, O.; Wehner, J. (2005): Elektronische Formen der Bürgerbeteiligung. Vom „informativen Grundrauschen" zu interaktiven Diskursangeboten – illustriert am Beispiel der Bauleitplanung. In: Hill, H. (Hrsg.): Kommunale Selbstverwaltung – Zukunfts- oder Auslaufmodell? Beiträge der 72. Staatswissenschaftlichen Fortbildungstagung vom 24. bis 26. März 2004 an der Deutschen Hochschule für Verwaltungswissenschaften Speyer. Berlin: Duncker und Humblot, S. 131–142. ISBN 3-428-11943-6.

Märker, O.; Röder, S. (2007): Anhang 2: Evaluation des Online-Moduls www.buergerhaushalt-lichtenberg.de. In: Klages, H.; Daramus, C. (Hrsg.): Bürgerhaushalt Berlin-Lichtenberg: Partizipative Haushaltsplanaufstellung, -entscheidung und -kontrolle im Bezirk Lichtenberg von Berlin. Begleitende Evaluation des ersten Durchlaufs. Speyer: Deutsches Forschungsinstitut für Öffentliche Verwaltung, S. 207–273. ISBN 978-3-932112-87-4.

Mitscherlich, A. (1965): Die Unwirtlichkeit unserer Städte. Thesen zur Stadt der Zukunft. Frankfurt am Main: Suhrkamp. ISBN 9783518420461.

Mouffe, Ch. (2011): „Postdemokratie" und die zunehmende Entpolitisierung. In: Aus Politik und Zeitgeschichte, Heft 1–2, S. 3–4.
Download: http://www.bpb.de/publikationen/24Z5TG,0,Postdemokratie_und_die_zunehmende_Entpolitisierung_Essay.html

Neuer-Miebach, T.; Blanc, M. (2005): Überforderte Programme für überforderte Nachbarschaften. Reflexion über den Partizipationsgehalt der Politique de la Ville und des Bund-Länder-Programms „Soziale Stadt". In: Arbeitskreis Stadterneuerung an deutschsprachigen Hochschulen; Institut für Stadt- und Regionalplanung (Hrsg.): Jahrbuch Stadterneuerung 2004/05. Berlin: Universitätsverlag der TU, S. 311–328.
ISBN 978-3798319585.

Nolte, P. (2011): Von der repräsentativen zur multiplen Demokratie. In: Aus Politik und Zeitgeschichte, Heft 1–2, S. 5–12.
Download: http://www.bpb.de/publikationen/LP9CG8,0,Von_der_repr%E4sentativen_zur_multiplen_Demokratie.html

Österreichische Gesellschaft für Umwelt und Technik; Bundesministerium für Land- und Forstwirtschaft, Umwelt- und Wasserwirtschaft (Hrsg.) (2003): Checklisten für Rahmenbedingungen und Qualitätskriterien partizipativer Verfahren im öffentlichen Bereich. Wien.
Download: http://www.oegut.at/downloads/pdf/p_arbeitsblatt1.pdf

Österreichische Gesellschaft für Umwelt und Technik; Bundesministerium für Land- und Forstwirtschaft, Umwelt- und Wasserwirtschaft (Hrsg.) (2004): Grenzen, Stolpersteine und Instrumentalisierung von Öffentlichkeitsbeteiligung. Wien.
Download: http://www.oegut.at/downloads/pdf/p_arbeitsblatt3.pdf

Österreichische Gesellschaft für Umwelt und Technik; Bundesministerium für Land- und Forstwirtschaft, Umwelt- und Wasserwirtschaft (Hrsg.) (2004): Der Nutzen Öffentlichkeitsbeteiligung aus der Sicht der AkteurInnengruppen. In: Arbeitsblätter zur Partizipation, Nr. 2. Wien.
Download: http://www.partizipation.at/fileadmin/media_data/Downloads/arbeitsblaetter/AB_2neu_franklin_v3_end.pdf

Österreichische Gesellschaft für Umwelt und Technik; Bundesministerium für Land- und Forstwirtschaft, Umwelt und Wasserwirtschaft (Hrsg.) (2005):
Das Handbuch Öffentlichkeitsbeteiligung. Die Zukunft gemeinsam gestalten. Wien.
Download: http://www.graz.at/cms/dokumente/10030916_422020/b60e8b12/Handbuch%20Oeffentlichkeitsbeteiligung.pdf

Paust, A. (2005): Arbeitshilfe Bürgerbegehren und Bürgerentscheid. Ein Praxisleitfaden. Bonn: Stiftung Mitarbeit. ISBN 3-928053-74-4.
Download: http://www.buergerbegehren.de/leitfaden/index.html

Penta, L. (Hrsg.) (2007): Community Organizing. Menschen verändern ihre Stadt. Hamburg: Edition Körber-Stiftung. ISBN 978-3-89684-066-0.

Putnam, R. D. (1993): Making Democracy Work. Civic Traditions in Modern Italy. New Jersey: Princeton University Press. ISBN 978-0691037387.

Regiestelle E&C der Stiftung SPI (Hrsg.) (o.J.): Gewusst wie – Bürgerbeteiligung im Stadtteil. Ein Handbuch für (Groß)Gruppenmethoden. Berlin.
Download: http://www.eundc.de/pdf/09500.pdf

Reinert, A. (2003): Bürger(innen)beteiligung als Teil der lokalen Demokratie. In: Ley, A; Weitz, L. (Hrsg.): Praxis Bürgerbeteiligung. Ein Methodenhandbuch. Bonn: Stiftung Mitarbeit.
ISBN 3-928053-84-1.

Roth, R. (1999): Lokale Demokratie „von unten". In: Roth, R.; Wollmann, H. (Hrsg.): Kommunalpolitik. Politisches Handeln in den Gemeinden. Opladen: Leske und Budrich, S. 2–23.
ISBN 3-8100-2210-1.

Runkel, P. (Hrsg.) (2010): Baugesetzbuch. 11. aktualisierte und überarbeitete Auflage. Köln: Bundesanzeiger-Verlag. ISBN 978-3-89817-766-5.

Scherb, A. (2008): Der Bürger in der streitbaren Demokratie. Über die normativen Grundlagen politischer Bildung. Wiesbaden: VS Verlag für Sozialwissenschaften. ISBN 978-3-531-16074-0.

Schmidt-Eichstaedt, G. (1998): Städtebaurecht. Einführung und Handbuch mit allen Neuerungen des Bau- und Raumordnungsgesetzes 1998. Stuttgart/Berlin/Köln: Kohlhammer.
ISBN 3-17-015341-2.

Schröder, C. (2010): Akteure der Stadtteilentwicklung. Wie Verwaltung, Politik und Bürgerschaft Beteiligung definieren. München: Oekom.
ISBN 978-3-86581-139-4.

Selle, K. (Hrsg.) (1996): Planung und Kommunikation. Gestaltung von Planungsprozessen in Quartier, Stadt und Landschaft. Grundlagen, Methoden, Praxiserfahrungen. Wiesbaden/Berlin: Bauverlag.
ISBN 3-7625-3216-8.

Selle, K. (2007): Stadtentwicklung und Bürgerbeteiligung – Auf dem Weg zu einer kommunikativen Planungskultur? Alltägliche Probleme, neue Herausforderungen. In: Informationen zur Raumentwicklung, Heft 1, S. 63–71.
Download: http://www.bbr.bund.de/nn_23470/BBSR/DE/Veroeffentlichungen/IzR/2007/Heft01-Buergermitwirkung.html

Senatskanzlei Berlin (Hrsg.) (1995): Verfassung von Berlin vom 23. November 1995, zuletzt geändert durch das zehnte Gesetz zur Änderung der Verfassung von Berlin vom 17. Dezember 2009.
Download: http://www.berlin.de/rbmskzl/verfassung/

Senatsverwaltung für Inneres Berlin (Hrsg.) (2002): E-Government im Land Berlin. Ziele, Strategie und Handlungsfelder einer interaktiven Verwaltung. Berlin.
Download: http://www.berlin.de/imperia/md/content/seninn/itk/masterplan1.pdf?start&ts=1291218709&file=masterplan1.pdf

Senatsverwaltung für Inneres und Sport Berlin (Hrsg.) (2007). Projektmanagementhandbuch – Der Leitfaden für Projekte in der Berliner Verwaltung. Berlin.
Download: http://www.berlin.de/sen/inneres/zentraler_service/projekthandbuch.html

Senatsverwaltung für Inneres und Sport Berlin (Hrsg.) (2010): Online-Angebote der Berliner Verwaltung. Berlin.
Download: http://www.berlin.de/imperia/md/content/verwaltungsmodernisierung/100305_aktualisierte_liste_online_angebote_im_land_berlin_version_1.1.pdf?start;ts=1286271687;file=100305_aktualisierte_liste_online_angebote_im_land_berlin_version_1.1.pdf

Senatsverwaltung für Schule, Jugend und Sport Berlin (Hrsg.) (1999): Leitlinien für eine kinder- und jugendfreundliche Stadt. Berlin.
Download: http://www.berlin.de/imperia/md/content/sen-jugend/jugendpolitik/leitlinien_kinderfreundliche_stadt_1999.pdf

Senatsverwaltung für Stadtentwicklung Berlin (Hrsg.) (2004): Der Quartiersfonds. Ein Berliner Modell der Bürgerbeteiligung. Berlin.
Download: http://www.stadtentwicklung.berlin.de/wohnen/quartiersmanagementidownload/OM_quartiersfonds.pdf

Senatsverwaltung für Stadtentwicklung Berlin (Hrsg.) (2006): Rahmen-Geschäftsordnung für Quartiersbeiräte in Gebieten der Sozialen Stadt Berlin (SenStadt Referat IV B, 22. Februar 2006 mit verschiedenen Überarbeitungen).
Download: http://www.quartiersmanagement-berlin.de/Quartiersraete-in-Berlin.3498.0.html

Senatsverwaltung für Stadtentwicklung Berlin (Hrsg.) (2007): Urban Pioneers. Berlin. Stadtentwicklung durch Zwischennutzung. Berlin: Jovis.
ISBN 978-3-939633-28-0.

Senatsverwaltung für Stadtentwicklung Berlin (Hrsg.) (2008): Rahmenstrategie Soziale Stadtentwicklung – auf dem Weg zu einer integrierten Stadt(teil)entwicklung in Berlin. Ergebnisbericht März 2008. Berlin.
Download: http://www.stadtentwicklung.berlin.de/soziale_stadt/rahmenstrategie/download/ergebnisbericht_sozstadteilentw_2008.pdf

Senatsverwaltung für Stadtentwicklung Berlin (Hrsg.) (2009): Bericht zur Lokalen Agenda 21. Berlin.
Download: http://www.stadtentwicklung.berlin.de/agenda21/

Senatsverwaltung für Stadtentwicklung Berlin (Hrsg.) (2009a): Handbuch zur Sozialraumorientierung. Grundlage der integrierten Stadt(teil)entwicklung Berlin. Berlin.
Download: http://www.stadtentwicklung.berlin.de/soziale_stadt/rahmenstrategie/download/SFS_Handbuch_RZ_screen.pdf

Senatsverwaltung für Stadtentwicklung Berlin (Hrsg.) (2009b): Ergebnisbericht 2009. Teil C: Grundlagen und Erfahrungen bei der Umsetzung der Sozialraumorientierung im Stadtteil. Berlin.
Download: http://www.stadtentwicklung.berlin.de/soziale_stadt/rahmenstrategie/download/TeilC_Ergebnisbericht_RSSE09.pdf

Senatsverwaltung für Stadtentwicklung Berlin (Hrsg.); Gesine Schulze (Bearb.) (2010): Die Quartiersräte im Quartiersmanagementverfahren – Hand out zum 3. Quartiersrätekongress am 20. März 2010. Berlin.
Download: http://www.stadtentwicklung.berlin.de/wohnen/quartiersmanagement/de/download.shtml

Senatsverwaltung für Wirtschaft, Arbeit und Frauen Berlin (Hrsg.) (2006): Hinweise zu Gender Budgeting in der Berliner Verwaltung. Berlin.
Download: http://www.berlin.de/imperia/md/content/senatsverwaltungen/senwaf/gm/gender_budgeting_01_60_v2mercedesdruck_inhalt_endversion.pdf?start&ts=1244898973&file=gender_budgeting_01_60_v2mercedesdruck_inhalt_endversion.pdf

Senatsverwaltung für Gesundheit, Soziales und Verbraucherschutz Berlin (Hrsg.) (2004): Freiwilligensurvey 2004. Ergebnisse und Trends für Berlin. Berlin.
Download: http://www.berlin.de/imperia/md/content/beeportdownload/pdf/ehrenamt2004infratest.pdf

Senatsverwaltung für Wirtschaft, Technologie und Frauen (o.J.): Das gleichstellungspolitische Rahmenprogramm (GPR) 2008–2011. - Strategien für ein geschlechtergerechtes Berlin.
Download: https://www.berlin.de/imperia/md/content/sen-frauen/gpr.pdf

Siebel, W.; Ibert, O.; Mayer, H.-N. (1999): Projektorientierte Planung – ein neues Paradigma? In: Informationen zur Raumentwicklung, Heft 3/4, S. 163–172.
Download: http://www.baufachinformation.de/zeitschriftenartikel.jsp?z=1999129005195

Sinnig, H. (2008): Integrierte Stadtentwicklung in Europa. Herausforderungen, Strategien und Perspektiven. In: Raumplanung, Heft 140, S.193–198.
Download: http://www.ifr-ev.de/index.php?id=612

Sintomer, Y.; Herzberg, C.; Röcke, A. (2010): Der Bürgerhaushalt in Europa – eine realistische Utopie? Zwischen partizipativer Demokratie, Verwaltungsmodernisierung und sozialer Gerechtigkeit. Wiesbaden: VS Verlag für Sozialwissenschaften. ISBN 978-3-531-17083-1.

Storl, K. (2009): Bürgerbeteiligung in kommunalen Zusammenhängen. Ausgewählte Instrumente und deren Wirkung im Land Brandenburg. Potsdam: Universitätsverlag. ISBN 978-3-86956-016-8.

Stratmann, E.-M. (2000): In eigener Verantwortung. Quartiersbudgets in den Niederlanden. Ein Vorbild für die Entwicklung deutscher Stadtteile? In: Arbeitskreis Stadterneuerung an deutschsprachigen Hochschulen; Institut für Stadt- und Regionalplanung (Hrsg.): Jahrbuch Stadterneuerung 2000. Berlin: Universitätsverlag der TU, S. 71–90. ISBN 3-7983-1849-2.

Vetter, A. (Hrsg.) (2008): Erfolgsbedingungen lokaler Bürgerbeteiligung. Wiesbaden: VS Verlag für Sozialwissenschaften. ISBN 978-3-531-15728-3.

Vorwerk, V. (2009): „Bürgerhaushalt und Gender Budgeting. In: Vorwerk, V. (Hrsg.): Bürgerhaushalt und Gender Budgeting – (wie) geht das zusammen?" Dokumentation zum Symposium im Kölner Gürzenich am 05.06.2009. Köln, S. 13–28.
Download: http://www.buergerwissen.de/pdf/2009-gender-bhh-bericht-druck.pdf

Walther, U.-J. (Hrsg.) (2002): Soziale Stadt – Zwischenbilanzen. Ein Programm auf dem Weg zur sozialen Stadt. Opladen: Leske und Budrich. ISBN 3-8100-3592-0.

Wendland, A. (2002): Mitbestimmung oder Beteiligung im Laufstall? Zur Diskussion um Partizipation in der sozialen Stadtteilentwicklung. Bielefeld: Kleine. ISBN 978-3-89370-366-1

Wesselmann, C. (2002): Internet und Partizipation in Kommunen. Strategien des optimalen Kommunikations-Mix. Wiesbaden: Deutscher Universitäts-Verlag. ISBN 3-8244-4490-9.

Wollmann, H.; Roth, R. (Hrsg.) (1999): Kommunalpolitik. Politisches Handeln in den Gemeinden. Opladen: Leske und Budrich. ISBN 3-8100-2210-1.

Zebralog (Hrsg.) (2007): Dialog zur Erweiterung der Gedenkstätte Berliner Mauer. Arbeitsbericht. Stand 07.06.2007. Berlin.
Download: http://www.berlin.de/mauerdialog/site/pictures/arbeitsbericht_mauerdialog.pdf

인터넷 자료

Bezirksamt Charlottenburg-Wilmersdorf von Berlin: Blitzumfrage zu unseren Internetseiten. O.O.
URL: http://www.berlin.de/ba-charlottenburg-wilmersdorf/org/umwelt/umwelt/webfeedback.php (12.02.2011).

Bundesministerium für Familie, Senioren, Frauen und Jugend (2010): Gender Mainstreaming. O.O.
URL: http://www.gender-mainstreaming.net (05.11.2010).

Bundeszentrale für politische Bildung (2010): Methodenkoffer. O.O.
URL: http://www.bpb.de/methodik/5JRHMH,0,0,Methodendatenbank.html (08.02.2011).

Deutsches Kinderhilfswerk e.V. (2011): Kinderfreundliche Stadtgestaltung.
URL: http://www.kinderfreundliche-stadtgestaltung.de (27.01.2011).

e-demokratie.org (2010): E-Demokratie. Beiträge zur elektronischen Demokratie und Partizipation. O.O.
URL: http://www.e-demokratie.org/ (08.02.2011).

e-konsultation.de (2010): Mitreden über das Internet. O.O.
URL: http://www.e-konsultation.de/ (08.02.2011).

Freie Universität Berlin – Arbeitsbereich erziehungswissenschaftliche Zukunftsforschung (2005): Partizipation – Einführung. O.O.
URL: http://blk-demokratie.de/materialien/demokratiebausteine/programmthemen/partizipation-einfuehrung.html (10.02.2011).

Initiative eParticipation (2010):
E-Partizipation. O.O.
URL: http://www.initiative-eparticipation.de/ (10.02.2011).

Mehr Demokratie e.V. (2010):
Mehr Demokratie! O.O.
URL: http://www.mehr-demokratie.de (10.02.2011).

Ministerium für Umwelt, Forschung und Verbraucherschutz; Ministerium für Bildung, Frauen und Jugend Rheinland-Pfalz (2011):
Spielleitplanung. O.O.
URL: http://www.spielleitplanung.de (16.02.2011).

Österreichische Gesellschaft für Umwelt und Technik; Bundesministerium für Land- und Forstwirtschaft, Umwelt- und Wasserwirtschaft (2010): Partizipation und nachhaltige Entwicklung in Europa. O.O.
URL: http://www.partizipation.at/ (10.02.2011).

Senatsverwaltung für Inneres und Sport (2011):
Electronic Government. O.O.
URL: http://www.berlin.de/verwaltungsmodernisierung/glossar/#e (02.02.2011).

Senatsverwaltung für Inneres und Sport (2010):
Historie der Verwaltungsmodernisierung im Land Berlin. O.O.
URL: http://www.berlin.de/verwaltungsmodernisierung/historie_vm.html (12.10.2010).

Senatsverwaltung für Stadtentwicklung (2011):
Bebauungsplanverfahren. O.O.
URL: http://www.stadtentwicklung.berlin.de/planen/b-planverfahren/ (14.03.2011).

Stiftung Haus der Geschichte der Bundesrepublik Deutschland (o.J.): Regierungserklärung des Bundeskanzlers Willy Brandt vom 28. Oktober 1969:
URL: http://www.hdg.de/lemo/html/dokumente/KontinuitaetUndWandel_erklaerungBrandtRegierungserklaerung1969/index.html (03.03.2011).

Stiftung Mitarbeit (2010): Modelle und Methoden der Bürgerbeteiligung. O.O.
URL: http://www.buergergesellschaft.de/politische-teilhabe/modelle-und-methoden-der-buergerbeteiligung/103413/ (08.12.2010).

사례

Spandau -
Falkenhagener
Rückbau und Aufwertung
Zukunftssicherung und Imagesteigerung

Bernauer가 추모기념물 – 장벽을 통한 대화 (전자참여)

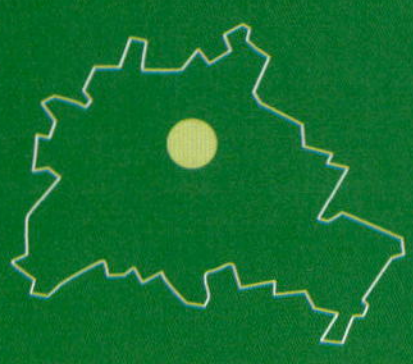

일정개요

2005. 09	앞으로의 계획목표를 보장하기 위해 Bernauer가를 따라서 건립
	계획 수립 결정
2006. 05. 05	준비산책
2006. 06. 02	"베를린 장벽을 상기시키기 위한 전체적인 초안" 결정
2006. 06 – 07. 05	온라인 대화를 위한 장치구축
2006. 06. 24 / 07. 02	장벽답사
2006. 09. 05	온라인 미팅을 통한 주민모임
2006. 09. 06 – 10. 13	건립계획 틀 안에서의 조기 대중 참여
2007	형상–과 건립 공모
2008. 06. 22 – 07. 24	건립계획을 처음으로 공개 전시
2010. 07. 26 – 08. 27	새로 수정한 건립계획을 공개 전시
2009 – 2012	베를린 장벽 추모지의 확장

사전준비 : 출발시 상황과 기본여건

베를린 장벽을 상기시키기 위한 전체적인 컨셉

베를린 장벽은 1989년 붕괴되기 시작한 이후 거의 완전히 베를린의 도시경관에서 그 모습을 감추었다. 아직 남아있는 가장 규모가 큰 3군데 중 한 곳이 베를린 중심지역 Bernauer가에 있는 것이다.

"베를린 장벽을 증거로 남기고 상기시키기 위한 총체적인 통합적 컨셉"에 대한 시정부의 결정으로 3곳에 각각 분리되어 있는 장벽의 단편들을 내용적으로 하나로 묶어 추모지를 조성하게 되었다. 이런 의미에 합당하도록 각각의 부분은 주제에 맞추어 정렬되었다.

Bernauer가를 따라 이어지는 1.4km 길이의 장벽은 독재체재의 도구를 경험할 수 있는 장소, 장벽의 극복 현장, 장벽과 관련된 일상적인 것들의 증거지점이 될 것이다.

베를린 장벽에 대한 증거와 상기시키기 위한 전체적인 컨셉에 있어서는 그 공간에 대해 서로 다른, 일부 상반되는 요구가 있어 어느 정도의 갈등 잠재력을 지니고 있는 중요한 시정부의 정책적 테마와 관련이 있다.

- 동베를린과 서베를린의 공동성장
- 몰수한 토지의 반환
- 인근에 재충전할 수 있는 오픈 스페이스의 조성
- 증가하는 관광객들에게 볼거리 제공
- 현대사의 증거
- 묘지에서의 정적 유지

참여의 시점

참여시점에 대해서는 베를린 장벽을 상기시키기 위한 전체적인 컨셉에서 이미 결정되었다. 이는 장소를 상기시키기 위한 구체적인 실행에 유리하게 하는 것을 내포하는 것이 아니고, 오히려 전체적인 컨셉 안에서 중요한 상기의 장소와 그의 의미를 명백히 하려는 것이었다. 전체적인 컨셉의 결정에 앞서 이미 2005년 9월 앞으로의 계획의 목적을 보장하기 위해 Bernauer가를 따라 건립계획의 입안이 시정부에서 결정되었다.

건립계획의 내용적 초안은 전체적인 컨셉을 기초로 구체화되었다. 그러나 주민참여의 시점에 대해서는 오직 건립에 있어 빈 공간과 과거 Postenweg을 따라 난 도로부분에 대해서만 쓰여 있으며, 이를 위한 기초는 장벽기념물 조성을 위해 꼭 필요한 용지의 매입을 준비하기 위한 것이었다.

이 시점에서의 주민참여는 국가적 기념물을 건립하는 데 있어 다양한 목표그룹을 위한 필요와 요구사항이 투명해야 하며, 베를린 장벽을 상기시키기 위한 내용과 형태에 대한 폭넓은 토의를 할 수 있어야 하며, 이것은 규정에 따른 건립계획 절차상 참여방법에 연결되어 있었다.

참여의 목적과 목표그룹

목적
- 대중 특히 주민들에게 건립계획 소개
- 계획에 대한 여론조사
- 구체적인 실행을 위한 도시 건축적 형태적 제안 수립
- 가능하면 많은 그룹들의 지원을 받는 전개전략의 완성
- 경합되는 이용과 형태의 요구를 부각시킴
- 하나의 목표그룹에 특화한 복합적 방법론을 적용하여 모든 관련 그룹의 참여를 고무시킴
- 중요한 기준에 대해 확실히 인지함으로써 앞으로의 건립계획 절차 안에서 형식적인 참여 지원

목표그룹
- 지역 거주자들(동 · 서독의 사회적 구조가 아직도 차이가 있으므로 어느 한 쪽이 아닌, 일부 토박이들이 서쪽 지역으로 이주)
- 토지 소유주들(지역이 장벽의 건설로 몰수되었다)
- 인접한 지구관리 지정지역과 재개발지구의 주민들(지역의 오픈스페이스 와 휴양지 공급이 부족하다)
- 베를린시의 정책과 역사에 관심을 갖고 있는 사람들
- 외부적인 시각을 지닌 여행자들

진행과정의 조정

시정부 도시개발부
건립계획의 절차는 시정부의 결정에 따라 도시개발부가 관할하게 되었다. 여기에는 건축 및 계획과 관련된 법률을 만드는 책임 외에도 뒤따르는 설계 현상공모를 실시와 대상지를 확보하는 과제도 속한다. 시정부 도시개발부는 이와 관련된 비공식적인 참여절차 비용의 2/3를 떠안았으며, 그로써 위임자(둘 중의 하나)가 되었다. 이런 참여절차는 지역의 거주자들과 지역에는 낯선 사람들(베를린 시민, 여행자)의 욕구를 모두 참작하기 위하여 시정부 도시개발부가 발의하였다.

시정부 문화담당 부서
시정부 문화담당 부서는 "베를린 장벽을 증거로 남기고 상기시키기 위한 전체적인 통합컨셉"의 내용을 담당하는, 절차상 중요한 협력파트너로서 문제의 규정과 주민참여의 목표를 설정하는 데 함께 관여하였다

동독 독재정권 연구재단 / 베를린장벽 기록보관소 / 베를린장벽협회
동독 독재정권 연구재단과 베를린장벽협회를 대변하여 베를린장벽 기록보관소가 내용적으로 깊이 관여하였다. 그 외에 동독 독재정권 연구재단은 재정의 1/3을 책임짐으로써 주민참여와 관련해 위임자가 되었다.

모든 중요 관여자는 참여절차의 내용적인 정돈에 동등하게 서로 연결되었으며, 서로 다른 지위와 다양한 주제와 관련된 중점사항에 관여하게 되었다. 그들은 모든 중요 관여자의 모임과 위임받은 계획회사에서 협력하게 되며, 목표와 이어지는 진행절차를 지속적으로 함께 다루고 결정을 한다.

주민참여의 실행

관심 있는 사람들, 소유자들과의 준비

주민참여의 공적인 출발에 앞서 지역의 활동가들과 함께 준비를 위한 산책으로 인지공작소를 실행하였다. 목적은 다양한 관심사에 대한 개요를 얻고 실제로 참여가 이루어지기 전에 이미 갈등에 대한 잠재력을 감소시키려는 것이었다. 여기에는 지구관리 지역과 베를린장벽협회, 시정부와 지역 행정기관, 베를린 공과대학과 Cottbus 공과대학의 대표자들과 Bernauer가의 토지소유자들이 참여하였다.

참여자들은 개별적인 관련, 흥미, 갈등점과 베를린 장벽과 추모지 조성에 대한 열린 질문을 하였다. 이후 주민들과 함께 앞으로 장벽답사를 할 것을 준비하였으며, 경유지와 그 내용에 대해 이야기하였다. 결과물은 비디오 녹화와 기록으로 남겼다. 나중에 Bernauer가의 확장컨셉과 함께 중요한 장벽답사의 형성방식을 위해 기초가 될 다양한 주민집단의 갈등은 이미 사전에 논의하여 결말을 지었다. 갈등요소는 참여절차에서 넘겨받은 공동의 목표와 문제제기에서 찾을 수 있었다.

주민들에 대한 참여제안

참여의 중심적인 요소는 온라인 대화로, 1차적으로 14일간 활성적인 온라인상의 토론이 이루어졌다. 2차적으로는 뒤이어 온라인 토의 결과를 평가하는데 있어 활성적인 정보제공과 계획의 과정마다 적극적인 참여를 이끌어내기 위하여 지속적으로 접근할 수 있는 플랫홈을 마련해야 했다. 온라인 토의는 하루에 8시간씩 14일간 외부에서 진행되었으며, 구조적인 토의과정과 공정하고 결과지향적인 대화문화를 이루어나가기 위한 성과물은 편집과정을 거쳐 주제별로 요약, 정리되었다. 여기에는 알려진 계획에 대한 의견표시 외에도 장벽과 관련된 감정, 기억 그리고 개인사도 있었다. 중립적인 공간은 상대방과 어쩔 수 없이 대화를 하지 않고도 자기의 의견을 표출하기에 아주 훌륭한 공간이었다. 온라인 포럼에는 약 10,000명이 참여하였으며, 그 중 237명이 사용자로 등록을 하였다. 총 360개의 의견이 제시되었으며, 참여자의 연령대는 35-45세 사이가 가장 많았다. 등록한 참여자 중 남성이 68%, 여성이 32%였으며, 이 중 57%가 바로 인접지역 주민들이었다.

온라인 대화의 공통의 결과는 참여자들이 문안을 바꾸면서 계속 발전시켜 나가는 하나의 위키 백과 아티클 종류였다. 요약은 주제에 따라 신중하게 공동 작업을 통해 완성하였다.

온라인 대화와 병행하여 주말에는 2회의 장벽답사 행사가 열렸다. 이 행사의 목적은 인터넷을 하지 않거나 할 수 없는 사람들에게 토론과 의사표현을 할 수 있는 기회를 주기 위한 것이었다. 장벽답사는 정보를 제공하는 산책으로 마련되었으며, 대화의 결과는 이후 마찬가지로 온라인 대화상에 정리되었다.

답사에는 총2,000명이 참여하였으며, 이웃의 노인들과 가족들이 대부분이었다. 주민참여의 끝에는 동시에 건립계획 절차의 틀 안에서 조기참여를 위한 시작을 알리는 행사였던 TED-미팅과 함께 주민모임이 실시되었다.

참석한 주민들은 단추를 눌러 온라인 대화 결과에 대해 중요도를 판정할 수 있었다. 이 행사에는 68명의 주민이 참석하였다. 여론조사에서 우선 나이, 성별, 출신지 등 일반적인 사항에 대해 물었고, 행사에서 내용적인 질문에 대한 대답들을 서로 연관시킬 수 있었다. 무기명으로 의견을 내도록 하는 것은 모든 참여자들에게 말할 기회를 주고, 토의가 소수에 의해 왜곡되지 않도록 하였다. 행사에서는 주민들뿐만 아니라, 행정기관의 부서들에게도 매우 유효한 정보를 제공하고 인식을 풍부히 할 수 있다는 것을 경험하였다.

결과와 그 이후의 진행상황

참여과정이 진행되는 동안 장벽과 관련된 역사와 개인적인 경험에 대한 의견이 일반적이었지만 기념물에 이를 적용하기 위한 아이디어도 파악되었다. 여기에서 나온 인식들에는 다음과 같은 것들이 있다.

- 개인적인 경험의 기록(시대의 증언)
- 모든 진행과정에 있어 대화가 계속되어야 한다는 희망
- 경계지역 거주자들과 그 지역의 이전 소유자들에 대한 보고 기록에 대한 희망
- 기념물의 확장에 대한 원칙적인 동의
- 지역에 아직 남아 있는 장벽을 보존하자는 요구

주민참여의 모든 성과는 구체화 정도가 허락하는 한 건립계획의 수정작업에 영향을 미쳤다. 그들은 여기서 공식적인 절차로 진행된 주민참여에서 나온 제안들과 같은 비중으로 다루어졌다. 조기 대중 참여의 틀 안에서 30가지의 추가적인 제안이 이루어짐으로써 건립계획의 절차는 그리 복잡하지 않게 실행할 수 있었다.

동시에 기념물의 현상공모 결과도 영향을 미쳤다.

건립을 앞두고 기념물 계획이 의도한 건축적 실행시점, 그리고 부지에 건축을 시작한 시점에서 이미 그곳에 거주하고 있던 부지 소유자들 및 이웃한 사람들과 현저한 갈등이 빚어졌다. 여기에는 서로 다른 이유가 있었다. 한편으로 이들 중 일부는 참여 시점에 지역에 있지 않았으며, 다른 한편으로는 조기에 참여함으로써 우선 현상공모를 거친 것을 건립계획 절차를 통해 평가하여 구체화시킬 수 있었던 계획에 대해 매우 큰 관심을 보이고 있었다. 일정한 시행단계(예를 들어, 건축부지에 속하는 Postenweg의 베를린 시정부를 통한 구입 등)는 참여시점에서 계획의 기본원칙으로 알려진 것이었으나 그럼에도 불구하고 그 시점에 재정이 확보되지 않아 해당부지 소유자와 그 부지와 경계를 이루는 대지의 소유자들이 아직 그 결과를 타당한 방법이라고 진지하게 받아들이지 않았다. Bernauer가를 따라 건물을 신축하는 것과 같은 다른 계획은 나중에 도시 건축적 평가의 틀 안에서 구체화되어 참여의 시점에서는 알려지지 않았다. 따라서 계획을 진행시키는데 있어 새로운 갈등의 장이 생겼다. 2011년 시정부 도시개발부는 재단, 그리고 개인적으로 관심 있는 그룹들과 차별화된 중재를 시도하는 대화를 시행하려고 한다.

홍보활동과 목표 집단과의 대화

인터넷상의 참여를 위한 온라인 플랫폼은 장벽과 관련된 테마와 계획지역 전반에 걸친 정보를 제공해주는 홍보활동의 중심적 요소였다. 그와 더불어 폭넓은 대중들이 절차에 주목하도록 하기 위해 언론보도, 웹사이트 www.berlin.de를 통한 홍보와 유명 축구선수(Hertha BSC)와 연결시킨 목표 방안도 취해졌다.

지역주민들은 주제와 관심사, 참여 가능성에 대한 안내가 적힌 깃발을 통해 정보가 제공되었다. 베를린 장벽 기록센터와 같은 중심지역과 행사시에는 주소를 적을 수 있는 주소록을 비치하였다. 이런 방법으로 참여제안에 대한 정보와 초대장을 발송하고 참여자들과 장기적 관점의(적어도 유익한/계몽적인) 연관을 갖도록 했다. 그 외에도 목표한 지역의 시설과 단체들과 협력을 하였으며 정보들을 가능한 한 목적한 일정 목표그룹에 전달하기 위하여 그들의 접촉과 정보 제안을 이용하였다.

청소년들에게도 정보를 제공하기 위하여 특별한 노력을 기울였다: 지역의 스포츠 명사(Hertha BSC 축구선수)들을 홍보활동에 활용하는 것도 이에 속한다. 그러나 인접한 학교의 11학년 학생들과의 테마와 관련한 워크숍 같은 특별한 참여방법을 적용하기도 하였다.

평가

절차상의 기회

- 온라인 대화와 현장에서의 제안의 혼합은 중요한 목표 집단에 도달할 수 있도록 지원해준다. 무엇보다 온라인 토의에서 주제를 잘 조정할 수 있으며, 주민모임과 비교할 때보다 더 주의력을 끌 수 있다.
- 가장 큰 효과는 정보를 통해 생긴다.
- 온라인 대화에서(무엇을) 읽는 사람들의 수가 매우 많았으며, 주제 "장벽"에 대한 예외 없이 관심을 보였다. 이런 욕구는 이후 베를린 장벽 재단과 시정부 문화담당부서를 통해 인정을 받았으며 정보제공은 확대되었다.
- 참여주민들의 필요성과 기대에 대한 질문, 그리고 그 뒤를 이은 건립계획 절차와의 긴밀한 연결이라는 공동의 목표를 조기에 표명한 것은 절차상 긍정적이었다.

절차상의 장애물

- 2006년 여름 독일에서 월드컵 축구대회 개최 : 대중매체가 모두 월드컵 관련보도로 채워졌다. 반사작용으로 도시 내 유명 축구선수의 베를린 장벽에 대한 의견을 이용했다. 장벽답사 일정도 월드컵 경기 일정을 고려하여 정해졌다.

2개의 행정부서, 동독 독재정치 연구재단과 베를린 장벽협회와 기록센터 등 입장이 전혀 다른 기관들이 과정에 관여함으로써 조절의 필요성이 매우 높았다. 지속적인 토의를 함께 함으로써만 의견의 일치를 끌어낼 수 있었으며, 위임한 계획회사에 대해서도 의견일치로 대표자를 정할 수도 없었다. 그럼에도 불구하고 공동의 지대한 노력으로 성과가 있었으며, 앞으로 훌륭한 기능을 할 협력을 위한 초석을 놓게 되었다.

결론

- 형식적인 조기참여에 앞선 비공식적인 참여과정은 이미 비판적인 목소리를 낼 기회를 줌으로써 드러내고 공개적인 형태로 다룰 수 있었기 때문에 이후 계획과정을 실행해 나가는데 있어 부담을 덜어주었다.
- 계획의도에 대한 활성적이고 공격적인 정보와 대화의 기회제공은 주민들이 잘 받아들일 수 있도록 했다.
- 온라인 대화는 논쟁의 여지가 있는 주제에 대해 공개적으로 토론하는 것과 비판적인 목소리를 조기에 경청할 수 있게 해주었다. 이는 어느 시점에서 주민모임이 가능하도록 부각되면서 세세한 형태로 열렸다. 지역적인 것과 관련해서는 보완적인 참여방법을 통해 이룰 수 있었다.
- 중요한 성과요인은 결과의 융통성을 조기에 확정하고, 서로 의사소통을 꾀하고, 이후 구속력있게 적용하는 데 있다.
- 다양한 참여자들은 내용적, 조직적으로 책임이 있다. 그리고 목표와 행동 양식에 대해 지속적인 논쟁이 필요하다.

사실관계

행정구역위치	중심
시행기간	2006. 5 – 9월
재정조달	총 약 40,000유로(참여시민 1인단 약 4유로에 해당됨),
	홍보활동, 진행, 정체적인 인터넷제안의 평가와 작성비용 포함.
	6 – 9월 코디네이션 수행을 위한 시정부 도시개발부 담당자의
	약 80시간 근무비용.
참여자	인터넷 포럼의 방문자 약 10,000명, 그 중 237명이 등록.

과거 Trmpelhof 공항지역을 공원으로 조성한 사례

일정개요

1994	무엇으로 활용할 지에 대한 기본평가
1995	컨셉공작소
1996	폐쇄 공지
1998	"미래의 Tempelhof 필드" 마스터플랜
2007	아이디어공작소
2007	"Trmpelhofer Freiheit" 아이디어를 얻기 위 한 주민참여
2007. 05. 18	Freiheit 1. "외부에서의 전망" – 시작을 알리는 행사
2007. 05. 23 – 07. 21	1차 온라인대화 – "베를린은 이곳에 무엇이 필요한가?"
2007. 10. 06	Freiheit 2. "내부에서의 전망" – 부지로의 접근 통로
2007. 10. 06 – 11. 02	2차 온라인대화 – 아이디어에 대한 토의
2007. 11. 21	Freiheit 3. "주민모임" – 온라인 토론 성과에 대한 논의와 3가지 우수
	아이디어에 대한 시상
2008. 06	Freiheit 4. "성과" – 현장에서 완성된 컨셉의 프레젠테이션 및 토의
2008	개방 목표에 관한 주민결정
2008. 09. 01 – 06	토지이용계획의 변경에 관한 조기 참여
2008. 09. 29 – 11. 24	도시 건축적 – 경관 계획적 공모전
	"Tempelhof 필드와 Columbia지구의 단계적인 도시개발"
2008. 10. 31	공항 폐쇄
2009 여름	주민들과 주요 그룹에 대한 설문조사
2009. 10. 03 – 04 / 10 – 11	"Tempelhof 공원경관" 참여
2010. 03	"Tempelhof 공원경관" 경관계획 공모전 시상
2010. 05. 08	일반대중에게 부지 공개

2010. 05. 17	잠정적, 우선적 용도 선택을 위해 합당한 절차의 시작
2010. 06. 14	잠정적, 우선적 용도 신청서 1차 제출마감
2010. 07. 07	잠정적, 우선적 용도 결정을 위한 전문위원회
2010. 07. 13	1차 25가지의 잠정적, 우선적 용도에 대한 정책적 결정을 위한 위원회
2010. 08. 28 - 29	"Tempelhof 공원경관" 경관계획 공모전 수상작 6개 전시회
2010. 09. 30	프레스 컨퍼런스 : 개최장기적인 계획을 성공적, 단계적으로 전개시켜 나가기
	위해 우수계획과 잠정적, 우선적 용도에 대한 프레젠테이션
2011. 01. 05	잠정적, 우선적 용도 신청서 2차 제출마감
2011 초	1차 계획에 따른 우선적 용도의 공원 개장

사전준비 : 출발시 상황과 기본여건

역사적 고찰

"Tempelhof 필드"는 황제의 사열식이 이루어지는 장소에서부터 군사훈련 및 소풍장소로, 더 나아가 경마트랙으로 시대의 흐름에 따라 다양한 용도로 이용되었다. 1922년 공항이 건설되기 시작하여 1930년대 나치시대에 활발히 추진되었다. 웅장한 건물들로 이루어진 오늘날의 시설은 Ernst Sagabiel의 계획으로 1943년에 시작된 Tempelhof 대규모 신공항 건설에서 비롯된 것이다. 골격만 있는 이 미완성의 건축물은 18개월에 걸쳐 완성되었으며, 당시 세계에서 가장 규모가 큰 공항이었다.

1939년 전쟁 시작으로 민간항공기 운항이 중단되었으며, 그리고 몇 년 후부터 지금까지 쭉 건축도 중단되었다. 2차 대전이 종식된 후 이곳은 연합군의 기지로 먼저 사용되었다.

1948/1949년 소련군이 베를린을 봉쇄하고 있는 동안 공항은 의미의 변화를 겪게 되었다. 공항은 고립된 베를린 시민들에게 생필품을 공급해 주는 공중보급로 역할을 함으로써 저항의지의 상징이 되었다.

1950-1975년에는 민간항공기 운항이 재개되었으나, Tegel 공항이 문을 연 후 시내에 있는 이 공항은 잠정적으로 폐쇄되었다. 그 후 1980년대에 이르러서야 소형 업무용 항공기의 운항만이 재개되었다

기본여건

1996년 베를린 Brandenburg 국제공항(BBI)으로 Schonefeld의 공항 확장이 결정되면서 정책적으로 이 공항을 폐쇄하는 작업이 진행되었다.

- 시내에 위치한 Tempelhof 구공항의 부지는 약 386ha로 오늘날의 Neukolln, Friedrichshain-Kreuzberg, Schoneberg-Tempelhof 지역의 건물 밀집지역 사이에 자리 잡고 있다.
- 공항부지의 크기와 위치가 결정적인 의미를 갖고 있으며, 또한 역사적인 의미 때문에 도시 맥락적으로도 국민들에게 경험의 장소로 남아있도록 해야만 한다.
- 1994년 당시 시정부 도시개발 및 환경보호부는 Heinrich-Petschnigg & Partner(HPP)사와 경관 건축가들(Seebauer, Wefers und Partner)이 함께 앞으로 어떤 용도로 활용하는 것이 가능한 지에 대한 1차 기본평가를 하도록 했다.

- 1995년 국제적인 컨셉공작소를 운영하여 다음과 같은 성과를 거두었다.
- 전체 도시적인 영향력을 가진 부지의 기능
- 전개과정의 형성을 공개적으로 하고, 진행하는 데 있어 충분한 시간을 갖는다.
- 앞으로 진행될 모든 계획을 위한 시작으로 "공원"이라는 컨셉의 아이디어를 보장하고 질적으로 우수하도록 한다.
- 1998/1999년 경관건축가 Dieter Kienast와 Gunther Voigt는 베를린 출신 건축가 Bernd Albers와 함께 "Tempelhof 필드의 미래"라는 마스터플랜을 완성하였다. 다양한 도시건축적인 구성에 의해 둘러싸여 있는 중앙공원으로 여기서 정해진 컨셉은 "Wiesenmeer-드넓은 초지"이다. 이 마스터 플랜은 현재의 토지이용계획 작성의 기초가 되었다.
- 도시 기후적 의미를 근거로 베를린의 경관프로그램 및 종보호 프로그램의 변경
- 공항의 폐쇄와 그 부지의 추후용도에 관한 토의는 커다란 대중적인 관심에 부딪쳤다. 토의에서는 여러가지 이유로 공항을 그대로 열어둘 것이 요구되었다. 2008년 실시한 Tempelhof 시립공항 관심단체의 국민투표에서 폐쇄는 막아야만 한다고 했다. 35.6%의 투표율에 절반 이상이 넘는 21.7%가 공항을 열린 채로 두어야 한다고 하였으나 필요한 득표율 25%를 넘지는 못했다. 따라서 공항은 계획대로 2008년 10월 31일 폐쇄되었다.

참여의 목적과 목표그룹

Tempelhof 공항부지의 개발은 베를린시 전체적으로 의미 있는 일이다. 이부지는 Tempelhof 공항부지의 변화에 의해 가장 이득을 보게 되거나 상관이 있는 Friedrichshain-Kreuzberg, Neukolln, Schoneberg-Tempelhof 3 개의 행정구역에 접해 있다.

- 인접해 있는 행정구역의 주민들, 전체 베를린 시민
- 미래의 부지 이용자들(스포츠단체, 우선적 이용자들, 취미 스포츠인)

진행과정의 조정

2009년 6월 30일 베를린시는 시정부 도시개발부를 대리로 하여 Adershof 프로젝트사와 "Tempelhof 필드" 지역의 사전준비, 사후 이용과 개발을 위한 서비스 계약을 체결하였다. Adershof 프로젝트사는 Tempelhof 프로젝트의 체계화와 진행과정의 조종을 인수받았으며, 따라서 전체적인 개발계획을 책임지게 되었다. 2010년 말까지의 과제로는 과거 Tempelhof 공항부지에 대해 지금까지 진행된 계획과 이루어진 일들을 분석하고, 추가적인 아이디어를 모색하고, 주제에 합당한 총체적인 개발을 하기 위한 적절한 모델을 만들어내 위임자(베를린시)에게 종합적인 개발계획을 제시하는 것이다. 베를린 시정부는 자체적으로 Tempelhof 프로젝트사를 세워 서비스사의 지금까지의 과제를 위임받도록 하려는 의도를 갖고 있다. 종합적인 개발계획을 정밀 조정하는 것은 의회의 의결을 이끌어내는 데 기초가 된다. 그렇게 되면 개발회사는 자산을 보유하고 있는 개발추진자의 수탁과제를 위임받게 될 것이다.

"Tempelhof Freiheit"의 개발과 관리 및 베를린 공지의 개발을 위한 모든 과제를 위해 베를린 주정부의 용역회사로 Grun Berlin사가 지정되었다. Grun Berlin사의 과제는 무엇보다 국제공모전과 지속적인 컨셉의 적용을 통해 미래의 공원경관을 장기적인 차원에서 개발하고 실현시키는 것이다.

주건축물들의 관리를 위해서는 베를린 주정부의 100% 자회사인 베를린 부동산관리회사(BIM)가 관리자로 지정되었다. 건물들의 관리와 개발은 Tempelhof 프로젝트사의 설립 후에 이 회사로 이전되었다.

2-4주 간격을 두고 내용적으로 차별화한 프로젝트에 관한 회의가 열렸으며, 여기에는 2개의 회사와 그 외의 활동가들이 참여하였으며 앞으로의 행동양식을 결정하였다. 의미의 정도에 따라 시정부 도시개발부 책임자, 시장 등이 의결에 합류한다. 결정의 기초는 광범위하게 작성된 전문영역 및 계획을 총망라하는 작업의 진행과정 안에서 작성된다. 공공 재원을 책임 있게 다루는 것을 보장하기 위한 능률적이고 경제적인 작업구조를 전개하려면 지적으로 단편적인 작업들을 통합시키는 과정에 초점을 맞추어야 할 것이다.

참여의 실시

2007년의 "Tempelhof Freiheit"에 대한 아이디어를 얻기 위한 주민참여

부지의 미래에 관한 주민참여가 2007년에 실시되었다. 여기에는 주민들을 비롯해 관심 있는 사람들이 참여해 부지형성에 대해 개인적인 의견을 제시할 수 있었으며, 계획의 현재 상황에 대해 논의가 이루어졌다.기초가 된 계획은 1998년에 만들어진 마스터플랜으로 이 계획의 중심요소는 공원으로의 개발이었다. 그 외 주변에 들어설 것으로 예상되는 혁신적인 주거형태와 장기간 영향을 미칠 도시건축물의 건축부지를 없애는 것이 계획되었다.

주민참여는 2차에 걸친 온라인 대화와 "Tempelhof Freiheit"를 주제로 한 지역축제, 전시회, 강연과 같은 공공행사의 개최로 이루어졌다.

2007년 5월 23일과 7월 21일 사이에 1차 온라인 대화가 실시되었다. 온라인 대화의 목표는 주민들의 참여/참여시킴, 단 · 장기적인 추후 용도의 좋은 아이디어 개발, 관심 있는 사람들이 지속적으로 진행과정에 관심을 갖도록 함, 투명성의 창출, 근거자료와 정보의 소개, 긍정적인 지배적 분위기의 창출에 있다.

"베를린은 이곳에 무엇을 필요로 하는가?"라는 질문 하에서 추후용도의 아이디어가 나오고 모아졌다. 그 결과 2차 온라인 대화를 위해 10개의 범주가 만들어졌다: 1. 녹지, 공원, 자연그대로, 정원들 2. 항공관련 용도로 이용 3. 스포츠, 여가시간 4. 이벤트, 축제광장, 놀이공원 5. 기업, 관청 6. 교육, 연구, 도서관 7. 주거지 8. 박물관, 기념물, 기념관 9. 예술, 문화, 사회적 프로젝트 10. 종합적인 용도. 8주에 32,000명이 사이트에 방문, 약 1,000명이 등록을 하였으며, 2차 대화에서 다루어지게 될 총 약 900개의 아이디어가 수집되었다.

2007년 10월 6일 – 11월 2일 실시한 2차 온라인 대화에서는 아이디어를 조절하는 토의가 이루어졌다. 아이디어에 대해 논평하고, 조정하고, 평가하였다. 4주 동안 총 36,000명이 방문하고 1,400명이 등록을 하였으며, 400개 정도의 아이디어가 또 나왔다. 1차 대화에서 나온 81개의 아이디어가 다시 활성화되어, 완성되었다. 이 아이디어들은 뒤이어 포럼에서 긍정적, 또는 부정적인 평가를 받을 수 있었다. 평가를 위한 이 포럼은 그 어떤 아이디어로 대치되던 간에 공항 이외의 그 어떤 용도도 거부하는 아이디어들은 전략적으로 낮게 평가하도록 할 수가 있었다. 마지막으로 주민모임을 갖고 토의를 한 결과 결국 "Top 10 목록"이 도출되었다.

2007년 11월 21일에 열린 주민모임에서는 인터넷 대화의 성과가 공개적으로 토의되었으며 3명의 수상자를 표창하였다. 토론에서는 4개의 주제영역이 중심에 놓여 있었다: 녹지, 스포츠와 활동, 창의적 경제, 주거. 인터넷에서 얻어진 아이디어들은 각 분야 전문가들에 의해 실현가능성이 평가되었으며, 대중들에 의해 논의되었다.

성과

참여의 틀 안에서 부지의 추후용도에 대한 많은 아이디어가 나올 수 있었다. 많은 아이디어가 공항을 폐쇄하는 것에 반대하고 계속 공항으로 이용하자는 것이긴 하였지만 카테고리를 만듦으로써 하나의 범주로 끼어 넣을 수 있도록 하였다. 그렇게 함으로써 그 공간을 다른 용도로 이용하자는 아이디어로 확장시킬 수 있었으며, 공항 이외의 추후 용도 잠재성이 있음을 강조할 수 있었다.

2009년의 "Tempelhof 공원경관"에의 주민참여

목표

- 계획의 과정에서 무엇보다 주변 행정구역 Friedrichshain-Kreuzberg, Neukolln, Schoneberg-Tempelhof의 주민들을 조기에 참여시키도록 함
- 전시회의 형식으로 공항의 역사에 대한 안내와 현재 진행 중인 계획을 소개함
- "Columbia 지구" 공모전 성과의 프레젠테이션
- 시정부 행정기관의 기본계획에 관한 토의
- "Tempelhof 공원경관"의 경관계획적인 아이디어 및 실행 공모전의 준비

준비

준비를 위하여 2009년 여름 과거 공항부지의 진입구역과 베를린 전역에서 표본 설문조사가 실시되었다. 설문지는 3개의 주제복합체를 다루었다: 공원 및 녹지시설로의 이용, "Tempelhof Freiheit"로 조성하는 데 있어서의 생각과 희망, 주민참여를 통한 공원시설의 소유권 획득. 약 1,600명이 설문조사에 참여하였다. 이와 병행하여 소위 초점그룹인 목표그룹들과의 토론도 실행하였다. 진입구역에서의 17개 그룹과의 인터뷰에 총 138명이 참여하였다. 목표그룹들은 이주민들에게 중점을 두었으며, 이주민 가정, 노인그룹, 여가시간에 스포츠를 즐기는 사람들, 명예 봉사직, 市區의 고문들과 일반 인근 주민들도 해당된다.

실행

"Tempelhof 공원경관"에 관한 주민참여는 주말인 2009년 10월 3/4일과 10/11일에 공항부지의 1 격납고에서 열렸다. 여기에서 시정부 행정부의 계획에 대한 정보를 따라잡을 수 있었으며, 희망사항과 의견을 제시할 수 있었다. 주민참여는 "Tempelhof 공원경관"에 관한 경관 계획적 아이디어 및 실시 공모전의 준비에 도움이 되었다. 2회의 주말행사에 3,500명 이상이 참여하였다.

여기에서는 다양한 정보가 제공되었다.

- 방문자들은 공항부지를 둘러보면서 역사와 추후의 용도에 관한 아이디어에 대한 설명을 들었다.
- 공항부지의 역사에 관한 전시회가 열렸다.

참여에 있어서도 다양한 방법들이 제시되었다.

- 방문자 그룹들은 시민여론조사를 위한 설문에 참여, 약 1,200개의 설문지가 작성되었다.
- 한 포럼에서는 TED-여론조사가 이루어졌다.
- 워크숍에서는 계획이 소개되고, 시민들은 스스로 자신만의 엽서나 계획들을 만들 수 있었다.
- 희망쪽지에 개인적인 아이디어나 바람을 적어 매달아 놓을 수 있었다.

성과

주말에 진행된 시민참여행사에서는 어떤 용도로 사용하기를 희망하는 지 구체적인 경향을 끄집어낼 수 있었다. 조용히 쉬면서 재충전할 수 있었으면 하는 것이 가장 많았으나 자연과 역사적인 요소들을 보호해야 한다는 의견도 많았다. 희망쪽지에도 많은 창의적인 용도가 거론되었으며, 설문지는 경험에 근거한 것이라는 평가를 받았다. 결국 3가지의 용도 단면이 드러났다: 휴양과 자연체험, 스포츠를 통한 여가활동, 사회적 상호작용과 소통을 위한 공원의 이용. 그 외에 주제에 따라 안내하는 자연관찰이 가능했으면 좋겠다든가 하는 희망하는 설비에 대한 새로운 인식도 얻을 수 있었다.

얻어진 성과들은 추려져서 경관계획 공모전에 추천사항에 집어넣었다. 공모전 기초자료에는 시민참여의 기록들도 전제조건이 된다.

"Tempelhof Freiheit"의 단계적인 개장

10월의 2주에 걸친 주말에 2010년 5월 일반에게 공개할 계획인 "Tempelhof Freiheit"의 첫 단계가 소개되었다. Grun Berlin사는 처음으로 필드를 걸어서, 자전거로, 버스로 투어하는 행사가 기획되었으며, 이 투어는 앞으로도 계속 제공될 것이다.

10월 4일에는 두 번째 단계로 이미 2개의 소프트볼 구장이 조성되어 있는 Columbisdamm의 남쪽을 TIB의 스포츠단체에 공개하였다.

최종 개장 전에는 필드의 모든 면을 폐쇄하여, 공항의 잔재물들을 해체하고 안전에 만전을 기해야만 했다. 2010년 5월 8일 이곳에서는 축제가 열려, 다양한 단체들이 수많은 스포츠 및 여가활동을 제공하였다. 군데군데 울타리를 치는 것과 개장시간을 일출에서 일몰까지로 제한하는 것에 반대하는 항의 소동이 있었다. 그들은 필드를 점거하여 개장을 강요하려고 하였다. 이런 대립상황은 경찰과 안전요원들의 투입으로 평화적으로 해결되었으며, 이곳의 울타리는 안전상의 이유로 그대로 두게 될 것이다.

2010년에도 참여는 계속된다

방문객 모니터링 : 2010년 5월 공원의 개장이래 이용자의 태도를 계속 관찰, 요약하였다. 그 이외에도 방문객들에 대해 거주지와 여기서 어떤 활동을 했는 지 등에 대한 설문조사도 이루어졌다. 이렇게 함으로써 객관적인 행동과 더불어 실제적인 요구에 대한 중요한 정보를 앞으로 공원시설에 적용하여 질을 높일 수 있다. 여기에서 나온 첫 번째 인식은 무엇보다 필드에서 행해지는 스포츠와 관련한 활동이 가장 다양하다는 것이었다. 또한 많은 사람들이 자전거를 이용하여 공원에 오며, 여성보다 남성이 더 많이 공원을 이용하며, 지금까지 노인들의 이용 빈도가 매우 적다는 것이다. 이는 무엇보다 벤치나 화장실 같은 기초설비의 부족에 기인한다. 이 결과는 계획가들에게 전달될 것이다.

2010년 8월 28, 29일 "Tempelhof 공원경관"에 대한 주말의 시민대화 행사가 경관계획 공모전 수상작의 전시회와 함께 열려, 6개의 공모전 수상작에 대한 토의가 이루어졌다. 건축설계사무소에서는 자신들의 계획을 프레젠테이션하고, 바로 시민들과 질문과 의견을 나누며 토의하였다. 이렇게 함으로써 그들은 자신들의 계획을 수정 · 보완 할 수 있게 되었다. 수상대상이 아닌 작품들도 함께 별도로 다른 장소에 전시하였다.

토요일에는 시의회 의원 Ingeborg Junge-Reyer가 시민참여에, 일요일에는 도시 및 공간계획부서의 책임자인 Reiner Nagel이 공모전 수상작 토론에 참여하여 토의하는 추가적인 포럼들도 시행되었다. 이 주말 행사에는 약 2,400명의 시민들이 참여하였다. 중요한 주제는 2017년 IGA행사와 스포츠 및 여가시간을 위한 공간인 스포츠 필드들과 水공간의 조성으로 요약할 수 있다.

우선 및 임시용도로 "Tempelhof Freiheit"를 개발해 나감

아이디어공작소

2007년 시정부 도시개발부에 의해 1998년에 만들어진 마스터플랜의 컨셉을 기초로 실행력 있는 마스터플랜을 만들어낼 아이디어공작소가 소집되었다. 여기에는 도시개발부 외에 7개의 계획회사가 참여하였으며, 가능한 발전 단계를 거쳐 "통합적인 도시개발을 위한 컨셉"을 완성하는 것이 목표였다. 여기에는 "일정한 곳의 개발을 위한 도구"로서 우선적인 이용도 통합되어야만 한다. 아이디어공작소는 자체적으로 임시 용도의 아이디어, 전략 그리고 컨셉도 만들어야 했다.

이곳은 부지가 매우 넓으며, 관심사도 매우 복잡하므로 이런 방법을 취하는 것이 적당하다. 많은 사람들이 참여할 수 있는 개방된 개발방법이 필요했던 것이다. 임시 및 우선 사용을 허용하면서 개발하는 것은 다양한 활동가들을 일정한 곳의 개발에 정확하게 편입시키는 것과 투명성을 높이는 장점이 있다. 일반대중들에게도 계속 이런 방법으로 공공재산의 관리자로서의 국가가 이룰 수 없는 참여를 제안할 수 있으므로 장기적이며, 지속적인 개발을 위해 목표한 것을 추진할 수 있다.

"Tempelhof Freiheit"의 개발에 있어서 임시- 및 우선용도의 통합

Tempelhof의 가장자리를 따라서 전에 마련된 개발 계획안에 따라 총 7군데의 서로 다른 용도의 필드가 조성하기로 하였다. 2010년 이중 3개의 필드가 사용에 들어갔다: Columbiadamm(스포츠와 문화 복합용도), Oderstraße (Neukuolln 인접지역), Tempelhoter Damm(학문, 학습, 친환경적 미래기술).

이런 임시 용도를 위한 아이디어는 시민참여의 여러 국면에서 나온 것이다: 예를 들어 온라인 대회에서 2등을 수상한 아이디어도 여기에 적용되었다. 2010년 5월 17일부터 임시 용도 아이디어를 제안할 수 있는 구체적인 가능성이 생겼다. 이는 회전하는 방법으로 시작하여, 약 6개월마다 시행일을 정해 제안한 아이디어들을 결정하도록 하였다. 아이디어의 선택은 2단계의 과정을 거치도록 하였다. 완벽한 제안 서류의 형식적인 사전검토를 하여 전문위원회에서 정책적인 결정을 할 준비를 하게 된다. 전문 심사위원회에는 시정부의 관계 전문부처, 3개의 인근 관할관청, 지역의 파트너들(예, 지구단위 계획, 상가관리)과 외부의 전문가들(임시용도, 기획안과 관련된 주제 등의) 이 대표로 참여한다. 정책적 심의 위원회에는 시정부 건축책임자, 경제 및 재정부 차관과 인근 관할관청의 대표자들이 소속된다.

2010년 1차 선택절차에서는 138개의 제안이 이루어졌다. 여러 차례의 심사를 거쳐 전문 심사위원회에서 25개의 제안이 선택되었다. "기획안과 관련이 없다"든가 "적절치 않다"는 판정을 받은 것은 얼마 되지 않는다. 넓은 면적을 다룬 제안서, 시작단계의 부지에 적절치 않은 제안서, 건물과 연계해야만 실현가능한 제안서 같은 대부분의 제안서는 그 다음 절차시까지 보류하였다. 여러 개의 비슷비슷한 주제를 다룬 제안서들도 있었다. 경우에 따라서는 공원경관에 대한 공모전 마감 이후와 계획하고 있는 IGA 공모전 후에 특별히 선택

여부에 대해 다루게 될 것이다. 개발담당자와 시정부 행정기관은 언젠가 제안자들에게 반환하는 것을 유보하였다. 선택절차의 성과는 공모전 절차와 앞으로의 개발에서 고려될 것이다.

Tempelhof 프로젝트의 개발 담당자들의 지금까지의 연계작업을 통해 지역적, 베를린 전역과 국제적인 파트너들의 다양한 접촉이 이루어져, 고시는 널리 퍼질 수 있었다. 제안자들의 영역은 주민단체에서부터 협회나 시민단체를 거쳐 Start-up과 기업에 이르기까지 그 스펙트럼이 다양했다. 회전시키는 방법은 공원의 개장시 고지하였고, 1차 선택기한을 대중매체에 보도함으로써 알렸다. 이런 방법은 커다란 대중적인 관심과 지속적인 보도가 이루어지도록 했다.

프로젝트들은 자비로 충당한다. 개발추진자 측 또는 시정부 도시개발부의 재정적 지원은 전혀 없다. 최소 50%의 사적 재원과 최대 50%의 공적 재원의 사적 재원과 그 외의 공적 재원 유치하여 혼합하기로 방침을 정하였다. 이 프로젝트들은 공적이며, 공공을 위한 사업을 실현하는 것이므로 그들은 단지 상징적인 사용료로 ㎡당 1유로만 낸다. 상금은 없고, 이용자들은 개인적으로 산출한 매상 참여금을 지불한다. Start-up들도 혁신적이며, 기획안과 관련된 프로젝트들을 개발하고 현장에서 입증해 보기 위하여 공간을 개방할 것이다. 공간이 건축 예정부지에 있기 때문에 이용계약은 한시적이다. 건축부지들은 지속적인 영향을 미치는 기준 외에 선택범주로서 어떤 가치가 있으며, 질적인 보장에 도움이 되는 지에 따라 다양한 중심적인 주제가 정해진다. 임시 사용계약은 적어도 2013년까지다. 우선 및 임시 사용자들은 건축행위가 있을 경우 피해갈 수 있으며, 또 경우에 따라 이후 공원 내 다른 장소 또는 신축건물 내부로 옮길 수 있도록 이용시 유동적이고 이동이 가능하여야 한다.

장기적인 계획과 개발에 있어 자극과 근간이 되는 구성요소로서 임시 및 우선 용도의 통합은 부지의 크기, 지금까지 완벽했던 다른 용도와 도시의 맥락과의 새로운 연결의 필요성, 시민단체들과 관심 있는 단체들의 다양한 혼합성 그리고 폭넓은 주제들로 인해 그 유래가 드물다. 모니터링을 실시하면서 개발과정을 이끌어 갈 것, 다른 용도로 전환할 수 있는지 시험할 것과 여기서 도출되는 추천사항들을 앞으로의 도시개발 프로젝트에 전개시켜 나갈 것이라고 미리 알렸다.

전망

2011년 봄 부지의 새로운 조성을 위한 공모전이 결정되었다. 2013년에는 조성공사가 시작되어야만 2017년 "국제정원박람회"(IGA)에 맞추어 일부분을 개장할 수 있다. 그 외에 2020년 새로운 "국제건축박람회"(IBA)도 계획되어 있다. 이는 공지뿐만 아니라 인접한 주거지역도 계획에 편입될 것이다.

국제건축박람회의 연구와 준비를 위해서는 현재 IBA 준비 팀이 구성되었다. IBA도 하나의 전시공간을 갖고 우선 용도에 참여하여, 장소의 중요성을 연구와 준비 작업에 편입시키고 있다. "지속적인 도시개발을 위한 구성요소로서의 임시 및 우선 이용"이라는 테마에 대해 IBA의 틀 안에서 모니터링을 실시할 것도 계획되어 있다.

평가

처리의 기회

- 공항을 그대로 두자는 의견을 갖고 있던 사람들의 기본적으로 거부하는 태도는 폐쇄 이후에 그 부지에 들어가서 경험할 수 있게 되면서 바뀌었다. 과거 공항부지를 개방하기 전에 안내를 동반한 투어를 실시함으로써 둘러보게 하였는데, 이는 부지와 이용가능성을 대중들에게 인식시키는데 기여 하였다.
- Tempelhof에서 이루어지는 전 과정은 참여할 수 있는 가능성이 많다는 것이 인상적이다. 이미 매우 일찍이(폐쇄 전에도), 그리고 2007년에서 2010년 사이에 지속적으로 참여에 대한 제안이 있었다. 그 중심에는 추후 용도에 대한 주민들의 희망과 상상을 수집하는 것이었다.
- 임시이용을 통해 부지를 개발하는 새롭고, 실험적인 접근방법을 보여주었다. 이 방법은 임시 이용에 관련된 모든 관계자(행정에서부터 개인적인 대표자들까지)들이 매우 건설적인 견해를 갖고 있다는 것이 특징이다. 부지를 이런 방법으로 개발하려는 결정은 정책적인 면에서도 그렇지만 행정적인 차원에서도 마찬가지이며, 관여자의 대부분이 이를 지원하고 있다.

절차상의 걸림돌

- 2007년의 주민참여 시에는 공항을 폐쇄하고 이렇게 넓은, 중심에 위치한 공간에 공원을 조성한다는 전망과 가능성에 대해 부정적인 분위기가 지배적이었다. 이는 단지 제한적인 것만 얻어냈다: 많은 사람들이 다양한 주제 영역에 대한 아이디어를 개발하였음에도 불구하고 평가는 일반적으로 거부하는 것으로 나타났다. 온라인 포럼에서의 아이디어를 부정적으로 평가할 가능성은 이런 상황에서 비생산적이었다.

결론

- 가장 중요한 문제인 공항의 폐쇄에 대해 공지한 이후 대중의 목소리는 가능한 추후용도에 대한 토론에서 무엇을 함께 만들어갈 것인지에 대한 방향으로 맞추어졌다. 2007년의 주민참여는 이렇게 방대한 도시 중심부에 자리 잡은 공지의 개발 전망과 가능성을 보여주는 것이 목적이었다. 그러나 이는 제한적인 성과를 거두었을 뿐이다: 다양한 주제영역에 대한 많은 아이디어가 전개되기는 하였지만, 그럼에도 불구하고 평가는 대부분 회의적인 태도가 지배적이었으며 거부하는 태도까지 있는 것으로 나타났다. 이런 의견은 구체적으로 공항을 폐쇄하게 된 이후 직접 부지에 들어가 경험을 하고나서야 달라졌다.

- 진행 전 과정에 걸쳐 지속적이고 포괄적인 주민참여 제안을 한 것은 주목할 만하다. 그럼에도 불구하고 여기에서 제안은 무엇보다 자문 차원에 머무는 것이며, 결정은 관행상 다른 차원에 해당된다는 것을 인지해야 한다. 여기에서 참여의 성과가 어떤 구속력을 갖는 지는 상당히 불명확하다.

- 모든 프로젝트 파트너들의 편견 없는 열린 마음은 임시 및 우선 용도의 전개에 있어 매우 중요하다. 모든 방면에서 편견 없이 논의할 용의가 있어야 하고, 존경과 인내심을 필요로 한다. 이렇게 대화를 필요로 하는 복합적인 개발과정에 대해서는 거의 훈련이 되어 있지 않고, 절차가 아직 무리없이 그 기능을 하지 못하고 있기 때문이다. 완전히 다른 다양한 도시개발 관련 파트너들이 대거 참여, 포괄적인 협력으로 "Tempelhof Freiheit"를 계획하고 조성하는 데 있어 결정을 해야 하는 모든 국면에서 이들은 함께해야 할 것이다. 이는 이런 과정 없이는 실행이 불가능한, 원칙적이고 기본적인 전제조건이다.

사실관계

행정구역	Tempelhof-Schoneberg
기간	2007-2010
재정	시정부 도시개발부
면적	구 공항부지 전체면적은 386ha이다. 그 중 약 330ha가 활주로가 있던 곳이며 이것이 미래의 공원부지이다.

1. 도시 및 오픈스페이스의 계획

Nauener 광장의 개조(어린이 및 청소년 참여)

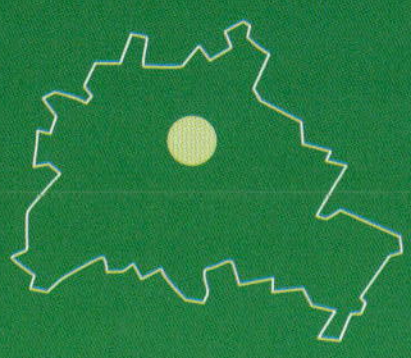

일정개요

2004 여름	"Nauener를 새롭게!" 단체 설립
2006. 08 – 2007. 06	1차 참여단계 : 아이디어 찾기
2007. 04	조명테스트
2007. 06	주제에 따른 테마공작소 : 조명, 음향과 모든 세대를 아우르는 이용 가능한 요소들
2007. 07 – 2008. 06	2차 참여단계 : 초안 완성
2007. 11	"감각 축제"
2007. 11 – 2008. 03	다양한 이용그룹과 함께 8가지의 Soundwalk
2008. 07. 08	건축시작
2008. 07 – 2009. 09	3차 참여단계 : 건축적 변화
2008. 06. 14	여름축제
2009. 07. 04	부분 개장 축제
2009. 09. 05	광장의 개장 : 개장 축제

사전준비 : 출발시 상황과 기본여건

기본여건

Nauener Platz는 광장의 체류의 질이 떨어지고 이용에 심한 갈등이 빚어져 개조가 꼭 필요했었다. 무엇보다 알코올 및 마약중독자들로 인해 주민들, 특히 어린이들과 노인들이 밀려나게 되었던 것이다.
이 광장의 개조는 2004년 여름 청소년의 집의 비공개 회의에서 설립되어, 그 때부터 광장이 다시 활기를 띠도록 새롭게 조성하는 데 전력을 기울여 온 "Nauener를 새롭게!"라는 단체의 노력으로 시작되었다. 이 단체는 참여과정에 편입되는 데 큰 관심을 갖고 있었으며, 활동에 대한 정보들은 시의 구역에 잘 전달할 수 있었다.

2006년에 사회 통합적 도시의 재원으로 예비 결정의 완성에 이를 1차 참여방안이 실행되었다. 광장의 개조를 위해서는 Pankstraße/Reinickendorfer Straße 지구관리 사업을 통해 이미 조정된 공모와 진행의 위탁과 같은 과제가 시행되었다.

개조는 관할 행정구역에 의해 ExWoSt-모델프로젝트로서 "가족과 노인들에게 적합한 혁신 도시지구"라는 주제와 병행하여 강력하게 요청되었다. 이리 하여 비교적 많은 재원이 할당되었으며, 추가적인 모듈을 통합시킬 수 있었다. 모델프로젝트로서 이 계획은 그 외에도 학술적인 것이 동반, 지원되었다. 이렇게 함으로써 "주민참여"와 경험공작소 같은 주제에 따른 행사가 제공된 것이다.

개조 목적

- 다양한 이용욕구를 충족시킬 수 있는 혁신적인 옥외공간의 조성
- 안전성과 안전하다는 느낌의 제고
- 광장의 이미지 변화와 매력과 유용성을 높임
- 주민들의 참여와 활성화
- 행정 내부에서 소관 전문분야를 총망라한 작업

참여는 계획 전의 욕구와 아이디어에 대한 설문에서부터 시작하여 구상과 실행에 이르기까지 계획의 전과정에서 이루어졌다.

참여의 목적과 목표 집단

목적

- 계획에 대하여 주민들, 무엇보다 직접적으로 경계를 이루고 있는 주민들(노인주거시설)에게 정보제공.
- 개조를 위한 구체적인 희망과 아이디어의 수집을 통해 계획의 기초를 창출함.
- 폭넓은 주민참여, 특히 다양한 목표그룹의 참여
- 광장 이용자들의 통합(청소년시설인 청소년의 집)
- 창의적인 아이디어를 제기할 수 있는 방법의 적용
- 문화파괴행위를 줄이기 위해 광장 이용자들의 일체성의 창출

목표 집단

광장의 잠재적 이용집단들은 매우 다양해 부분적으로 대립적인 요구나 (이용) 갈등을 보인다.

- 어린이나 청소년이 있는 가정이 높은 비율을 차지한다.
- 이에 반해 65세 이상 주민들의 비율도 높다(주로 이주민이 아님).
- 그 외에도 다양한 문화권의 주민 비율이 일반적으로 높다.

젊은 계층과 노인 계층의 주민들 사이에는 문화적, 가족 구조적, 견해적으로 차이가 있으며, 이는 극복하기가 쉽지 않기 때문에 긴장의 소지가 있다. 동시에 이용에 대한 기대도 서로 상이하다: 어린이와 청소년들은 활동적이고 스포츠와 관련된 활동을 원하며, 노인들은 조용히 쉬면서 긴장을 풀기를 원한다.

과정의 조종

이 프로젝트에는 많은 관심집단이 참여하였다: 4개 이상의 다른 행정부서가 관여하였는데 그 중 환경과 자연보호청이 이 프로젝트의 책임을 졌다. 그 외에 청소년 및 재정부와 도로 및 녹지관리청도 내용적으로 깊숙이 관여하였다. 그 지역에는 도시지역관리, 단체 "Nauener를 새롭게!", 청소년의 집과 같은 수많은 관심그룹이 있었으며, 그 밖에도 일련의 개별적인 과제에 책임을 맡은 프로젝트 그룹들이 있었다. 따라서 포괄적인 조정을 하는 것이 필요했다.

프로젝트 지휘

환경 및 자연보호청은 관할 행정관청으로부터 ExWoSt-모델프로젝트로서 개조를 청구할 권리를 넘겨받았다. 진행과정의 조종에 있어서의 구조적인 차원은 환경 및 자연보호청을 통해 인수받았다.

- 재원 유치
- ExWoSt-연구프로젝트와 관련된 형식적인 업무
- 외부와의 계약 체결
- 프로젝트 관계자들과의 대화 – 특히 지역 행정관청의 해당 부서들과.

ExWoSt-프로젝트로서의 촉진을 통하여 엄청난 행정 및 공제의 소모가 생겼다. 앞으로의 과제는 목표의 결정과 홍보활동의 코디네이션을 위한 총체적인 책임을 맡는 것이다. 도시개발부와 청소년 및 재정부 2개의 부서가 프로젝트 담당자로서 기능을 하였다.

프로젝트의 조종

프로젝트의 지휘는 실행을 하는 데 있어 외부의 서비스업체가 지원을 받았다. 과제는 진행과정상 구조화와 문서작성, 모든 관계자와의 결정, 그리고 연구계획에 대한 보고를 하는 것들이다. 추가적인 과제로는 회계감사, 자금관리, 그 외의 외부 관계자들과의 위탁업무와 관련된 것들이 있다.

광장의 관리

광장의 관리인은 이미 청소년의 집이 "Nauener를 새롭게!" 단체와 협력이 이루어지기 이전부터 활동하고 있었으며, 진행과정에도 관여하였다. 이미 참여하고 있는 단체와 주민들, 기업운영자들과 기관들, 그리고 많은 관심집단들과의 구조적인 연결이 목적이었다. 이를 위해 광장의 관리인을 통해 "Nauener를 새롭게!" 단체와 긴밀하게 협력하고, 특별히 오픈 스페이스와 관련된 활동을 실행했다.

조정은 다양한 국면에서 이루어졌다

- 프로젝트의 조종과 지휘 사이에는 매주 조정을 위한 모임이 이루어졌다.
- 서로 다른 분야의 행정기관의 프로젝트와 관련된 파트너들의 회합이 실행되어 내용적인 모든 단계를 주제로 삼는다.
- 모든 관계자가 참여하는 대규모 프로젝트 관련 모임의 실행(업무를 위탁   받은 사람들, 지역의 관심집단들)

참여의 실행

2007년 아이디어를 찾기 위한 참여기회 제안

1단계 : 구상과 참여단계 – 주민들과의 아이디어 개발과 다양한 집단 간의 희망과 욕구에 대한 관심 있는 토론.

폭넓은 혼합적인 방법을 적용으로 광장의 구상 및 형상에 관한 아이디어가 나온다: 1단계에서는 다양한 관심그룹과 함께 워크숍을 열고, 2단계로는 목표그룹들이 공동의 아이디어를 광장에 전개하기 위해 공간이용 공작소를 함께 운영한다.

참여 제안은 주로 찾아내는 방법으로 이루어진다. 즉 특정 목표 집단이 성취할 수 있는 그 장소의 설비에 대한 제안들이다. 결과는 관심 있는 사람들 및 담당 행정기관과 함께 주민모임에서 표결에 붙여진다. 벤치에 대한 아이디어는 이후 전문가들이 계속 개발하게 된다.

참여방법

- 판놀이 "환상적인 구역" : 이 프로젝트를 위해 특별히 고안한 놀이로 광장을 대표할 수 있는 아이디어가 모아진 것이다. 이 놀이는 Nauener Platz에 대한 질문을 내포하고 있어 가능한 개조에 대한 입장표현을 하거나 다른 그룹의 입장에서 입장을 바꾸어 생각해 볼 것을 요구할 수도 있다. 이 판놀이는 3번 이용되었다.
  ※ 한 이슬람 사원에서 노인들, 청소년들, 어린이들과 함께. 이로써 수많은, 일부는 아주 기발한 시설에 관한 아이디어를 수집할 수 있었다.
- 연구를 위한 순찰 : 참여자들은 연구를 위한 순찰에서 그 장소에 대해 탐색할 수 있었으며, 일정한 곳에서는 "여기에서는 어떤 영화를 상영할 수 있을 것인가?"라는 등 범상치 않은 질문에 답해야 했다. 이런 방법은 다양한 측면에서 광장을 인지하여 토의주제로 삼도록 하는데 매우 적절했다.

- 환상여행 : 참여한 어린이들을 가상의 배로 놀이터가 조성될 외로운 섬으로 안내했다. 이 환상여행은 예루살렘 도서관에서 열렸다. 흔치 않은 접근방법으로, 매우 창의적인 성과를 거두었다. 공작된 놀이기구로 후에 어린이들의 요구를 귀납적으로 추리할 수 있었으며, 개개의 아이디어들도 직접 적용될 수 있었다.

- 미래공작소 : 미래공작소는 이주배경을 가진 45명의 어린이와 청소년들에 의해 수행되었다. 질서가 없기도 했지만 중요한 것은 상당부분 계획에 고려된 좋은 아이디어를 끄집어낼 수 있었다는 것이다. 이 경우 현장탐방을 포함한 전형적인 미래공작소의 결합이 매우 도움이 되었다.

- 공간이용 공작소 : 2회의 공간이용 공작소에서 아이디어들이 다양한 참여방법을 통해 결합되었다. 여기에는 지역의 행정관청도 참여하였다. 1차 공간이용 공작소에서는 전에 시행된 참여방법을 통해 전개된 이용희망을 장소에 앉혀야만 했다. 여기서는 미리 준비된 카드에 아이디어를 그림으로 그려 참가자들이 계획도면 위에 자리 잡도록 했다. 다른 한편으로는 경쟁을 피하기 위해 목표집단별로 토론을 했다. 여기서는 해결책을 모색하기 위한 생생한 토론이 이루어졌으며, 성과는 직접적으로 계획에 반영될 수 있었다.
  2차 공간이용 공작소에서는 3개의 주제영역에 대한 구체적인 이용 아이디어와 오브제를 공동 작업을 통해 완성하였다: 조명, 음향 그리고 세대를 아우르는 놀이기구. 여기서는 구체적인 오브제들이 시범적으로 고안되었다. 성과는 앞으로의 테마공작소를 위한 기초를 형성하였다.

- 조명 테스트 : 다양한 세대의 이용집단들과 조명계획가가 함께 안전한 느낌이 들도록 개선하기 위해 가능한 방안들을 실험하였다. 통상적으로 오픈 스페이스에는 조명을 하지 않으므로 경제적이면서도 효과적이고, 문화 파괴적인 행위에 대항할 수 있는 해결책을 찾아야만 했다. 참여자들은 다양한 조명기구를 이용해 어느 지점에 설치가 가능한 지를 시험했다. 여기서는 LED조명으로 비용을 절약할 수 있는 선형조명을 통해 안전한 느낌을 최대화할 수 있다는 것이 분명히 드러났다.

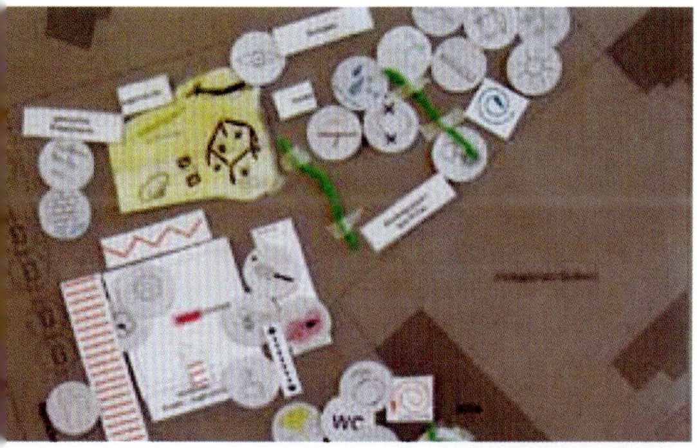

-광장의 그림 장식, 매달 열릴 벼룩시장과 청소활동 같은 활동들.

2008년 계획을 구체화하기 위한 참여의 제공

2단계 : 건축 시작까지 계획의 완성 – 폭넓은 시민들과 지금까지 참여하지 않았던 인근 주민들의 통합.
이 국면은 폭넓은 모듈(예를 들어 소음문제, 특별한 활동– 및 쉴 곳의 요소들)들을 통합하고 폭넓은 관계들을 연결시키기 위해 반드시 필요했다. 하지만 여기에 적용된 방법은 참여자들로 하여금 지연시키는 것으로 느껴졌다.

참여방법

– 테마공작소 : 3주라는 빠듯한 기간에 걸쳐 "오픈 스페이스에서의 조명", "오픈 스페이스에서의 음향"과 "모든 세대를 다 아우르는 요소들" 주제영역들에 대한 테마공작소가 열렸다. 공개적인 시작을 알리는 행사에서는 전문가들과 함께 공간이용 공작소에서 이루어진 성과에 대한 협의가 있었다. 마침내 분야 공통의 팀은 창의적인 과정에서 설계 초안을 완성하여 중간토론 시에 일반에게 소개된 후 다시 완성 작업에 들어갔다. 마지막으로 마감토론이 이루어졌으며, 계획안이 일반에게 공개되고, 토론에 부쳐졌다. 이런 방법으로 구체적인 계획안이 마련되었으며, Nauener Platz에 적용될 수 있었던 것이다.

– Soundwalks : 이 행사는 베를린 공과대학과의 협력으로 다양한 목표 집단과 함께 열었다. 구체적인 질문들을 함으로써 참여자들은 자신들이 전문가인양 느낄 수 있었다. 상이한 목표 집단들과 각각 총 8가지의 Soundwalks가 실행되었다. 특히 노인들을 대상으로 한 방법이 좋은 평가를 받았으며, 청소년들을 대상으로 한 것은 별로였다. 그것을 기초로 추가적인 측정과 학문적인 지식에 바탕을 둔 사운드 컨셉이 개발되었다. 여기에는 음향요소들이 통합되었으며, 목표한 소음발생을 줄이는 형태적 요소들이 고안되었다.
– 서술형식의 인터뷰 : 다양한 세대와 문화권의 사람들과 총 8회의 서술형식의 인터뷰가 실시되었다.

– "감각 축제" : 이는 2007년 11월 청소년의 집에서 실시되었다. 주로 어린이들과 가족들을 위한 수많은 활동들은 광장과 시설들 사이의 연결을 강화시키고 광장에서 다방면에서, 새로운 감각적인 경험을 할 수 있었다. 10개의 장소에서 다양한 감각의 자극을 받도록 함으로써 어떤 것을 선호하는지 관찰할 수 있었으며, 사람들은 앞으로의 변화에 준비를 하게 된다.

– 광장의 그림 장식, 매달 열릴 벼룩시장과 청소활동 같은 활동들을 계속함.

시행기간 동안의 참여기회 제공

3단계 : 건축에의 적용 – 많은 것을 수용할 수 있도록 하기 위한 개조공사의 투명성

- 다양한 방법의 홍보활동 : 정보 소책자, 순회 전시회, 공사부지 견학. "Der Nauener"라는 공작판을 설치하여 "Nauener를 새롭게!" 단체가 공사 진행상황을 알려주었다.

- 수용력을 높여 문화 파괴행위를 줄이기 위하여 공사에 어린이와 청소년들을 참여시킴. 청소년들에게는 임금이 지불되지는 않았으나 SOS-어린이마을과 함께 청소년 프로젝트에 대한 협력구조로 이 방법은 극히 제한적으로 이루어질 수밖에 없었다. 결과는 신용할 수 없었으며, 조경회사 측에서도 통합시키기가 매우 어려웠다. 다양한 기술적인 이유로 특정한 작업만이 협조가 가능했다.

- 지역 행정관청은 개조공사가 진행되는 동안에도 새로운 아이디어를 통합시켜 적용시킬 수 있도록 상존하며 개방적인 입장을 취했다.

- 단계단계에서 개장축제를 열었다.
  많은 노력을 기울였음에도 불구하고 긴 공사기간 동안 용인을 받는 것은 어려운 일이었다. 개조공사가 진행되는 동안 프로젝트의 경감 조정은 계속 활성화되었으며, 이는 건축회사와 건축 현장 감독 간의 중재를 위해서, 그리고 대두되는 변화에 대처하기 위해서도 필요했다.

평가

성과와 그 후의 진행과정

목표 집단들의 욕구와 갈등을 반영한 다양한 공간구조를 지닌 광장을 위한 구체적인 계획모델이 생겼다. 광장의 조성을 위해 완성된 초안에는 다양한 용도에 대한 관심을 담아낼 수 있었으며, 그 외에도 일부분은 특별히 Nauener Platz를 위해 개발한 혁신적인 요소들을 통합시켰다. 조명컨셉은 안전한 느낌을 가질 수 있도록 하였다.

참여절차를 거치는 동안 개발된 아이디어 중 오픈 스페이스의 구조, 소음방지와 조명요소의 배치, 놀이기구와 기타 설치물 등이 실제 적용되었다. 재정적인 이유로 포기해야만 하는 것들도 있었다.

처리의 결과

- 질적으로 우수한 광장을 조성하기 위해 수집한 아이디어의 다양성과 창의성
- 서로 다른 시간대에 다양한 이용집단이 사용할 수 있도록 모든 세대를 다 아우를 수 있는 공간의 창출
- 참여자들은 만남을 가능케 하는 공간 조성을 하기 위해 서로 간의 공간에 경계를 두는 대신 타협을 하는 방향으로 전개시켰다.
- 광장에 대해, 그리고 이웃 간의 만남의 장소로서 청소년의 집을 개방하였다.
- 안전하다는 느낌을 제고시키기 위해 가격이 저렴하면서도 효과적인 조명 시설을 하였다.
- 추가적인 음향과 설비요소를 도입한 혁신적이며 효과적인 음향설비를 갖춰 한편으로는 소음을 줄이고, 다른 한편으로는 소음에 민감하게 반응하도록 했다.

지역의 관심집단들을 광장의 청소 및 제반 책임을 지도록 통합시킴

- 우선 청소년의 집이 도로 및 녹지관리청과 협력하여 청소 및 제반 책임을 담당하기로 하였다. 2010년에 책임 단체를 바꾸어 2011년 봄부터 새로 구축한 관리구조가 시행되었다.
- SOS-어린이마을, 한 유치원 및 지역의 시설들과 화단을 함께 가꾸는 협력관계를 맺었다.
- 조성공사가 끝나기 전에 이미 청소년의 집이 실시한 라운드 테이블이 열렸다. 여기에서는 지역의 여러 관심집단이 참여하여 광장의 문제점과 발전방향에 대해 논의하였다.

관심집단이 참여하여 광장의 문제점과 발전방향에 대해 논의하였다.

언론의 반응 : 언론에서는 광장에 설치된 창의적인 시설들과 모든 세대를 아우르는 공간의 연결성에 대해 기뻐하였으며, "독일에서 가장 현대적인 광장"이라고 표현했다. 가장 중요한 주제는 학문적으로도 주의를 끄는 소음에 관한 컨셉이다. "공과대학 연구에서 밝혔듯이 Nauener Platz의 음향은 현재 전 세계의 조명전문가들이 관심을 갖고 있다"(Berliner Woche,18.06. 2008). 참여의 방법들, 무엇보다 Soundwalks 같은 혁신적인 것에 대해서 긍정적으로 평가하였다. 이전의 부정적인 이미지를 바꿀 수 있을까 하던 시작단계에서의 회의적인 분위기는 결국 긍정적인 반응으로 바뀌었다.

목표 집단과의 접촉과 홍보활동

모든 국면에서 "Nauener를 새롭게!" 단체가 주도권을 쥐고 지원한 매우 집중적인 홍보활동을 동반 실시하였다.

모든 목표 집단은 개인적인 접촉을 필요로 했으며, 목표 집단에 특화하여 직접 찾아가는 방법을 썼다. 그렇게 함으로써 개개의 이용집단은 그들의 요구를 반영시킬 수 있었고, 매우 진지하게 받아들였다. 이는 관심과 능동적인 참여를 일깨웠다.

- 노인들에게는 거의 개인적인 접촉을 통해서만 다가갈 수 있었다. 그들의 관심은 무엇보다 Soundwalk와 현장의 순회를 통해 일깨울 수 있었다. 광장의 개장 행사에서도 이 두 가지 행사에 참가하는 데도 관심을 가졌다. 그들은 그렇게 해서 다시 광장에 관심을 갖고 장기간 이용하게 되었다.

- 어린이와 가족들은 특히 활동과 축제에 주목하였으며, 가장 성공적으로 행사에 참여하였다. 특히 어린이들은 다양한 방안에 대해 언제나 각별한 관심을 보여주었다.

- 청소년들의 편입은 청소년의 집이 확대재생산자와 협력파트너로 함께 하였음에도 불구하고 일반적으로 어렵게 느껴졌다. 계획의 진행국면에의 참여는 나중 공사가 진행되는 동안보다는 성공적이었다.

- 인근의 기관들은 SOS-직업교육센터는 조성공사에 청소년들을 참여시키는 등 무엇보다 구체적인 내용적 문제가 생겼을 때나 지원이 필요할 때 관여 하였다.

목표 집단에 특화된 참여방안 외에 공간이용 공작소, 조명 테스트, 축제 등을 항상 거듭하여 만남의 기회를 만들었다. 이렇게 함으로써 관계맺음을 두려워하는 것과 선입견을 없앴다.

처리의 기회

- 중요한 성공요인으로는 지방 행정관청의 2개 부서가 긴밀한 협력을 한것, 전 과정에 걸친 모든 참여자의 매우 높은 투명성과 소통, 경관계획가와 진행 측과의 긴밀한 협력을 들 수 있다. 행정관청은 빠듯한 인력에도 불구하고 긴밀한 상호교환체제를 창출할 수 있었다.
- 목표 집단에 방향을 맞춘 참여방안은 개별 그룹의 희망과 관심을 구체화 시키는 것을 가능하게 하였으며, 더불어 다른 집단의 욕구도 고려할 수 있게 했다. 특히 공간이용 공작소는 모든 세대 간의 관심이 대립되는 공간을 창출하였다. 많은 목표 집단의 폭넓은 참여는 청소년 계층의 참여가 가장 어려웠다는 것을 알 수 있게 해주었다.
- 마치 놀이와 같은 방법의 선택은 참여자들을 즐겁게 하였으며, 함께 만나 계획하는 것에 대한 흥미를 일깨워 주었다. 활성적인 다방면의 참여제안은 통합시킬 수 있었으며, 이는 지역에 금방 퍼졌고 긍정적으로 받아들여졌다.

절차상의 걸림돌

- 시민단체 "Nauener를 새롭게!"의 편입은 지속적인 동반과 승인을 필요로 했는데, 이는 광장의 관사업의 진행을 통해 이루어졌다. 물론 이 단체는 이렇게 광장을 위해 장기간 책임질 수는 없었다. 이 단는 과제를 모두 충족시킨 것으로 판단되어 2009년 12월 광장 완공 2달 후에 해체되었다.

- 과정의 마무리 단계에서는 주민들을 만나는 것이 어렵게 되어 갔다. 시민단체 "Nauener를 새롭게!"도 공사 진행 기간에는 더 이상 충분히 관여하지 않는다는 느낌이었으며, 그럼으로써 동시에 조성방안에서 발생하는 처리해야 할 사무적인 업무와 시간적 압박에 시달려야 했다. 이는 구성원들을 점점 후퇴하게 만들었다.

- 공사의 지연에 대해서는 모두 다 말하기 어렵다. 이는 한편으로는 이후 적용되는 추가적인 희망이나 아이디어에 의해 생기기도 하고, 다른 한편으로는 주민들에 의해 용인되지 않아서 이기도 하다. 사무적인 업무(계약체결, 자재 청구...)에 필요한 시간이 잘 맞지 않아 공사 진행이 안 되기도 했다. 이렇게 해서 과연 실현이 될 수 있을 것인지 조바심과 불신도 생겼었다. 계속적이고 폭넓은 정보제공 방안에도 불구하고 잘 받아들이지 않다가 개장을 하고나서야 매우 긍정적인 반응들을 보이게 되었다.

결론

- Nauener Platz에의 참여는 매우 포괄적, 창조적, 목표집단지향적으로 실시되었다. 다양한 목표집단 참여성과는 참여방안을 실행하는데 있어 비용이 많이 드는 찾아가는 업무와 그의 창의성에 있다.

- ExWoSt-모델프로젝트로서의 촉진을 통해 한편으로는 진행방법과 해결책 적용을 실험해볼 수 있는 커다란 여지가 생겼다. 다른 한편으로는 담당 행정직원들을 부담의 한계까지 몰고 가는 엄청난 결정 및 행정의 소모를 초래하였다.

- 전체적으로 참여방법들은 광자의 질적인 가치를 현저히 높이는데 기여하였으며, 따라서 이용에 있어서의 갈등을 최소화시켰다. 광장의 이용과 분위기는 이로서 근본적으로 달라졌다.

사실관계

행정구역위치	Mitte
시행기간	2006. 12 – 2009. 11
재정조달	– 총건축비용 : 965,058.20유로(ExWoSt : 558,204.75유로, Mitte 관청 자체비용 : 406,853.45유로)
	– 2006년 참여절차비용(사회 통합적 도시) : 16,320유로 2007 ~ 2009년의 참여절차비용 약 72,000유로
	– 연구, 계획, 조종, 참여 및 홍보활동 비용(건축비용제외) 457,711.80유로
	– 지역 행정관청은 프로젝트의 지휘를 위해 하나의 종일 근무제 일자리를 부담했다. 이는 매우 빠듯한 것이었으며, 프로젝트의 조정 측면에서 외부의 지원을 받아야만 그 기능을 할 수가 있었다. 행정관청 내에 적어도 2개의 종일근무제 자리는 있었어야 했다.
면적	Nauener Platz : 7,500㎡

1. 도시 및 여가공간의 계획

Schorfheideviertel Marzahn 에서의 두 바퀴 수레 방법

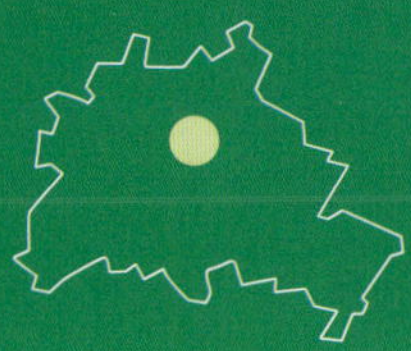

일정개요

1999	– Marzahn 북서지역 지구관리 설치
2003	– 1차 동부 도시재개발–Ahrensfelder Terrassen의 상당부분인 약 1,200가구의 주거 철거
2006. 02 / 03	– 철거 후 오픈 스페이스가 된 부지의 추후 용도에 대한 아이디어를 수집하기 위한 주민참여 방법의 공모
2007	– 2차 동부 도시재개발–Schorfheideviertel의 216채 단독주택 철거
2007. 02 – 05	– 두 바퀴 수레 방법의 실시
2월	– 시작 및 미니 두 바퀴 수레(2일간)
3월	– 주 두 바퀴 수레(4일간)
5월	– 마감 두 바퀴 수레(1일간)
2007. 11 – 2010. 05	– 콘셉의 적용
2009. 12	– 세입자들에게 "MUFUS"의 인도

사전준비 : 출발시 상황과 기본여건

사회 통합적 도시와 동부의 도시재개발

1989년 베를린장벽이 열린 후 Marzahn 북서쪽 주거지역인 Schorfheideviertel은 1990년대에 도시가 위축되는 지역으로 변화되었다. 인구수가 줄어들고, 점점 빈 집이 늘어났다.

1999년 이 지역은 특별히 개발을 필요로 하는 지역으로 선포되어 지구 관리지역으로 지정되면서 사회통합적 도시프로그램의 촉진기금을 받게 되었다. 2009년 말까지는 UrbanPlan사는 Quartiers Agentur와 함께 이 지구의 사업 추진자였으며, 2010년 1월부터는 Kiek in e.V가 Marzahn 북서쪽의 지구 관리 절차의 새로운 추진자가 되었다.

2002년부터 이 곳 Marzahn 북서부지역은 베를린 동부 도시재개발지역에 속했다. 1년 후에 이미 1차 도시재개발사업이 시작되었으며, 보수되지 않은 주거용 건물들은 철거하거나 부분해체 또는 보수되었다. 2007년에는 11층과 처음으로 6층 주거용 건물을 완전히 다시 건축하였다. 이런 도시재건축 과정은 지역의 커다란 도시건축적인 변화와 사회적 단절을 초래하였다. 주민들의 도시재건축 과정에의 편입과 이와 관련된 주거 주변 환경의 평가는 주민들의 관계와 이미지를 개선하는데 기여했다.

Marzahn Schorfheideviertel의 두 바퀴 수레 방법

주택건설협회(WBG) Marzahn/DeGeWo-그룹 소유 주거용 건물의 대규모 철거는 Schorfheideviertel의 도시 건축적 상황은 근본적인 변화를 초래하였다. 2007년 초에 주민들을 오픈 스페이스의 추후용도에 대한 계획에 참여시키기 위하여 Quartier 에이전트가 주도권을 쥐고 주민참여 방안에 대한 공모가 실시하였다. 주민참여를 통해 아이디어를 수집하여 계획안을 완성할 수 있다는 인식과 관심에서 이 과정을 편입시킨 것이다. 방법의 선택절차에서 조경건축가들로 이루어진 그룹 F와 커뮤니케이션사의 ts 편집실이 제안한 두 바퀴 수레 방법이 선택되었다. 이 팀은 2007년 봄 여러 단계의 두 바퀴 수레 방법을 실시하였다. 여기에는 200명 이상의 주민들과 많은 Marzahn 지역 소재 단체와 협회들이 참여하였다.

이 두 바퀴 수레 방법은 지역의 모든 관련자들, 관심을 갖고 있는 사람들이 직접적으로 참여하는 공공 계획 방법으로 전 과정이 공개적으로 현장에서 진행된다. 관심 있는 사람들은 계획에 대해 언제든지 관찰하거나 활동에 참여하여 해결책을 찾는데 함께 할 수 있다. 이 방법은 이런 식으로 직접적인 참여를 가능하게 하며, 모든 관심 있는 그룹들은 해답을 찾아 전개시켜나가는 데 있어서 서로 만나 공동의 컨셉을 이루어낼 수 있다.

두 바퀴 수레 방법의 목적과 목표 집단

목적

- Marzahn 북서부 지역의 주민들과 그곳에서 활동하는 단체들은 주택의 철거로 인해 생긴 오픈 스페이스의 추후 이용에 관한 아이디어를 찾는 과정과 지구와 관련하여 동질성을 찾기 위한 과정을 강화시키는데 참여시키려는 것이었다. 목적은 기존의 지구 내 세입자들을 유지하려는 것이었다.
- 함께 컨셉을 만들어가는 과정을 통하여 관련된 많은 사람들이 도시의 재건축을 수용할 수 있도록 하는 것이다.
- 지구 내에서의 주민참여를 활성화시키고 책임을 넘겨받아 앞으로도 오픈 스페이스를 청결하게 관리하고 보존하는 데 기여하도록 하는 것이다.

- 인접지역 거주자들과 외부 계획 전문가들을 통해 높은 질의 컨셉을 창출하고 동시에 이용집단들에게는 폭넓게 용인받으려는 것이다.

목표 집단
- 관련자(주민, 협회, 단체)
- 결정에 책임이 있는 사람들(지역 행정관청, 시정부 도시개발부)
- WBG Marzahn / DeGeWo-그룹과 인접 주택회사
- (경관건축, 도시계획, 건축 분야의) 창의적인 연구그룹과 계획가들

진행과정의 조종

두 바퀴 수레 팀
그룹 F는 책임 경관계획회사로 선택되었다. ts사 편집부(계획과 관련한 커뮤니케이션)와 함께 수반되는 홍보활동과 전체적인 절차의 진행을 맡아 수레 팀을 형성하였다.

프로젝트협의회
절차의 시작단계에서 지구 관리를 통해 프로젝트협의회가 만들어졌다. 이 프로젝트협의회의 과제는 수레 방법을 내용적으로 준비해주고, 코디네이션 해주는 것이었다. 이는 다음과 같은 대표그룹으로 구성되었다.

- 지구관리
- 지역의 도시계획청
- 주택소유주들
- 계획회사의 대표
- 시정부 도시개발부
- 주택건설조합
- 주민대표 / 지구위원회의 회원

아이디어발전소
계획회사의 젊고 창의적인 팀과 다양한 전공의 참여 학생들이 수레 방법에 함께 참여하였다. 그들은 외부에서 보는 전문적인 관점과 기술적-예술적 노하우를 얻게 해주었다.

참여의 실행

두 바퀴 수레 방법은 2007년 2월부터 5월 까지 현장에서 3회에 걸쳐 실행되었다.
1. 시작 및 미니 두 바퀴 수레(2월에 2일간)
2. 주 두 바퀴 수레(3월말에 4일간)
3. 마감 두 바퀴 수레(5월에 1일)

1. 시작 및 미니 두 바퀴 수레
2월에 이틀에 걸쳐 시작 및 미니 수레가 시행되었다. 시작은 현장의 질과 정체성에 대한 첫 번째 여러 가지 아이디어를 동원시키는 성과를 얻었다. 부지의 투어와 몇몇 계단실 대화를 하면서 주거 주변 환경의 상황을 돌아보고 나서 그룹별로 토의를 하였다. 모든 참석자들은 앞으로 작업의 중점과 테마, 그리고 주 수레 때의 작업프로그램을 확정하는 성과를 거두었다.

2. 주 두 바퀴 수레
주 수레는 4일 연속으로 열렸다. 목표 집단에 특화한 토론과 성과가 불확실한 토론의 혼합으로 각각의 집단들이 넘겨받을 부지에 대한 관심사, 장애물, 준비성, 책임을 파악할 수 있게 해주었다. 날마다 시작과 끝부분에 모든 관심집단들을 초대하여 제시된 아이디어에 대한 토론을 하였다. 성과로는 인근에 임대차고, 조용한 녹지- 및 오픈 스페이스, 새로운 도로의 신설 등과 같은 구체적인 희망이 제시되었다. 이는 마무리 수레와 앞으로 계획을 위한 기초가 될 계획 안에 포함되었다.

절차의 성과
총 약 200명이 수레 방안에 활동적으로 참여하였으며, 이 중 약 150명은 시민 및 지구 내 주민들이었다. 수레방안으로 지역의 질과 잠재력을 끄집어내 개발방안의 기초를 마련할 수 있었다.
행동전략으로 공개적으로 심도 있는 토의를 하고 결정을 하는 컨셉이 생겼다. 여기서는 내용적인 계획 외에 다음 단계로 프로젝트를 적용하는 과정, 그리고 누가 관할할 것인지까지 확정하게 된다.
컨셉의 중심 아이디어는 지역에 "Schorfheide"를 도로의 이름으로 한다는 것이었다. 이용할 오픈 스페이스는 거친 황야로 대표되는 베를린 북부의 독특한 수종인 소나무가 있는 자연이 거의 훼손되지 않은 숲지역과 특징 있는 초지 식생과 전형적인 황야경관인 언덕들로 이루어져 있는 곳으로 신설도로가 이를 관통하게 된다. 주차는 24개의 다기능상자(MuFuBoxen)의 개발로 인근의 주민들의 희망대로 해결하였으며, 취미작업공간과 단체나 연습 공간도 조성되었다. MuFuBoxen는 부지 위에 양떼가 모여 있는 형상을 하고 있다. 이런 방법으로 공공적인 공간과 사적인 공간을 함께 엮어 넣었다.

3. 마감 수레
마감 수레는 3개의 일정으로 구성되었다. 여기서 시민들과 정책과 행정 분야의 결정권을 가진 사람들, 계획가들은 개발된 컨셉과 처리를 기다리고 있는 다음 단계에서 취급하게 될 것들에 대한 결정을 하고, 이에 대한 정보를 제공하였다.

1차 일정 : 주택 소유주들
WBG Marzahn / DeGeWo-그룹이 지휘하여 컨셉을 긍정적으로 평가하고, 부지에 적용하는데 찬성을 표했다.

2차 일정 : 추진자의 입장에서의 조정
지역 행정관청 내부, 관할업무를 총망라하는 프로젝트그룹 STU, 조정위원회 STU M-H(시정부 도시개발부+지역 행정관청 도시계획부)는 이 컨셉이 혁신적이며 지역이 지닌 잠재력과 주민들이 지닌 가능성을 투입한 것으로 인정, 실행에 옮기기로 결정하였다.

3차 일정 : 언론과 대중
이 지역의 미래에 대한 정보를 제공하기 위한 3차 일정은 다기능 전시공간으로 사용되는 1차 MuFuBox에서 열렸다. 여기에는 주민들뿐만 아니라 언론도 초대되었다.

성과와 차후 진행

거친 황야가 중심 아이디어인 컨셉을 실행하기 위하여 경관건축사무소 그룹 F는 계획 아이디어를 계속 구체화시키고, 심화시켜 나가며 담당 행정기관과 함께 결정을 했다. 산출된 비용을 바탕으로 건축은 단계적으로 분할되었다. MuFuBoxen의 임대 또는 매매 가능성은 공공적/반공공적 공간 등 설치지역에 대한 고려와 법적인 요건을 염두에 두고 공간 실행가능성을 평가하는 틀 안에서 연구되었다.

WBG Marzahn / DeGeWo-그룹은 2007년 11월부터 2009년까지 2년 내에 2단계 조성단계로 컨셉을 실현시켰다. 2007년 11월부터 2008년 7월까지의 1차 건축단계 동안에는 3m 높이까지 언덕을 성토하여, 잔디류에서 부터 30m 높이까지의 침엽수를 식재하였고, 인근 주민들의 희망에 따라 60대의 주차공간을 없앴다. 2009년 5월부터 2010년 5월까지의 2차 조성단계에서도 마찬가지로 잔디류가 식재되었으며, 오픈 스페이스 위에 24개의 MuFuBox를 마치 양떼처럼 설치하였다. 이 24개의 MuFuBox는 다 지어지기도 전에 모두 임대되었다. 추가적으로 거친 황야의 이미지를 주도록 예술가 Jorg Schlinke가 인근 주민들과 함께 디자인한 4마리의 사슴 형상을 설치하였다. 이 조각을 설치한 이후 주민들이 사슴들을 관리할 책임을 넘겨받았다.

홍보활동과 목표 집단과의 대화

방법들의 코디네이션과 홍보활동은 외부 위탁회사에 책임이 있었다. 이 회사는 수레 방법의 시작과 컨셉의 지역의 언론을 위한 마감 프레젠테이션을 계획하였다. 작업을 위한 모임이 있기 전과 끝난 후의 언론 보도자료, 플래카드, 전단과 소위 지역에서의 계단실 대화를 통해 포괄적인 홍보활동을 펼쳤다.
수레방안의 시작에서 동질성을 인식한 다양한 관심집단의 대표자들에게는 주 수레방안에 참여하도록 이메일을 보내거나 전화를 하였다. 또한 지역 및 베를린 전역에 걸친 언론, 현수막, 가정배달 광고지를 이용하여 프로젝트에 대한 주위를 환기시켰다. 더 나아가 TV에서도 프로젝트에 대해 보도하였다.

심화된 총체적인 계획에 관한 구상이 끝난 후, 이 지역의 "거친 황야"라는 이미지를 확고히 하고 주민들이 주거 주변 환경에 대한 정체성을 갖도록 하기 위하여 이미지를 알리는 캠페인을 시작하였다. 이 캠페인은 지구의 에이전트, WBG Marzahn 또는 여러 가지 주민축제에서 수레방안에 대한 현수막들의 전시회를 하는 것도 포함되었다.

평가

절차에 있어서의 기회

두 바퀴 수레방안은 투명하고 공개적인 과정에 모든 관심 있는 사람들이 직접적으로 참여하는 방법이다. 이는 다른 여러 가지 참여방법의 상이한 요소들을 내포하고 있다: 체계적으로 편견 없는 논의를 할 수 있음, 높은 공개성, 해당 분야 전문가들과 권한이 있는 사람들의 통합, 주민들을 찾아가는 대화, 개별 및 그룹간의 대화와 그 지역의 모든 현존하는 것. 이는 각 분야가 공통으로 팀작업하는 것을 가능하게 하며, 이를 통해 지역적, 외적 지식을 매우 잘 조합시킬 수 있게 해 준다.

그 외의 이 방법이 지닌 장점들

- 개발된 비전들은 현장에 맞게 적용된다.
- 계획으로 확정된 사항들은 제3자를 위해 투명한 방법으로 수행하게 된다.
- 개발 진행과정이 개방적이어서 누구나 활동적으로 참여하거나 관찰할 수 있다.
- 작업이 계획지역과 공간적으로 가까운 곳에서 이루어질 수 있다.
- 작업과정이 시간적으로 제한, 집중되어 있다.
- 이 방법은 일반 대중들과 전 과정을 통해 소통을 가능하게 한다.

이 수레방안은 작업팀, 계단실 대화, 도시산책과 같은 폭넓은 참여방법과 함께 조합되기도 한다. 수레방안의 선택으로 인한 성과요인으로는 주로 다음과 같은 것들이 있다.

- 관련자들을 적시에 편입시킬 수 있었으며,
- 관계자들의 활성화를 위해 기존의 지역적 구조와 네트워크의 활용,
- 과정의 진행 전과 진행되는 동안의 투명성,
- 그리고 이용자들과 외부의 계획전문가들의 건설적인 협력.

도시의 재건축과정을 모든 사람들에게 용인받으려는 주 목적은 참여방법을 통해 도달할 수 있었으며, 지역에 대해 주민들이 강한 동질성을 갖도록 했다. 이는 특히 MuFuBox의 신속한 임대, 그리고 지역의 주민들과 관청, 단체들의 눈에 띄는 네트워크화로 분명해졌다. 또한 참여공작소의 결과도 성공적이었다. 여기에서 모아진 아이디어들은 토의와 구체화를 거쳐 얼마안가 적용되었다.

절차상의 장애물

모든 절차에 있어 동반되고, 시작단계에서는 거의 좌절에 이르기까지 한 갈등은 소유주들과 Schorfheidestraße, Kolpiner와 Golliner Straße에 있는 건물을 철거하기 위한 촉진기금을 주는 시정부 도시개발부의 결정에 있었다. 주민들은 오픈 스페이스 조성을 위한 계획과정의 시작과 함께 이 결정에 대해 인지하게 되었다. 관계자들은 절차상 개개의 세입자 단체들을 불신으로 몰고 가고 협력할 준비가 되어 있었는데 사기를 떨어뜨린 이 결정에 대해 자신들이 무시당했다고 느꼈다.

결과적으로 주민의 참여 활동이 제한적일 수밖에 없었다. 오픈 스페이스의 관리는 계속적으로 주로 WBG Marzahn / DeGeWo-그룹이 책임을 진다. 하지만 오픈 스페이스의 관리비용의 일정부분은 MuFuBox의 임대수입으로 충당될 것이다.

결론

- 혁신적인 계획방법인 두 바퀴 수레방안은 높은 수준의 공개성을 보여 주었다. 여기에는 관계자인 주민들뿐만 아니라 전문가들도 상당히 직접적으로 참여할 수 있었다. 이는 많은 사람들이 폭넓게 참여하는 계획의 성과를 이루었다.
- 참여과정을 통하여 주민들은 강한 동질성을 가질 수 있었으며, 철거라는 기본적으로 부정적인 상황을 긍정적인 전망으로 발전시킬 수 있게 하였다.
- 주민들과 논의할 수 없는 기본여건들은 그럼에도 불구하고 민감하고 솔직하게 서로 이야기해야만 한다. 그래야 절차상의 오해나 불신이 생기지 않는다.

사실관계

행정구역위치	Marzahn-Hellersdorf
시행기간	2006. 2월 - 2007. 5월
재정조달	참여절차 비용은 약 30,000유로에 달한다. 이는 수년간 지구 관리 사업을 통해 형성된 기존의 참여구조 위에 구축할 수 있어 상대적으로 적은 것이다. Marzahn 북서부 지구관리 지역의 사회통합적 도시 프로그램을 통해 참여방안의 재정조달이 이루어졌다.
건축시행	오픈 스페이스의 조성에 동부 도시재건축 프로그램에서 추가적인 853,000유로가 지역발전을 위한 유럽연합 기금과 함께 투입되었다. MuFuBox의 건축은 주택건설회사에 의해 조달되었다.
참여자수	약 200명
면적	37,000㎡(오픈 스페이스)
수상	2011년 독일 경관건축상, 그룹 F의 계획이 주거 주변 환경 부문 특별상 수상

1. 도시 및 여가공간의 계획

Gleisdreieck의 공원조성

일정개요

1994 – 2000	– Potsdamer/Leipziger 광장의 건축
	이에 대한 보상부지로서 Gleisdreieck가 결정됨.
2005 봄	– 1단계 참여의 시작
	표본 설문조사와 초점집단들의 토의
2005. 09	– 도시 건축적 기본계약의 체결
2005. 10 / 11	– 탐색을 위한 산책, 아이디어공작소, 온라인 대화
2005. 12	– 1단계 경관 계획적 아이디어 및 실행안 공모
2006 봄	– 2단계 참여의 시작
2006. 04. 23 – 05. 07	– 공모전 입상작 11개의 설계도의 전시
2006. 04. 24	– 주민들을 위한 정보제공의 밤
2006. 04. 29 – 30	– 계획에 관한 워크숍
2006. 05	– 2단계 경관 계획적 아이디어 및 실행안 공모
2006. 07. 17	– 아틀리에 Loidl의 수상작을 안으로 결정
2006. 08. 26	– 오픈 스페이스 조성 시작 즈음 한 주민축제
2006. 08. 26 – 10. 09	– 공모전에 응모한 계획안의 전시회
2007 – 2011	– 공모전 계획안들의 구체화를 위한 주민참여:
	작업팀과 계획을 위한 포럼
2011. 09	– 동쪽의 공원 개장

Gleisdreieck에 면접한 오픈스페이스의 조성

사전준비 : 출발시 상황과 기본여건

역사적 고찰 : Gleisdreieck 면전 부지의 개발

Gleisdreieck 지역은 Potsdamer, Dresdner, Anhalter 3개의 기차역으로 구성되어 있다. 2차 세계대전 이후 이 지역은 부분적으로 휴경지로 남아 있었다. 1990년 이전에 이곳은 동독 국영철도의 재산으로 국영철도청이 수탁 관리하였으므로 공식적으로 출입이 허용되지 않았었다. 그럼에도 불구하고 이미 1990년 이전부터 서 베를린 주민들에 의해 이용이 되었으며, 오픈 스페이스로 인지하고 있었다.

이 곳 Gleisdreieck에 관한 논의는 서부외곽 고속도로 A106의 계획으로 시작된 길고, 많은 갈등이 담긴 역사를 지니고 있다. 서부외곽 BI같은 시민단체들은 여기서 휴경지에서 자라는 생태적으로 가치가 있는 자생식물을 보존, 도입하고 이곳을 녹지로 개발하려고 했다.

1995년부터 Gleisdreieck는 인접한 Potsdamer/Leipziger 광장에 건축물이 들어서면서 자연보호법상 보상부지로 확정되었다. 그 후 이를 진행하는 데 있어 토지의 소유자, 이 부지의 상당부분을 스스로 개발하는데 관심을 갖고 있던 Vivico Real 부동산회사와의 긴 과정이 있었다. 오픈 스페이스 부지와 건축부지의 균형 있는 분배를 이루고자 하는 목적으로 대중들이 매우 주목하고 있는 가운데 오랜 기간 협상과 대립이 이어졌었다. 협상 결과 Vivico사와 Friedrichshain-Kreuzberg 지역 행정관청과 시정부 도시개발과가 대표한 베를린 시정부가 2005년 9월 체결한 도시 건축적 기본계약이 이루어졌다.

1999년 6월 행정구역 Kreuzberg는 건축 계획안을 세웠으며, 이로써 건축과 공원조성을 할 수 있는 법적인 기초가 마련되었다. 이 계획의 진행단계마다 참여한 집단들 간에 많은 토의가 이루어졌다. 그 결과 1999/2000년 겨울에 Gleisdreieck 주변에서 활동하는 다양한 시민단체들(IG Gleisdreieck,

Kreuzberger Horn 협회, Flaschenhals 주민단체, BI-Westtangente, Grune Radler, BUND, 시민단체 B101, Tiergarten Sud 지역협회)은 Gleisdreieck 활동공동체를 결성하여 공동 작업을 통해 "세계 문화 공원"이란 공원의 컨셉을 완성하였다. 2000년 5월 Kreuzberg 시장의 발의로 Gleisdreieck와 관계되는 모든 사람들이 참석한 1차 원탁회의가 열렸다. Gleisdreieck의 개발과 공원조성을 둘러싼 강렬한 대립은 오늘날까지도 계속 이어지고 있다.

2005년 4월 6ha에 해당되는 부지 일부분을 예상보다 빨리 일반인들이 이용할 수 있게 되었다. 하지만 2005년 9월에야 도시 건축적 기본계약이 체결되어 최종 공원의 크기가 확정되었다. 총면적 87.6ha 중 40ha 정도를 공공 오픈 스페이스로 조성하게 되었다. 새로운 공원은 행정구역 Mitte(Tiergarten), Tempelhof-Schoneberg와 Friedrichshain-Kreuzberg 사이 "베를린 심장부"의 중앙에 자리 잡고 있다.

기본여건

Wsttangente 시민단체는 이미 1974년부터 계획되어 있던 A106에 관한 과제와 외곽지대의 녹지화를 위해 성공적인 노력을 기울여왔다.

- 활동적인 시민단체들은 Gleisdreieck의 식생을 보존할 것을 요구하였다. 휴경지에는 야생다년초, 관목류, 어린 수목 등 보기 드물게 다양한 종들이 어우러져 여러 가지 구조의 비오톱을 형성하고 있는 식생의 상당 부분이 Potsdamer/Leipziger 광장의 건축물이 들어서지 않고 비어있어 파괴된 과거 철도로 이용되던 잔존물들 주위를 메워주고 있었다.
- 베를린의 경관프로그램〈경관- 및 종보호 프로그램(LaPro)/토지이용계획(FNP)〉은 1994년 이래 Gleisdreieck를 공원부지로 표시하였고, 도시 전체적인 오픈 스페이스 컨셉에서는 내부에 환형의 공원을 보완하는 것에 주의를 환기시켰다. 기존의 북-남 녹지축의 녹지와 오픈 스페이스 사이를 연결시키는 것이 강조되었다.
- 2005년에 Gleisdreieck에 면접한 오픈스페이스의 조성을 위한 2단계의 경관 계획적 아이디어와 실시 현상공모전이 실시되었다. 기념물과 자연보호에 대한 관심 및 스포츠 공간에 대해 우선권을 주어 최우선적으로 고려하고, 문화공간과 그 외의 복합공간을 두는 것이 현상공모전이 기초였다.
- Potsdamer/Leipziger 광장에 면접하여 건축을 하는 대신 지불한 (환경)부담금에서 총 2천만 유로가 공원의 조성을 위해 마련되었다.

목적과 참여 목표 집단

목적

- 인근주민들과 모든 주민계층에서 가능한 이용집단의 구체적인 희망용도, 요구, 기대를 알기 위하여
- 이 공원은 인근지역뿐만 아니라 훨씬 광범위한 의미를 갖고 있기 때문에 모든 베를린 거주자들에게 Gleisdreieck에 대한 의견을 표시할 기회를 주기 위해서
- 공원 조성에 대한 제안들을 수집하기 위하여
- 활동을 하고 있는 시민단체와의 기존의 갈등들을 논의하기 위하여

목표 집단

- 공원 주변의 이웃하고 있는 주민들 : 이들은 한편으로는 높은 실업률, 사회적으로 열악한 처지에 놓여 있는 사람들, 다양한 국가의 이주배경을 지닌 주민들이며, 다른 한편으로는 서민적-대안적 환경으로 특징지을 수 있다. 청소년층이 높은 비율을 차지하고 있어 오픈 스페이스의 이용강도가 높고 특별한 이용에 관한 요구가 있다.

- 활성적인 주민단체들의 편입
- 모든 관심 있는 베를린 시민들에게 우편물 송부

진행과정의 조종

현상공모 절차와 주민참여 과정의 조종은 시정부 도시개발과가 그 책임을 인수받았다. 현상공모 전과 과정이 진행되는 동안에는 제 II부서(도시건축과 프로젝트)가, 현상공모 이후에는 제 I부서(도시 - 및 오픈스페이스 계획)가 담당했다.

각각의 부서가 중요한 과정을 형성하고, 코디네이션하는 과제를 인수받았다.
- 현상공모의 준비와 실시
- 참여방안의 계획과 코디네이션
- 공모전과 참여성과의 구체화

각각의 방안을 시행하기 위하여 다양한 외부의 회사에 업무를 위임했다. 이들은 전체 과정 중 일부분의 조직과 실행 과제를 넘겨받았다. 이는 새로운 관심집단을 언제든지 과정에 끌어들이고, 위탁한 과제를 마친 집단은 과정에서 빠지는 것을 뜻한다. 이런 상황은 절차에 있어서 특별한 도전, 연속성, 능률을 조성하였으며, 뒤를 잇는 계획 및 참여국면에 성과의 전달을 확실히 해야 했다.

참여의 실행

2005년의 1차 주민참여

1차 주민참여는 2005년 계획되었던 경관 계획적 아이디어 및 시행에 관한 현상공모가 있기 전에 열렸다.

주민대상 설문조사와 초점집단의 토론을 통해 참여에 대한 준비를 함

2005년 봄 공원의 입구구역에서 전형적 특성에 관한 주민대상 설문조사를 실시하였다. 주민들의 근본적인 기대, 요구 및 입장에 대한 정보와 여가시간에 대한 태도 등을 알고자 하는 것이 목적이었다. 주민등록관청의 무작위 추출에 의해 주민 1,600명에게 설문지가 발송되었다. 터키어와 아랍어로 된 설문지도 발송했지만 돌아온 것은 극히 소량이었다.

설문지는 사전에 초점집단(특유의 목표 집단들로 부터 구성된)에서의 토의와 테스트를 거쳐 작성되었다. 이 그룹들은 설문지를 만들고, 함께 채워나가며, 여기서 발생되는 논쟁을 관찰, 평가하였다. 이런 절차를 거치는 것은 성별 과 다양성의 측면을 인식하고, 고려하는 데 매우 적절한 것으로 나타났다. 이렇게 함으로써 이런 것 외에 이주배경을 지닌 특별한 사람들 같이 설문지를 통해서는 얻기 어려운 집단의 견해들도 편입시킬 수 있었다.

답변들은 기본적으로 인근에 공원을 조성한다는 데 큰 의미가 있다는 것을 보여 주었다. 가장 중요한 요구사항인 “자연을 즐기고”, “편히 쉴 수 있고”, 활동적인 체험에 대한 필요성과 관련된 분야가 거의 동등하게 나타났다.

주민참여의 실시

2005년 10, 11월 주말에 2회의 참여가 시행되었으며, 여기에서는 총 34회의 현장답사를 위한 산책기회가 제공되었다. 지역에 대해 더 많이 알리고, 주민들과 함께 아이디어, 질문 그리고 희망 용도에 대해 토의하려는 것이 목적이었다. 총 2,200명의 참여자들은 무엇보다 그 곳 휴한지의 식생과 역사적인 발전에 대해 관심을 보였다. 일반적인 투어 외에 이주민들과 청소년들을 겨냥한 특별 투어도 실시하였다. 산책을 마무리에서 참여자들은 과거 우편물을 다루던 기차역의 홀에서 열리는 아이디어공작소에서의 토론에 초대되었다. 여기에서 서로 다른 주제에 대해 토론을 한 총 32개의 연구팀이 구성되었다. 가장 중요한 테마는 지역의 정체성을 위해 지금까지의 발자취를 보호하는 것과 그 의미였다. 그 외에 연결, 길, 개, 형상, 물, 놀이터, 주말농장 등의 테마가 다루어졌다.

현장에서의 행사와 병행하여 진행자가 있는 인터넷 포럼(온라인 대화)도 진행되었다. 우선적으로 역사와 계획에 대한 정보를 제공하였고, 몇 가지 관점에서 Gleisdreieck와 비교할 수 있는 면이 있는 동시대 공원들의 사례도 보여 주었다. 진행자가 있는 토론에서는 이후 논평이 이루어진 미래의 공원 조성과 관련하여 표명한 개인적인 견해들을 다루었다. 시정부에 대한 질의는 포럼에서 대표자가 답변을 하였다. 이렇게 해서 얻어진 결과물은 마무리에서 합의문으로 요약되었다. "이 텍스트는 토론자들이 공동으로 작성한 것으로, 대화가 마무리될 때까지 계속 수정, 보완된다. 이는 195명이 공동으로 쓴 기여물로, 수많은 제안들과 토론의 주요 쟁점들을 요약하여 구조화시킨 것이다. 온라인 대화에는 200명이 참여하여 500건의 의견을 작성하였으며, 사이트 조회건수가 50,000회를 넘었는데 약 7,800명이 방문을 한 것이다. 인터넷상의 토의는 충분히 심사숙고한, 건설적인 의견들이란 인상을 주었다. 다양한 의견들은 바로 상세하고 투명하게 내보일 수가 있었다. 이런 것을 뛰어넘어 이런 가능성은 참여자들에게 일정에 구애받지 않도록 함으로써 시간상 현장에 올 수 없는 사람들이나 그룹으로 이야기하는 것을 꺼리는 사람들도 의견을 제시할 수 있도록 했다.

참여의 성과는 현상공모에 매우 적절히 삽입시킬 수 있었다는 평가를 받았다: 온라인 대화의 성과는 참여자들에 의해 공고문의 형식으로 요약되었다.

성과물의 유용성

결과물은 공원조성 공모전을 위한 과제작성 준비에 기여하였으며, 과제에 삽입되었다. 1차 참여국면에서의 중요한 관점은 다음과 같은 것들이다.

- 차별화된 활동에 대한 욕구와 조용히 휴식할 수 있는 자연에 가까운 공원에 대한 요구의 통합 : "2가지 속도를 가진 공원"
- 기존의 자생식물로 이루어진 식생의 보존과 역사적인 건축적, 자연적 잔존물들에 대한 가치 인정
- 다양한 용도에 대한 요구를 고려하면서도 일치된 느낌의 "공원 분위기" 조성

2006년의 2차 주민참여

공모전에는 총 85개의 작품이 출품되었으며, 이중에서 11점이 심사를 거쳐 예선에 올랐다. 심사위원에는 주민단체의 대표자 1명과 주민단체가 선정한 대리인 1명도 참여하였다.

이 11개의 작품은 2006년 봄 대중에게 공개되었다. 공개적인 정보제공의 밤 행사를 열었고, 이어서 이 작품들은 Kreuzberg 시청에 2주일간 전시되었다.

4월 29, 30일 과거 우편물을 취급하던 역사에서 열린 계획관련 워크숍에는 약 600명의 주민들이 참석, 이 계획안에 대한 토론을 하였다. 설계도들은 각각 칸막이가 설치된 진열실에 전시되어 경관건축가들에게 직접 문의나 제안할 수 있도록 했다. 이렇게 계획가들과 주민들이 직접적인 대화를 함으로써 서로 다른 위치에 대해 설명하고, 논의할 수 있었다. 경관건축가들은 자신들이 한 작업에 대한 매우 차별화된 피드백을 얻을 수 있었으며, 주민들은 계획안의 수정 · 보완에 영향을 끼칠 수가 있었다.

그 외에 이틀 동안 추가적으로 전체회의에서 논의된 중요한 관점-예를 들어, 개발과 접근성, 스포츠와 놀이 오픈 스페이스의 통합, 주말농장 시설의 미래, 기존부지의 특징과의 연관성-에 대한 토론 포럼이 산발적으로 열리기도 했다. 여기에서는 현존 식생의 보존 희망, 스포츠 및 여가를 즐길 수 있는 공간에 대한 욕구 등 다양한 갈등들이 있다는 것이 드러났으며, 주말농장을 보존하자는 의견과 그 자리에 운동장을 만들자는 모순되는 주장도 있었다.

이와 병행하여 인터넷상에서는 계획안에 대한 코멘트를 담은 독자편지란을 마련하였다. 총 40명이 작성한 독자편지가 진행자에 의해 요약되어 주제별로 분류되었다.

성과물의 유용성

계획에 관한 워크숍의 성과물은 예선을 통과한 11개의 계획사무실측의 수정, 보완작업을 위해 제공되었다. 그 외에도 워크숍에서 받은 느낌은 심사위원들이 공모과제를 좀 더 명확히 규정하는데 이용되었다.

공원이 조성되는 동안의 참여

수정된 계획안 중에서 하나의 수상작을 선택하는 최종결정이 심사를 통해 이루어졌다. 심사위원 중에는 주민단체 측 대표자 2명이 포함되었다. 아틀리에 Loidl의 계획안이 수상작으로 결정되었다. 2009년 9월 주민축제로 공원의 조성공사가 시작되었다. 공원의 동쪽 지역은 2011년, 서쪽 지역은 2013년, Yorkstraße 남쪽 지역은 2014년까지 완공될 것이다.

계획안을 현장에 적용하기 위한 토의

계획과 설계에 관한 참여가 진행되는 과정에서 주민단체 측에서는 단체들의 플랫홈을 마련하였다. 이는 공원부지에 대한 관심사가 매우 다른 단체들이 결합한 것이다. 행정기관 측에서는 이를 매우 진지하게 받아들여 진행과정에 폭넓게 편입시켰다.

공모전의 성과물들을 실현시키고, 구체화시키는 데 있어 이 과정을 함께 할 프로젝트를 동반할 연구팀(PAG)을 결성하였다. 이 팀은 지역 행정관청의 대표자들, 시정부, Grun Berlin GmbH와 3명의 주민단체 플랫홈에서 선정해 파견한 대표자로 구성되었다. 정기적인 회의와 다양한 현장에서의 만남에서 계획안을 현장에 적용하는 데 있어 타협적인 계획을 얻어내기 위한 목표를 갖고 다양한 세부사항에 대해 논의한다. 이런 논의는 여러 가지 다양한 이유에서 매우 어렵다는 것이 입증되었다.

이미 주민단체 플랫홈 내부에 각기 다른 무게의 관심사가 존재하므로 거기서 선정된 대표자라 할지라도 연구팀에서 상호간에 의견이 달라 일부 개인적으로 관심 있는 개별적인 사항을 대표하는 것이 분명히 드러나는 문제점이 있었다.

- 연구팀에서의 협력을 위해 선정된 주민단체의 대표자들이 무엇보다 기존의 식생보존에 강한 관심을 보였다. 계획안을 세부화하는 데 있어 현존 식생에 공원의 계획이 미치게 될 영향에 대해 매우 상세히 논의하였다. 변경에 대한 제안은 지루하게 오래 끄는 대립으로 이어져 극히 제한적으로만 논의되었다.

- 그 시점에서 계획안에 대해 근본적으로 의구심을 표하는 것은 더 이상 불가능했다. 그럼에도 불구하고 주민단체 대표자들은 기본원칙의 일부분을 거부하고, 가능하면 부지의 많은 부분–원칙상 조사된 욕구에 따라 다른 이용집단을 위해 마련된 부지도–을 개발하지 않고 그대로 두는 것을 선호하였다. 주민단체 대표자들이 자연공간을 개발하지 않고 그대로 두는 것에 대해 시종일관 요구하는 데 대해 행정관청 측에서는 공공녹지를 조성해야 한다고 맞섰다. 진행과정에서 이렇게 서로 반대 입장에 있어 이를 극복하고 의견의 일치를 끌어내기가 매우 힘들었다. 프로젝트를 동반하는 연구팀의 업무 처리능력은 투명하고 목표 지향적인 작업구조의 도입으로 개선되었다.

- Grun Berlin GmbH를 통해 과정의 시작부분이 진행되었는데, 내용적으로 활동가와 진행자의 구분이 제대로 되어 있지 않아 결과적으로 이 회사가 두 가지 기능을 하게 되어 어려움이 있었다. 이후 전문 진행자가 갈아타게 되면서 공원의 서쪽 부분에 대한 논의가 더 치열해지면서 결말을 지을 수 있었다. 약 반년의 시간적 간격을 두고 계획 관련 포럼에서 중요한 진전사항에 대해 보고하였다. 여기에는 주로 인근에 거주하는, 평균 60-70명의 주민들이 참가하였다.

홍보활동과 목표 집단과의 대화

Gleisderieck 지역에서 이루어지는 계획 절차에 대해 주민들에게 홍보하고 참여를 활성화시키기 위해서 다음과 같은 방법들이 실시되었다.

- 2005년 6월 실시된 설문조사 대상 주민들에게 초대장과 깃발이 든 편지 1,650통 발송,
- 약 10,000장의 깃발을 설문조사가 행해진 입구에서 나누어 줌,
- 약 250장의 현수막을 설문조사가 행해진 입구의 실내 쪽에 걸었음,
- 언론 및 미디어를 이용한 홍보(TV, 라디오, 프린트), 2005년 10월 27일 Gleisderieck 지역에 대해 언론을 대상으로 한 투어실시.

이주민 집단과의 대화는 이들이 홍보활동에 대해 거의 반응을 보이지 않아 더 어렵다는 것이 입증되었다. 따라서 목표집단에 특화한 주민참여 제안을 하게 되었고, 각각의 지구 관리사업과 협력하여 의사소통을 했다. 이렇게 함으로써 목표로 한 이주배경을 가진 사람들을 편입시킬 수 있었으나 그럼에도 불구하고 총 참여자 가운데 그들이 차지하는 비율은 매우 미미하였다.

평가

절차상의 기회

– 온라인 대화와 현장에서의 폭넓은 참여방안(예, 투어)들의 조합은 목표한 다양한 그룹에 다가가겠다는 약속의 성과다. 온라인 대화를 통해 목표 지향적이고 상세하고 투명한 토론을 이끌어갈 수 있었으며, 여기에서 도출된 공동의 적용하기 용이한 성과가 개발되었다.

– 아이디어공작소와 함께 산책을 연결시킨 것은 매우 유효했던 것이 입증되었다. 출입이 허용되지 않는 부지를 관찰하자는 제안으로 아이디어공작소 만으로는 얻어낼 수 없었던 많은 관심을 갖게 할 수 있었다.

– 2차 주민참여 국면에서 실현된 주민들과 경관계획가들이 직접 대면할 수 있었던 것과 거기에서 이루어진 계획에 대한 개인적인 대화는 특히 성공적이었다.

– 이주민들은 제안을 받아들이기를 몹시 주저하여 주민참여 과정에서 그들을 지속적으로 편입시키는 것은 어려운 일이었다. 그럼에도 불구하고 주민대상 설문조사와 무엇보다 초점집단과의 작업을 통해 성별의 관점과 차이가 있다는 관점을 도출하여 다룰 수 있었다. 마지막으로 다문화간의 대화가 매우 유용하다는 것이 드러났다.

– 공사의 진행 중 이루어지는 참여는 주민단체의 대표자들을 폭넓게 동참하게 하고, 성과의 인정 및 수용 가능성을 높일 수 있다. 하지만 여기에서는 결정된 계획 및 참여 단계에서의 한계와 기본여건, 특히 성과를 관철시키는 것이 각별한 의미가 있다.

절차상의 걸림돌

– 특히 기존 식생의 보존을 강력히 주장한 활성적인 주민단체의 대표자들은 기본적으로 공원계획을 통해 기존의 상황이 달라지는 것을 받아들일 준비가 되어 있지 않았다. 하지만 주민들의 다양한 이용에 관한 관심 가운데서 화합점을 찾아내기 위하여 Gleisdreieck의 변화를 위한 편견 없는 논의는 반드시 필요했다. 이 문제로 완강하고도 조절하기 힘든 갈등이 초래되었다.

결론

– 계획과 참여방안은 매우 특별하고 주장이 강한 대표자의 개별적인 관심사와 폭넓은 주민들의 관심사 사이에서 이를 균등하게 조절해야만 했다. 제안에 많은 수가 참여한 폭넓은 관심을 가진 참여방법은 여기서 공격적인 접근방법을 취했다.

- 단편적이고, 강력한 자기주장적 관심을 표명하는 상황에서는 다음과 같은 성과요인이 절대적으로 필요하다.
  1. 외부의, 전문적인 지식을 갖춘 전문가를 통한 조정,
  2. 참여의 틀(어떤 내용들을 바꿀 수 있는지?)을 조기에 명백하게 정의하고, 한계에 대해 지속적으로 밝히고,
  3. 단편적이고, 강력한 자기주장적 관심을 다양한 목표 집단들의 참여를 통해 완화시킨다.

- 이주배경을 지닌 주민들과의 대화는 폭넓은 관심을 갖도록 하는 홍보활동을 통해서 목표한 제안이나 대화의 길을 모색함으로써 보다 나은 성과를 거둘 수 있다.

- 여러 가지 방법을 혼합하여 다양한 목표 집단에게 의견을 구하고 상이한 문제제기에 대해 토론하는 다방면의 참여제안을 할 수 있다. 중요한 것은 하나의 형식으로 성과물을 평가하고, 그것들을 계획안에서 고려할 수 있어야 하는 것이다.

사실관계

행정구역위치	Friedrichshain-Kreuzberg, Tempelhof-Schoneberg, Mitte
시행기간	2005 - 2011
재정조달	약 150,000유로가 시정부 도시개발과를 통해 조달되었다.
	여기에는 주민참여 진행에 소요된 비용도 포함되었다:
	초점집단- 및 주민대상 설문조사 : 약 25,000유로
	온라인대화 : 약 40,000유로
	계획관련 워크숍 : 약 45,000유로
참여자수	모든 과정에 걸쳐 누적인원 약 11,000명
면적	400,000㎡
방안의 적용	베를린주가 건축주이며, Grun Berlin GmbH가 대표한다

1. 도시 및 여가공간의 계획

Mediaspree: 주민들 결정에 의한 "Spree강 수변구역 시민공원"

일정개요

1945 – 1989	– 구동독과 서 베를린의 경계로서의 Spree 공간
2001	– 부지개발을 위한 Mediaspree GmbH 설립
2001. 12	– "Leitbild Spreeraum Friedrichshain-Kreuzberg" 공포
2002	– 토지이용계획 통과
2002	– Universal Music 이전
2004	– 지역관리 Mediaspree 연합 설치
2004	– 독일 MTV Networks 이전
2005	– VIVA와 VIVA Plus 이전
2006	– "Mediaspree를 침몰시키자!" 관심단체 결성
2008. 03. 04	– 시민순찰단 "모두를 위한 Spree 강변" 설치
2008. 03. 17	– 시민결정 "모두를 위한 Spree 강변"
2008. 07. 17	– Spree 공간 특별위원회 결의
2008. 09. 10	– O2-World 개장
2009. 12	– 특별위원회에서 단체 대표자들 퇴진

사전준비 : 출발시 상황과 기본여건

역사적 고찰

Mediaspree 지역은 Jannowitz다리와 Elsen다리 사이의 3,7km에 달하는 Spree강 강변으로, 면적은 약 180ha에 달한다.

19, 20세기에는 이 지역은 무엇보다 산업 및 공장지대였다. 1913년 동쪽에 항구가 들어섰고, 이 시기에 이 지역을 특징짓는 공장 및 창고건물도 세워졌다.

1945년부터 1989년 사이에는 바로 이 지역이 동-서 베를린의 접경 지역이었다. 동 베를린 측에서는 강변을 국경수비에 이용하였고, 서 베를린 측에서는 이곳이 외곽에 위치해 있다는 이유로 다양한 대안적인 프로젝트들이 자리 잡고 있었다.

통독 이후 기존의 산업시설과 공장들은 붕괴가 지속되고 있었다. 여기에 임시적으로 바와 클럽 등이 들어서 지역의 이미지가 그렇게 굳혀지고 있었다.

Mediaspree 개발계획

2001년 투자자들, 토지소유주들과 시정부, 지방 행정관청, 상공회의소의 대표자들이 연합하여 Mediaspree GmbH를 설립하였다. 설립 목적은 지역을 개발하고, 기업들 특히 커뮤니케이션과 언론관련 기업들의 유치를 추진하려는 것이었다. 부분 공간적인 활성화와 도심에도 계획사업을 확대하기 위해 "Leitbild Spreeraum Friedrichshain-Kreuzberg" 컨셉을 개발하여 2001년 말 공포하였다. 2002년 베를린의 토지이용계획(FNP)도 알맞게 현실화되었다. 이로써 Spree 강변에 광범위하게 집중적으로 건축물이 들어서고, 강변을 따라 폭이 좁은 공원이 개발될 것이 예상되었다. 이 컨셉은 앞으로 있을 감정평가, 건설기본계획, 프로젝트 개발절차를 위한 기초로서의 의미를 갖는다. 여기서 이 지역은 중요한 도심 개발구역으로 정의되고, 개발은 Friedrichshain-Kreuzberg 행정관청에 의해 지역관리 Mediaspree 연합의 설치로 2004년부터 2008년까지 재정지원으로 이루어졌다.

단체 "Mediaspree를 침몰시키자!"

Spree 강변 개발계획은 주민들에 의해 다방면의 비판에 직면했었다. 특히 강변을 따라 일반인들이 접근할 수 있는 녹지에 대한 계획이 너무 미미하다는 것과 오래 정착된 대안적인 문화관련 프로젝트를 밀어냈다는 것이었다. 2006년 "Mediaspree를 침몰시키자!"라는 시민단체를 계획의 실행을 방해하려는 목적에서 설립하였다. 그들은 강변에 50m 폭의 오픈 스페이스를 둘 것과 고층건물과 신설 교량을 설치하지 말 것을 요구했다. 개별적인 토지를 위해서는 대안적인 컨셉을 개발하였다. 그 외에도 중심적인 요구는 "단계적으로 주민들과의 논의를 거쳐 만들어가는 생태적, 사회적으로 지속가능한, 소규모적인 개발"을 허용하라는 것이었다.

포럼 : 창의적인 Spree

Friedrichshain-Kreuzberg 시장은 2007년 가을부터 건설적인 대화를 시작하여 계속적인 양극화를 피하고, 임시적인 용도와 확고한 용도에 대한 공동의 관심사를 끌어내기 위하여 열린 포럼 창의적인 Spree에 초대를 하였다. 시민단체 "Mediaspree를 침몰시키자!"의 시각에서 행정상의 지위에는 근본적으로 달라지는 것이 없을 2개의 행사가 진행되었다.

참여의 실행

시민순찰단 "모두를 위한 Spree 강변"

시민단체 "Mediaspree를 침몰시키자!"는 2007년 10월부터 "모두를 위한 Spree 강변"이란 구호 아래 시민순찰을 주도하였다. 5,500명의 서명이 필요했는데 이를 훌쩍 넘었다: 5개월 내에 총 16,000명이 서명을 한 것이다. 따라서 2008년 3월 4일 Friedrichshain-Kreuzberg 행정관청에 이를 제출하였다.

시민결정 "모두를 위한 Spree 강변"

2008년 7월 13일 Friedrichshain-Kreuzberg에서 시민결정을 하는 행사가 열렸다.
시민결정을 발기인들은 다음과 같은 것들을 요구하였다.
- 신축건물은 강변에서 적어도 50m는 떨어질 것
- 베를린의 건물 처마까지의 높이 제한 규정 22m를 지킬 것
- 자동차 전용 교량 건설에 대한 계획 과제

Friedrichshain-Kreuzberg BVV는 이에 대해 다음과 같은 제안을 했다.
- 양쪽 강변에 추가적으로 공원을 낀 일반적인 강변산책로 조성
- Kreuzberg 쪽은 베를린의 건물 처마까지의 높이 제한 규정을 지킬 것
- 동쪽 항구지역에 계획된 고층건물의 포기

Friedrichshain-Kreuzberg의 총주민수 182,000명중 35,000명 정도가 주민결정에 참여하였다. 여기서 사람들은 개별적으로 시민단체와 행정관청의 제안에 대해 찬성 또는 반대의 의사표시를 할 수 있었으며, 추가적으로 양측의 제안 사이에서 우선권을 정할 수 있었다.

절대다수인 87%가 시민단체 "Mediaspree를 침몰시키자!" 측의 Spree 강변의 건축밀도를 낮추자는 목적에 지지를 보냈다. BVV측의 제안에는 약 42%가 지지했다. 양측의 제안을 놓고 표결한 결과는 시민단체 측이 76%를 얻었다. 이 결과는 다만 이미 확정된 건축계획의 변경이 필요하다면 요구사항을 적용한다는 추천적인 성격을 갖고 있었다.

성과와 그 이후의 진행과정

첫 번째 반응

시민결정에 이어 그 결과를 적용시키려고 하는 데서 생긴 갈등에 대한 논쟁이 있었다.

시민단체 "Mediaspree를 침몰시키자!"의 요구사항 실행은 건축계획의 변경을 통해서만 가능했는데, 이 경우 약 5천만 유로(주민단체 추산)내지 1억6천5백만 유로(행정관청 추산)의 손실이 있을 것이라고 했다. 행정관청에서는 이 금액을 조달할 수가 없었다. 그럼에도 불구하고 시민결정 결과를 적용하기 위한 개별적인 교섭단체들이 전력을 기울였다.

도시개발과장 Jung-Reyer은 이와 반대로 투자 기업들에게 기존의 건축권과 도시건축적 계약의 안전을 보증하였고, 동시에 주정부, 지역 행정관청, 투자자와 주민집단사이의 건설적인 대화의 길을 모색하기 위해 노력할 것을 강조하였다.

Spree 공간을 위한 특별위원회

시민결정이 있은 후 나흘 만에 지역 행정관청 차원에서 특별위원회를 두기로 결정하였다. 모든 교섭단체의 지역 정책 담당자들 외에 주민단체 "Mediaspree를 침몰시키자!"의 대표 4명이 위원회에 소속되었다.

추가적으로 시정부의 대표자들, 토지소유주들과 토지이용자들도 초대되었다. 위원회에서는 건축계획상 어떤 변경이 가능한 지, 임시용도의 미래를 어떤 모습일까 등에 대해 검토, 토의하려는 것이었다. 여기에서 지역 행정관청은 오직 유효한 건축권이 없거나 주정부 소유 기업의 토지와 관련해서만 취급할 준비가 되어 있음을 보여 주었다. Spreeraum 주식회사를 통해 대안적 제안이 완성되었으며, 일부는 위원회에 제안 형식으로 제출되었다. Spreeraum 주식회사는 이와 관련해 위원회 업무의 기획에 막대한 영향을 미쳤으며, 여기서 그들은 현장에서 참여하는 회의를 계획하였다.

2009년 12월 시민단체 측의 위원들은 위원회를 떠났다. 15개월 후 모든 토지가 협의대상이 되었다. 시장은 이에 관한 서류를 위원회에 제출하였는데 여기에는 성과가 담겨 있었다. 주민단체 측에서는 이 서류는 단체 측의 총체적인 요구사항을 완전 무시하고 개별적인 대안만을 고려한 것이므로 찢어버려야 한다고 평가했다. 주민단체 대표들은 그런 이유로 특별위원회에서 빠져나온 것이다. 그들이 탈퇴한 이후 Spree강변에 대한 결정은 다시 도시계획위원회의 관할사항이 되었다.

Spree강변 재생방안에 대한 논의에서 지역 행정관청은 주민결정에서 나온 개개의 요구사항을 들어주기로 했다. Elsen 다리 인근의 고층건물 신축을 포기하고, 새로 건설될 교량은 보행자와 자전거만 통행하도록 했다. 적당한 지점에 계획되었던 10m 폭의 강변 산책로는 20-30m 폭으로 넓히기로 하였으며, 주차공간도 추가로 확보하기로 하였다.

특별위원회는 계획에 대한 기본여건들을 설명하기 위한 기본적으로 적절한 도구였다. 물론 시민단체를 위한 성과들이 시민결정의 결과와는 거리가 멀긴 했지만 시민단체가 요구했던 것을 변화시켜 추천한 것은 분명했다. 협력에 대해서는 우선 결과적으로 서로 간의 연결이 깨졌으며, 부분적으로 독자적인 결정이 이루어져 비판이 제기되었다.

항의와 공개토론

과정이 진행되는 동안 단계마다 수천 명이 참가하는 시위와 반대활동이 동반되었다. 시민단체는 대규모 공개적인 시위로 주목을 집중시킬 수 있었으며, 지속적으로 이 테마를 언론으로 가져갔다. 항의는 창의적인 활동을 통해 인상을 남겼으며, 시민단체, 정치 그룹, 문화계의 활동 등으로 균형 있게 행해졌다.

전망

미디어단지의 Kreuzberg지역 쪽에는 주민결정 전에는 구체적인 계획이 얼마 없었다. 특별위원회 내에서의 집중적인 대화의 결과, Kreuzberg지역을 위한 계획전망의 개발은 2010/11년 겨울에 결정한 주민단체의 목표에 합당하게 Spreeraum 주식회사를 통해 계획, 실행될 공동참여 형식으로 확정될 것으로 보인다. 지역 행정관청은 이 프로젝트에 있어 원칙적으로 호의적인 입장이며, 참여결과에 대해 편견없이 논의할 용의가 있음을 밝혔다. 개개의 토지 소유주들도 자신들 소유의 토지이용 전망을 유리하게 이끌어가기 위해 이런 과정에 관심을 보이고 있다.

평가

진행절차상의 기회

- 시민순찰뿐만 아니라 시민결정에도 높은 참여율을 보였다. 시민단체 "Mediaspree를 침몰시키자!"는 무엇보다 시민결정이 있기 전에 실시된 수많은 활동과 시위를 통해 대중들과 언론으로 부터 커다란 주목을 끄는데 성공하였다. 이로써 이 활동을 이끈 사람들은 지역을 뛰어 넘어 성공적인 참여의 상징이 될 수 있었으며, 市소유 공간의 사유화와 상업화에 대한 공개적인 논의가 활발하게 이루어지게 했다.
- 특별위원회에 시민단체 "Mediaspree를 침몰시키자!"의 대표자 4명의 참여는 그런 종류의 위원회에 일반인이 참여하는 경우는 없을 것이므로 커다란 성과라 할 수 있다.

절차상의 걸림돌

- 시민단체의 목표를 관철시키는 데 있어 계획이 이미 상당부분 앞서 진행되어 있다는 것이 장애물이 되었다. 많은 건축계획이 이미 법적으로 확정된 상태였으며, 이미 지어진 것도 있었다. 지역 행정관청과 시정부가 변경을 할 수 있는 여지가 얼마 없는 시기에서야 항의가 시작되었다. 따라서 시민단체의 목표는 변경 가능성이 있는 지를 밝히고 논의를 이끌어내려는 것이었다.

- 시민결정으로 Friedrichshain과 Kreuzberg 주민 상당수가 법률적, 계획적 상황이 표결결과를 적용하기가 어려웠음에도 불구하고 총체적인 문제점에 반대하는 입장, 정확히 말하자면 공공연한 반대를 표명했다. Friedrichshain – Kreuzberg 행정관청과 시정부 도시개발부는 표결결과를 인정하는데 있어 현저히 다른 입장을 보여 지역 행정관청은 이를 취급하는데 추가적인 압박에 시달려야 했다. 시정부는 지역 행정의 계획에 대한 책임을 박탈할 것을 고려하기도 했다.
- Spree 미디어단지를 둘러싼 논의는 이질적인 관심사가 극도로 다양하게 혼합된 양상을 띠고 있었다. 미디어단지라는 라벨 뒤에는 진행정도가 상이한 계획들에 다양한 건축계획이 그들의 토지상에 존재하는 수많은 토지 소유주들과 이 지역에 투자한 기업들이 숨어 있었다. 특별위원회에서 교섭을 통해 이를 타결 하기 위해서는 매우 세심하게 처리해야 했다. Spree 미디어단지를 반대하는 사람들 편, 특히 기존에 거기에 자리 잡고 있는 프로젝트들과 일반적으로 개방적인 Spree 강변을 원하는 사람들 사이에서도 반대요구를 전개시켜 나갔다.

결론

- 시민단체 "Mediaspree를 침몰시키자!"의 시민순찰과 시민결정이라는 도구의 투입은 이미 확정된 잘못된 개발계획을 주목하게 하고, 나아가 Friedrichshain-Kreuzberg의 주민들의 뜻을 확실히 하는데 성공적이었다.
- 시민결정이 추천의 성격을 띠고 있음에도 불구하고 어느 정도 계획을 수정할 수 있었으며, 그 이후의 개발을 진행하는 과정에서 대화가 이루어지도록 했다.
- 기본여건과 사전계획의 많은 수가 변경할 여지가 별로 없었다. 게다가 정책, 주민단체와 토지소유주들이 서로 충돌하는 상황에 놓여있었다.
- Spree 미디어단지에 대한 모델에 관해 조기에 정보를 공개하였음에도 불구하고 공개적인 반응은 늦게 나타났다. 이런 종류의 대규모 계획은 때늦은 반대를 줄이기 위해 용인을 받도록 조기에 상당한 노력을 기울이고 주민참여도 일찍 실시하는 것이 큰 의미가 있다.

사실관계

행정구역	Friedrichshain-Kreuzberg
기간	2008
관심집단들	– 미디어단지 협회(2001– 2008)
	소유주들의 관심을 대변하는 대표자로서
	– 시민단체 "Mediaspree를 침몰시키자!"의 결성(2006)
	개발계획에 대한 방해를 시도하였고, 우선적으로 긴급한 시민순찰과
	시민결정을 계획한 주식회사 Spreeufer를 단체 내에 설립함.
	– 주식회사 Spreepirat(해적)-innen
	시민단체 "Mediaspree를 침몰시키자!"에서 갈라져 나온 단체로
	특별위원회에 반대하여 비판적인 입장을 취했으며, O2-월드의
	개장에 항의시위를 계획함.
	– 행동연합 "Mediaspree를 쟁취하자!"(2009)시위와 연대-파티 등을
	계획함.
	– Megaspree 연합(2009)
	베를린 대안문화의 위협에 반대하는 예술 및 문화계 종사자들,
	클럽 운영자들, 정치집단, 오픈 스페이스의 주민들과 이용자들의 연합.

2. 주민 예산 참여

Lichtenberg의 주민참여(전자참여)

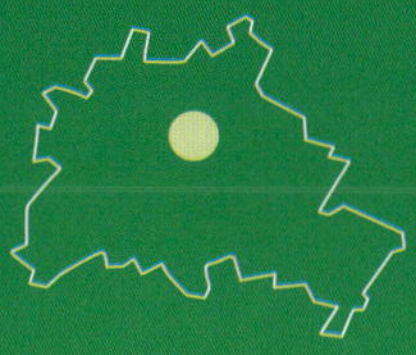

일정개요

2003	– "주민이 운영하는 지자체로 가는 Lichtenberg" 모델에 관한 토의
2004	– 의회의 한 워크숍에서 대도시에서 주민참여예산을 운영하기 위한 대략적인 컨셉 작성
2005. 07. 15	– 구(區) 행정법의 개정
2005	– 베를린의 재편성을 위한 아젠다 틀 안에서 시정부 행정기관의 지원으로 Lichtenberg와 Marzahn-Hellersdorf에서 처음으로 주민참여예산 실시
2007	– 구(區) 행정의 규정관련 작업에 참여
2008. 07 – 12	– "주민이 운영하는 지자체로 가는 Lichtenberg" 구상
	– Lichtenberg 주민참여예산에 관한 첫 번째 청소년 계획공작소의 실행
2009	– 투표일의 도입
	– 청소년 미래공작소 실행
2009. 07	– 구(區)의회(BVV)에서 주민이 운영하는 지자체의 기본컨셉 결정
2009 – 2010	– 구(區) 커뮤니티센터에서 현장에서의 조정 양도
2010	– 절약포인트제의 도입
	– 개별 지역(洞)을 위한 지역기금제의 도입

사전준비 : 출발시 상황과 기본여건

"주민이 운영하는 지자체로 가는 Lichtenberg"의 기본컨셉

주민이 운영하는 지자체의 모델은 2000년 초부터 Lichtenberg에서 추구되었으며, 계속해서 이를 위해 많은 기본조건들을 마련해 왔다. 이의 목적은 "'함께 만들어가는 사람의 일원' 으로서 효율적인 생성작업에 주민들을 편입시키는 것 외에 동등한 권리로 국가적인 결정에 그 효과를 확대"시키려는 것이다. 주민참여예산은 민주적인 과정과 주민참여를 강화시켜가는 과정의 초석이다.

베를린의 재편성을 위한 아젠다 틀 안에서의 모델프로젝트

2003년까지 물론 주민수 100,000명 이하의 작은 지자체에서였지만 독일에서는 이미 수많은 주민참여예산 제도가 실행된 사례가 있었다. 연방차원의 정책수립을 위한 조정 하에 다양한 정당과 제휴한 재단에서 이를 대도시에 적용시키기 위한 대략적 컨셉을 만드는 일을 해왔다. 2004년 베를린 시의회에서 열린 정치, 행정, 주민, 그 외의 유관 조직의 대표들이 참석한 워크숍에서 주민참여예산 제도를 대도시에 적용시키기 위한 컨셉이 개발되었다. 결국 2005년에 시정부의 베를린의 재편성을 위한 아젠다의 틀 안에서 Lichtenberg(區)와 Marzahn-Hellersdorf(區) 에 대한 첫 번째 주민참여예산의 발의를 위한 모델 프로젝트 "지역의 주민참여 예산수립, 예산결정, 예산감시(주민참여예산 제도)"를 실행할 수 있게 되었다.

목적, 참여 목표집단과 주제

주민참여예산 제도의 목적

- 정치, 행정 그리고 주민 사이에 동등한 권리를 창출하고, 그들의 역량을 한데 묶으려는 것
- 지역예산, 예산의 결정과정과 집행현황의 투명성 창출
- 조정 가능한 예산배분에 대해 참여가능성의 폭을 넓혀 배분의 효율성을 높이려는 것
- 명예 봉사직으로서의 참여 촉진(주민이 운영하는 지자체 모델이라는 의미에서)

목표 집단

- Lichtenberg의 모든 주민 – 지역에 거주하거나 일하는 모든 사람
- 나이 또는 선거권 유무와 관계없음

주민참여예산은 예산연도를 2년 앞서 실행되었다. 즉 2005년에 2007년도 예산을 다루었으며, 2005년부터 이 절차는 규칙적으로 반복되었다. 첫해에는 인터넷에 사이트 구축을 해야만 했고, 담당직원들의 교육비와 컨설팅 서비스 비용이 필요했고, 우선은 진행을 외부에 위탁하였고, 처음으로 지역예산에 대한 정보를 일목요연하게 볼 수 있도록 준비해야 해서 비교적 많은 비용이 들었다. 여기에는 시정부 모델프로젝트의 재정이 도움이 되었다.

주민참여예산의 주제영역

주민참여예산에는 12개 예산영역, 총 약 3200만 유로에 해당하는 규모가 관련되어 있다. 건강촉진, 경제촉진, 공공 도로부지, 도서관, 어린이 및 청소년 후원, 문화, 음악학교, 노인, 스포츠 장려, 도시의 지역 내 프로젝트, 환경과 자연, 시민대학 영역이 여기에 해당한다.

진행과정의 조종

지역행정

인적, 재정적 서비스를 담당하는 주민참여예산을 담당하는 부서가 있다. 여기서는 행사의 기본적인 틀, 홍보활동, 인터넷과 관련된 업무지원, BVV-결정 준비를 위한 위원회의 활동 지원, 행정 내부 상의 진행, 투표가 종결된 이후(성과의 평가, BVV를 위한 준비와 제안들을 적용시키는 데 있어서 정치와 행정 간의 조정)의 전 과정들을 조정한다. 그 외의 주민참여예산은 모든 지역 행정관청의 직원들의 정규업무로 정의된다.

정치

정치적인 차원에서 이를 지원하는 위원회가 있다. 이 위원회에는 5명까지의 지역의 지정을 받은 사람(BVV에 참여하고 있는 정당의 제안으로 BVV가 선택), 구(區) 행정관청에 참여하고 있는 정당의 각 1명씩의 회원, 상담역을 하는 Lichtenberg 구(區) 행정관청 대표 2명, 어린이 및 청소년부서의 조정담당 직원, Lichtenberg의 주민이나 지역의 네트워크(목표 집단)에서 6명, 2명의 커뮤니티 센터에서 파견한 사람, 그리고 1명의 서기로 구성된다.

도시의 지역차원

Lichtenberg는 13개 지구(洞)에 6개 커뮤니티 센터가 있다: 이들 커뮤니티센터는 이미 이전부터 사회구조적 중심으로 존재하고 있었다. 이 커뮤니티센터들은 시작단계에서부터 주민참여예산에 관여하였으며, 지역에 적용시키는 데 있어 점점 더 많은 책임을 지게 되었다. 커뮤니티센터는 구(區) 행정관청에서 재정을 지원받으며, 일자리센터와의 협력으로 인적 자원을 지원받을 수 있다.

참여의 실행

절차의 진행

4월-7월	**목표 집단- 및 소규모 행사** 특정 목표 집단들 영역에서 기관들과 운영자들과의 협력으로 커뮤니티센터가 마련한 소규모 행사와 활동
4월-7월	**온라인 대화에 있어서의 제안단계** 인터넷을 통해 무엇보다 구(區) 전체에 관한 주제로 제안을 하고, 토론 할 수 있다. 이는 도서관, 커뮤니티센터와 노인회관을 통해서도 할 수 있다. **13개 지구(洞)컨퍼런스** 지구(洞)마다 최종적으로 지구(洞) 컨퍼런스를 열어 폭넓게 제안들을 수집하고 그에 대해 토의한다.
9월	**온라인 대화에 있어서의 표결단계** 온라인 대화를 통해 수집된 제안들에 대해 평가 투표일 투표일에는 모든 Lichtenberg 주민들이 중심 지역에서 구(區)에서 나온 제안들에 대해 투표를 한다.
10월	**가구(家口)표결** 해마다 무작위로 25,000가구에 공문을 보내 주민참여예산에 대한 제안들에 대한 표결에 참여해 줄 것을 부탁한다.
11월	**평가 워크숍** 주민참여예산을 위한 현실성 있는 방법에 대한 평가
3/4월	제안들에 대한 구(區)의회(BVV)의 결정
5월	전망을 알리는 행사

주민참여예산에의 참여가능성

목표 집단 및 소규모 행사

청소년 또는 이주민 같은 선정된 집단에 좀 더 잘 접근하기 위해서 커뮤니티센터는 사전에 소규모 행사나 활동을 시행한다. 2009년에는 이런 종류의 행사가 30회 열려, 총 260명의 주민들이 참여하였고, 2010년에는 49회에 673명이 참가하였다. 이런 행사는 30-100명이 참석하는 소규모 행사로 특별한 목표 집단에 맞추어 청소년 여가센터나 노인회관 같은 곳에서 열린다.

온라인 대화

인터넷상에서 구 전체와 관련된 제안을 하고, 토론을 할 수 있다. 인터넷을 가정에서 접속할 수 없는 사람들은 도서관, 커뮤니티센터, 노인회관 등에서도 접근할 수 있다. 제안단계에 이어 표결단계가 이어진다. 참여자들은 5개의 칩을 이용해 선호하는 제안에 대해 평가를 할 수 있다. 이렇게 얻어진 점수는 무작위 선정 가구의 표결결과와 합산된다. 이렇게 해서 인터넷을 통한 제안 중 top 100이 결정된다. 이 때 각각의 제안은 적어도 25점은 얻어야만 한다.

2년마다 하나의 추가 칩으로 건축투자제안이 표결에 붙여진다. 2010년에는 절약에 의미를 두어 하나의 주제영역에만 표시를 하는 소위 절약점수라는 것이 있었다.

	방문자수	등록한 참여자	표결 참여자
2005	9,730	485	279
2006	134,292	1,712	1,256
2007	182,160	2,093	1,410
2008	856,206	2,438	1,751
2009	220,938	2,679	1,966
2010(11월 10일 현재)	744,729	2,942	2,146

표 : Lichtenberg 주민참여예산 관련 온라인 대화 참여자수

지구(洞) 컨퍼런스

지구(洞) 컨퍼런스와 주민모임은 2007년부터 각각의 지구에서 열리고 있다. 이 컨퍼런스는 투표기일 전에 제안들을 모으는 것뿐만 아니라 평가에도 기여를 한다. 컨퍼런스를 조직하는 일은 시작부터 커뮤니티센터와 협력하여 왔고, 2010년부터는 커뮤니티센터가 광범위하게 자치적으로 실행하고 있다. 행사에는 항상 수화 통역인이 참석한다.

서면 참여

주민들은 연 중 언제나 구(區) 행정기관에 서면으로 제안할 수가 있다. 제안이 지구(洞)에 해당되는 것이면 지구(洞) 컨퍼런스에 상정되어 표결을 거치게 된다. 전체 구(區)에 관한 것이면 인터넷사의 토론과 표결을 거치게 된다.

투표일

제안들을 평가하고, 시간적으로 뿐만 아니라 공간적으로 확장범위를 넓히기 위해 투표일을 도입하였다. 한 번의 지구(洞) 컨퍼런스 대신에 지구(洞) 전역에 나누어 종일 투표를 할 수 있도록 함으로써 지금까지 참여하

지 않았던 주민들도 절차에 참여하게 된다. 266쪽의 표는 2009년 투표에 참여한 주민이 현저하게 증가했음을 보여 준다. 따라서 그 이전보다 기본적으로 광범위한 기초를 마련할 수 있는 성과를 얻을 수 있었다. 온라인 대화에서와 같이 여기서도 제안에 5개의 칩과 하나의 절약점수와 하나의 건축계획의 평가(2년마다) 줄 수가 있다. 성별에 차별화를 두기 위해 일부는 남성과 여성의 칩을 색깔로 구분하였다. 많은 제안들이 서로 상이한 점수를 얻었으며 일정 점수부터는 주민들이 도전양상을 보임으로써 이를 해명하는데 많은 설명이 필요했다.

	총 제안건수	투표 참여자수	현장행사참여자수	총 참여자수
2005	367	312	595	4,000
2006	182	283	502	4,140
2007	378	218	786	4,150
2008	232	599	1,491	5,794
2009	241	2,536	3,605	8,130
2010	258	2,315	3,526	7,989

표 : Lichtenberg 주민참여예산 참여자와 제안 건수

가구당 투표

가구당 투표는 해마다 무작위로 선정한 25,000가구가 참여한다. 그들은 온라인 대화에서 나온 제안들뿐만 아니라 지구(洞)에서 나온 제안들에 대해서도 투표할 수 있다. 2010년부터는 인터넷에 등록을 하고 자료를 다운받아 온라인상 여론조사에 참여할 수 있게 되었다. 또한 이 자료를 인쇄하여 서면으로도 의견을 제시할 수도 있다. 어떤 방법을 택하는 지는 경험에 기인하므로 인터넷 대신에 우편으로 답변하는 것에 익숙할 수도 있다. 회수율은 약 5.8%이다.

구(區)의회(BVV)의 보고

투표를 통해 최대 75건의 제안들이 구(區)의회에 상정된다(지구(洞)마다 5건씩 + 인터넷 제안 10건). 이 제안들은 예산위원회에서 재당 전문 분과위원회로 넘겨진다. 전문 분과위원회는 개별적인 제안들에 대해 협의과정을 거쳐 정당한 투표결과를 발표하고 , 끝으로 이 제안들은 예산위원회로 다시 보낸다. 마지막으로 BVV의 결정을 거치기 위한 준비를 하고 전문 문과위원회로서 매우 진지하게 받아들이게 된다.

결과는 공개적인 행사에서 구의회를 통해 보고된다: 부결된 제안들과 주민참여예산에 반영될 수 없는 제안들에 대한 입장을 밝히고, 이에 대한 정보를 인터넷과 지역 언론을 통해서도 알린다.

홍보활동과 목표 집단과의 대화

- 매년 시사성 있는, 지역예산과 주민참여예산에 관한 정보를 담은 소책자가 발간된다. 2010년에는 6,000부를 발간되었으며, 이는 인터넷에서 다운로드 받을 수 있도록 했다(독어, 영어, 러시아어).

- 주민참예예산 관련한 독어, 러시아어, 베트남어로 된 깃발이 걸렸다. 또한 특별히 청소년들을 대상으로 한 깃발과 목표집단이 스스로 건 깃발도 있다.

- 청소년들의 참여는 고전적인 주민모임으로는 흥미를 갖기 어려워 일반적인 방법으로 이끌어내기 어렵다. 지난 2년 동안 목표 집단에 대한 사전연구가 거의 없었으며, 성과 역시 미미했다. 목표 지향적이며, 강력

한 참여를 위한 노력이 필요했다. 주민참여예산과 관련한 제안에 맞춰 Lichtenberg구청에 어린이와 청소년들을 위한 조정사무소를 설치하여, 지역의 청소년들과 매우 밀접한 관계를 맺고 협력하였다. 주민참여예산 외부에 청소년들이 참여를 위한 2개의 청소년 계획공작소가 운영되었다. 그 이후부터 작은 규모의 청소년 미래공작소들이 운영되었고, 거기서 나온 성과물들이 주민참여예산에 영향을 미쳤다. 추가적으로 학교에서도 수업시간에 방문을 하는 등의 방법으로 주민참여예산에 대해 활성적으로 정보를 제공하였다. 주민참여예산을 정규 교과과정에 채택하려는 노력도 하고 있다. 이런 과정에서 주민참여 예산에 적극적으로 참여하고 청소년들을 과정에 참여시키는 많은 기관들이 나타났다. 지역기금은 빠른 시일 내에 적용할 수 있으며, 결정구조가 그리 복잡하지 않아 청소년들의 제안을 편입시킬 수 있는 좋은 기회다.

- 사전의 소규모 행사들은 특정 목표 집단에 도달할 수 있는 의미 있는 도구들이다. 이런 행사들은 주제와 관련하여 목표 집단의 시설에서 열린다.

- 이주민들의 참여는 해당 단체와 도서관의 베트남 출신 직원들과 좋은 협력관계에 있어 지역 행정관청에 의해 상대적으로 성공한 것으로 여겨진다. 다국적 언어로 된 깃발은 아주 좋은 보완적인 정보전달매체다. 깃발을 통해 이 분야에 대한(예를 들어, 도서관에서 베트남의 문학) 계속적으로 새로운 제안을 하고, 주민참여예산이 참여하여 발언할 수 있는 기회라는 것을 알아차리도록 한다.

평가

성과와 분석 – 주민참여예산 2011(2009)

- 성별로 본 2009년 주민참여예산 참여에 대한 평가는 평균 54.2%로 여성의 참여비율이 높았다. 이는 참여의 가능성과 관계가 있다.
- 2009년에는 인터넷 상에 올라온 제안들뿐만 아니라 지구(洞) 컨퍼런스를 거쳐 올라온 제안들도 환경과 자연 분야가 매우 높은 비율을 차지하고 있다(인터넷 :42.9%, 지구(洞): 29.8%).
- 투표의 결과에도 역시 이와 같은 현상이 반영되었다: BVV에 상정된 총 75개의 제안들 중 24건이 환경과 자연 분야였다.
- 성별로 본 투표의 결과 평가는 남성과 여성의 표결상황이 상대적으로 유사한 경향을 보였다.
- 참가자의 연령대로는 27-60세 사이가 68%로 상당수를 차지했다.

2005년 이후 지속적으로 방법을 개발해 왔다

2007년부터 해마다 지구(洞) 컨퍼런스, 주민모임, 온라인 토론을 마감하면서 평가 워크숍을 실행하였다. 여기에는 모든 주민들, 단체들, 행정담당 공무원들, 정계 대표자들이 초대되어 진행 과정들을 평가한다. 이것을 토대로 절차가 지속적으로 전개시켜 나가며 적용시키게 된다.

중요한 변화

- 중심지역에서 열리던 5회의 주민모임 대신에 13개(2009년은 14개) 지구(洞) 컨퍼런스를 통해 소규모 행사를 조직: 주제가 주민들과 직접적으로 관련되는 주변에 관한 것이라는 인식에서 지역적인 연관성이 높아졌다. 2008년부터는 가구단위의 표결도 지구(洞)에 관련하여 시행되었으며, 인터넷 대화의 결과와 지구(洞)에서의 제안 두 가지 목록에 대한 평가가 이루어졌다.

- 2010년부터는 가구단위 설문도 인터넷 상에서 채울 수 있게 되었다. 이를위해 인터넷에 접속할 수 있는 기일을 정했다.
- 14세부터라는 나이제한을 폐지함: Lichtenberg는 가정친화적인 구(區)라는 인식을 심어주고 싶어 어린이들의 관심사도 동등한 권리를 갖도록 했다.
- 주민들이 개별 프로젝트에 대해 부정적인 평가를 하는 것을 곤란해 하므로 평가에 반대 포인트제를 임시로 도입하는 것을 다시 포기하였다. 2010년에는 그 대신에 절약 포인트제를 도입해, 참여자들로 하여금 하나의 주제 영역에 표시할 수 있게 하여 절약의 의미를 찾을 수 있었다. 지역의 예산은 늘릴 수 있는 것이 아니며, 한 가지 제안에 대한 추가적인 재원조달을 하려면 다른 영역에서 줄일 수밖에 없기 때문에 절약 잠재력을 정의하는 것은 매우 중요하다.
- 2009년부터 중앙에서 통제하는 투표일이 있어 모든 지구(洞)에서 중심이되는 장소들에서 제안목록들에 대한 평가가 이루어지도록 했다. 이렇게 하여 주민모임에서보다 근본적으로 더 많은 주민들이 투표에 참여할 수 있게 되었다.
- 2010년에는 지역기금제가 도입되어, 이를 통해 지구(洞)마다 5,000유로의 예산을 할당했다. 이는 해당 회계연도에 지구(洞)심의위원회를 거쳐 분배 할 수 있다. 이 새로운 제도는 주민참여예산 틀 안에서의 제안으로 생긴 것이다.
- 2010년부터 추가적으로 소규모의, 목표 집단에 특화한 행사를 행하게 됨으로써 더 많은 책임이 커뮤니티센터로 넘어갔다.

결론

- 청소년들의 주민참여예산에의 참여는 어렵다. 이를 위해서는 청소년 관련분야 운영자들과의 협력으로 청소년 미래공작소를 통해 목표한 연결을 시도하는 것이 필요하며, 또는 지역기금 심의위원회에 청소년들을 참가시켜 기금분배 결정에 참여하도록 하는 등 지역기금의 보완을 통해 개선할 필요가 있다.
- 주민들이 제안을 하고, 표결을 하는 데 있어 다양한 방법을 도입하고 여러번 의사표시를 하도록 하는 것이 가능하다. 다양한 제안목록들과 관련이 있으며, 참여와 관심은 민주적인 가치가 있는 것으로 판단되므로 이런 방법은 구(區) 행정관청의 측면에서는 문제가 없을 것으로 보인다.
- 주민참여예산의 중점은 투명성이라는 목표를 달성하는 것이다. 예산에 대해 함께 결정할 수 있는 부분은 극히 제한적이다. 구(區)의 예산을 이해하기 쉽게 소개하고, 여기에 관한 정책의 활성적인 보고는 다른 한편으로 Lichtenberg의 주민참여예산을 더 확대시켜나갈 수 있는 현실적인 잠재력 이다.
- 주민참여예산 제도를 지속적으로 폭넓게 전개시켜 나가는 것은 매우 긍정적이다. 해마다 평가를 하기 위한 행사를 통해 목표를 갖고 한 설문조사에 의한 평가와 제안은 역동적으로 받아들여져 방법과 절차의 개선에 활용된다. 행정 측에서는 이를 기꺼이 받아들일 준비태세를 보이고 있다.
- 주민참여예산 제도에 대한 논의는 소규모 공간적인 구조를 필요로 한다. 주민들은 무엇보다 자신들 주변의 (주거)환경에 관심이 있으므로 구 전체로는 주민참여를 통제할 수가 없다. 따라서 주민모임은 지역적으로 조직되어야 한다.
- 분배에 대한 공동결정은 처음으로 지역기금의 설치로 현실적으로 이루어지게 되었다. 또한 구체적인 프로젝트를 바른 시일 내에 실행할 수 있다. 예산에 대한 논의는 이와는 달리 미루어지므로 2년 후에나 효과가 나타난다.

- 주민참여예산 제도는 장기간의 안정된 전망을 필요로 한다. 여기서 중요한 것은 정당의 정치적인 것과 관련이 되어서는 안 되며, Lichtenberg에서와 같이 모든 정당들이 함께 이끌어가야 한다는 것이다. 그래야만 과정이 투표의 결과로 인해 위험에 처하지 않는다.
- 주민참여예산은 주민들을 위해 더욱 투명성을 갖고 있으나, 투명성은 행정을 위해서도 필요한 것이다. 직원들은 주민참여예산의 제안들과 우선권의 도움으로 자신들의 계획이 주민들의 요구를 충족시키고 있다는 경험을 종종 한다. 그러나 역시 주민들의 요구에 부응하고 있지 못하다는 것을 깨닫기도 한다. 다시금 행정을 담당하는 직원들의 요란한 진술은 전적으로 유용한 것이 무엇인지 경험하게 될 것이라며 어느 정도는 그들의 업무에 부득이 반영시키도록 한다. 그들은 주민들이 권한을 갖고 제출한 아이디어와 견해들이 많은 도움이 될 수 있다는 것을 깨닫고 있다. 예를 들어 자전거 도로의 계획 같은 일정한 테마를 다룰 작업공동체를 만드는 등 전반적으로 행정과 주민들의 사이가 좁혀졌다.

사실 관계

행정구역	Lichtenberg
시행기간	2005년부터
재원조달	시작시 예산 : 프로젝트 자금 포함하여 140,000유로(2005)
	2006년 새로운 규정과 관련된 아젠다
	– 홍보활동(BVV,BA, 행정, 독립 단체와의 준비 워크숍) : 약 5,000유로
	– 외부적인 진행(프로젝트를 운영하는 집단과 공동 의사결정 과정의 조정을 위한 준비와 실행) : 약 10,000유로
	– 인터넷 토론을 위한 것(온라인 플랫폼 구축, 소프트웨어 사용을 위한 교육과 온라인 조정 교육, 정비비용, 업데이트비용, 지원서비스 비용 등) : 약 53,000유로
	– 행사비(2회의 중심적, 5회의 지역적 주민모임, 공간임대) : 43,000유로
	– 평가(주민모임과 전체 참여절차) : 약 29,000유로
	그 이후 해마다 약 120,000유로(인적, 물적 비용)
	– 추산 기준치 : 주민 1인당 약 0.5유로
	– 그 중 약 70,000유로 (물적 비용과 외부에 위탁한 홍보활동과 온라인 대화 등)
	– 직원 4명의 인건비(주민참여예산 전담 직원 외의)

3. 지역(구)예산안의 위탁에의 참여

베를린 지구협의체의 운영

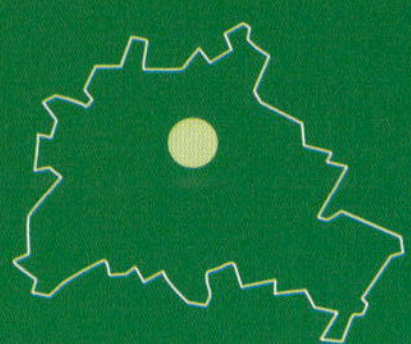

일정개요

1999	– 베를린시 사회통합적 도시 프로그램의 틀 안에서의 첫 번째 지구 관리 설치
2000 – 2002	– "변두리지역에 100만(DM)을" 시험 프로젝트
2003	– 1999 – 2002 사회통합적 도시 프로그램의 평가
2005	– 베를린 지구관리지역 전체에 지구 협의체 설치
2007	– 지구 개발기금의 분배: QF1–QF5
2010	– 지구 협의체를 위한 기본운영지침 개정(수정보완)

사전준비 : 출발시 상황과 기본여건

역사적 고찰

1999년 사회적인 위기에 봉착하고 있는 특별한 문제점을 안고 있는 지구들의 개발을 위해 베를린시에 사회통합적 도시 프로그램의 시행이 결정되었다. 프로그램의 목표인 주민들의 활성화와 참여를 이끌어내기 위하여 2001년 봄 "변두리지역에 100만(DM)을"이라는 시험 프로젝트를 출발시켜, 베를린 전체의 15개 지구(2002년부터는 17개 지구)에서 시민으로 구성된 심사위원들이 각각 100만DM를 투입키로 결정하였다. 이는 2003년 활성적인 효과를 가져왔다는 측면에서 매우 긍정적이었다는 평가를 받았다. 따라서 2005년에는 모든 베를린의 지구 단위계획이 실시되고 있는 곳에 시민 심사위원 모델을 기초로 하여 지구 협의체제를 도입하게 되었다.

기본여건

- 사회통합적 도시 프로그램이 기본적인 틀로 확정되어 있다. "주민들과 지역 단체들의 참여와 활성화"가 하나의 중요한 프로그램의 목표다.
- 지구 협의체의 활동은 시정부 도시개발부의 일정과 업무추진 기한에 맞춘다.
- 절차를 계획성 있게 준비해나가기 위한 시정부 도시개발부에 의해 만들어진 기본운영지침이 있다. 이는 2010년 34개의 지구 협의체의 표결로 개정(수정 · 보완)되었다.

촉진기금의 세팅

- 지구 협의체는 현재 진행되고 있는 사회통합적 도시 프로그램의 촉진기관과 함께 한다. 협의체는 지구 개발기금 QF2, QF3, QF4에 적합한 프로젝트, 아이디어 또는 중점사업을 추진하도록 제안하고, 또한 이미 제안한 제안들에 대해 협의해야 한다. 지구 협의체는 또한 지구 관리 지역의 중점개발사업에도 참여 한다.
- 지구 개발기금 2로는 1,000유로-10,000유로의 예산이 소요되는 소규모 사업들을 추진할 수 있다. 이는 지역의 참여 강화 등에 도움이 된다.
- 지구 개발기금 3으로는 10,000유로 이상의 예산을 필요로 하는 대규모의 장기적 사업에 투입되어 지구의 중점사업을 추진할 수 있다. 즉 사회문화적 사업이나 소규모 건축사업 등이다.

지구 개발기금 4는 베를린의 모든 지구관리 지역에서 시행되는 50,000유로 이상의 건축사업의 재정조달에 투입할 수 있다. 지구 관리팀은 지구 협의체와의 협의로 결정된 지역의 제안 프로젝트들을 제출한다. 시정부 도시개발부는 모든 지역에서 제출한 우선사업목록을 근거로 어떤 사업이 추진될 수 있을 것인 지를 결정하게 된다.

목적과 목표 집단의 참여

목적

- 가능한 한 주민들의 연결을 강화하고, 사회통합적 도시 프로그램을 지역적으로 시행하는 데 있어 활성적으로 참여하게 함.
- 지역적인 지식을 갖고 있는 사람들을 많이 유치함: 주민집단과 지역의 단체들을 지역의 전문가로 인식한다.
- 주민집단, 지역의 단체들과 더불어 일치감을 증진시키고, 지구에 대한 책임을 함께 지도록 함.
- 지구 내에서의, 그리고 행정기관과의 네트워크와 의사소통 체계를 개선.
- 효과적인 재원의 투입.

목표 집단

- 다양한 욕구들을 공평하게 반영시키기 위해서는 기본적으로 지역에 거주하는 다양한 주민집단(연령, 성별, 문화적 배경)이 통합되어야 한다. 주민들의 몫이 적어도 51%는 되어야 한다.

가능하면 다양한 주민집단 외에 지역의 단체들도 편입시킨다. 이것도 마찬가지로 가능하면 다양하게 구성되어야 하며, 기존의 지역 구조를 그대로 옮기도록 해야 한다: 학교, 어린이집, 사회복지시설, 의료시설, 회사, 경찰, 종교시설, 문화시설, 단체 및 협회, 주택소유주들 등등. 이들의 몫은 최대 49%이다.

진행과정의 조종

시정부 도시개발부

시정부 도시개발부가 이 방법을 발의하였다. 촉진을 위한 법적인 규정 외에 기본여건인 기본운영지침을 마련하였다.

지역 행정기관
지역 행정기관은 추진체로서 법적, 시간적 규정을 준수하고 이행할 책임이 있다. 해당 행정부서에서는 프로젝트의 내용을 검토한다. 각 지역의 조정은 지역의 지구 관리팀과 밀접한 상호관계가 있는 지역으로 편입된다.

지구 관리팀
현장 팀은 지구 협의체의 임명(선거)과 참여의 책임이 있으며, 지역 행정기관과 지구 협의체 사이에서 중재 역할을 담당한다. 그들의 업무에는 다음과 같은 것들이 있다.

- 지역 내에서의 홍보활동과 활성적인 네트워크화: 지구 관리에 있어서의 네트워킹 업무는 주민단체를 비롯한 단체들과 시설들의 활성화를 위한 기초가 된다.
- 토의체와 결정과정의 조직: 지구 관리팀은 전체적인 진행과정을 구상하는 업무를 인수받음: 회의의 준비, 진행, 기록, 사후 정리 및 아이디어 개발을 위한 조직(예, 프로젝트 고시, 지역 컨퍼런스). 지구 협의체에 진행 또는 홍보활동을 맡기려는 시도를 하였으나 지금까지 이루어진 것은 몇 건 안된다.
- 행정기관과의 결정: 지구 관리팀은 지구 협의체, 행정기관 그리고 여타 관심집단과의 사이에서 중재 역할을 하며, 정보교환뿐만 아니라 타협을 이끌어내는 것도 담당한다.
- 프로젝트의 담당과 촉진기금의 결산: 지구 관리팀은 사업자 공모와 선정을 조직하고 프로젝트 기금과 관련된 계약의 체결에서 결산까지 모든 과정에 함께 한다.

조정을 위한 모임
중심적인 내용상의 결정은 조정을 위한 회의 내부에서 이루어진다. 매달 정규적으로 지구 관리팀, 시정부와 지역 행정기관의 지역조정 담당자들, 그 밖의 행정기관 대표자들, 지구협의체 위원들이 함께 모이는 회의가 있다. 이 회의에서는 내용적인 조정, 촉진기금의 투입 통제, 업무추진 과정의 결정 등을 다룬다.

참여의 실행

지구 협의체를 구성하기 위한 투표
베를린의 지구 관리 시행지역에서는 2년마다 지구 협의체 구성을 위한 선거가 있다. 여기서 지역주민들 중에서 지구 협의체 위원을 뽑기 위한 후보를 지명한다. 투표는 주민모임에서 또는 정해진 날 지구 내 선거사무실에서 이루어진다. 이는 가능한 한 많은 투표인들이 참석할 수 있도록 하기 위해 매우 철저한 홍보활동을 수반해야만 한다. 지구 협의체 위원들을 가능하면 커다란 정당성과 대표성을 띠도록 하려는 것이 목적이다.

지구 협의체의 토론
지구 협의체의 논의는 다양한 측면을 내포하고 있다.
- 지구 개발을 위한 중점사항의 정의
- 공개적인 아이디어 수집고시를 통한 프로젝트 관련 아이디어의 수집 또는 자체 내에서의 프로젝트 관련

아이디어의 개발
– 우선사업 목록 작성과 그와 관련된 실행될 프로젝트 아이디어의 선택
– 프로젝트별 재원의 분배

이런 주제들을 논의하기 위해 조직상 지구 관리팀에 의해 이루어지는 회의가 열리게 된다. 평균적으로 지구 협의체 회의는 1년에 9–12회 개최된다. 결정은 표결에 의해 이루어진다 – 정확한 절차상의 규정은 지구 협의체의 운영규정, 기본운영지침으로 정해져 있다.

회의에 보완하여 상황에 따라 특정 문제점을 다루거나 결정과정을 진척시키기 위해 다른 방법이 적용되기도 한다. 여기에는 워크숍의 개최, 업무 팀의 구성, 우선순위를 매기는 시스템의 적용 등이 속한다. 이외에도 지구 내 주민들이나 또는 지역 행정기관을 지구협의체 일에 편입시킬 수 있는 다양한 방법들이 있다: 공동 워크숍, 지구(洞) 주민모임, 지역 컨퍼런스 등.

홍보활동과 목표집단과의 대화

지구 협의체를 위한 홍보활동과 목표집단과의 대화는 지구 관리팀의 핵심과제 중의 하나다. 그들은 절차상, 그때그때의 업무상황(아이디어 공모, 회의록, 투표결과 등)에 대한 일반적인 정보를 제공하고 협력해 줄 것을 요청한다. 지구 관리는 이에 다방면의 의사소통을 위한 전략을 강구하게 된다:
– 미디어의 이용(지역신문, 인터넷, 깃발, 현수막, 포스터, 언론 보도자료)
– 지역의 행사에 참석하여 광고
– 목적을 갖고 접촉함: 확대 재생산자들과의 접촉, 시설과 단체 또는 목표한 개개인과의 접촉. 특히 청소년, 이주배경을 지닌 주민들, 사회적으로 곤란한 상황에 처해 있는 주민 통합이 가망성이 높다.
– 지금까지 참여하지 않던 사람들이 참여하여 협력할 수 있도록 하기 위해 등록된 주민 가운데서 무작위로 선정하여.

시정부 도시개발부와 지역 행정기관을 토한 상위의 홍보활동도 이루어진다:
– 인터넷을 통해 정보 제공
– 주제와 관련된 소책자나 깃발
– 인정을 받은 네트워크화 된 행사로서 지구 협의체 확대회의

평가

절차상의 기회

활성화와 네트워크화
– 지구 내에서는 관심 있는 활동적인 주민들로 구성된 핵심그룹을 구성하여 네트워크화할 수 있었다. 무엇보다 주민들, 지역의 단체와 기관 대표들 사이에서 네트워크를 구축하고 의사소통이 활발해졌다.

– 이 방법은 참여자들이 일련의 개인적인 자극을 준다: 지구에 대한 정보, 가능성을 드러내 개발전망을 타결지을 수 있게 해주며, 정치 및 행정 그리고 그 외의 지구 내 그룹, 단체, 시설을 알 수 있고, 네트워킹을 만들 수 있다. 또한 각 지구마다 재정의 분배에 대한 결정에 참여한다.

– 많은 혁신적인 프로젝트들이 지구 협의체를 통해 동기부여가 되었다. 무엇보다 어려운 점은 사회통합적 도시 프로그램을 통해 촉진되지 않는, 오히려 규정상 예외인 많은 프로젝트들을 이끌어가는 것이다.

의사소통

– 행정과 지역차원 사이에서 지속적인 의사소통은 성공을 위한 기본조건이며 동시에 절차상 긍정적인 성과다. 지구 관리는 여기에서 지구 내의 의사소통의 중심으로서 또한 행정적인 처리를 위한 인터페이스로서 기본적인 역할을 한다.

– 지구 협의체는 행정을 통해 인지도가 높아지는 것을 경험했다. 천천히, 그러나 꾸준히 열린 행정이 되고 있으며, 의사소통도 점차 개선되어가는 것을 볼 수 있다. 그리고 지구 협의체도 행정에 대해 더 잘 이해하는 것을 배우고 있다.

성과물의 구속력

– 재정지출 책임은 지역 행정기관과 시정부 행정기관에 있지만, 부득이한 사유가 없는 경우에는 지구 협의체의 표결에 따르게 된다. 근거가 있는 개별적인 사안에 대해서만 거부가 있다.

– 지구 협의체의 결정권한에 대한 법률적인 규정의 결핍은 갈등을 빚게 될 경우 타협점을 찾고자 하는 질문이 제기된다. 이상적인 경우에는 지구협의체의 결정이 있기 전에 갈등을 가능하면 조기에 인지하고 사전에 해결할 수 있도록 하기 위해 해당 분야의 행정기관과의 조정이 이루어진다.

절차상의 장애물

복잡하게 얽힌 기본여건들

– 예산관련 법과 같은 규정 또는 행정적인 측면에서의 빠듯한 일정계획으로 인해 지구 협의체는 대부분 압박감을 느끼게 되며, 이는 건설적인 토의와 창의성을 제한한다는 것을 경험했다. 촉진을 위한 지침은 자주 중재하기가 어려웠다. 지구 협의체는 수십만 유로의 예산을 처리하게 되므로 촉진조건을 준수해야만하며, 성과물을 제때에 제시해야 한다. 이런 것 이 명예 봉 사직으로 일하는 데 있어 일부 갈등요소이다.

– 절차상 상대적으로 말로 하거나 글로 써야 하는 경우에 독일어 능력이 충분치 못한 사람들은 어려움을 느끼는 경우가 자주 있다. 이는 학문적 배경이 없는 경우와 문화적으로 그런 절차에 익숙하지 않은 경우에도 마찬가지다. 또한 청소년들은 이런 방법에 별로 관심을 보이지 않았다. 기본적으로 새로운 참여자들은 모든 구조와 배경을 이해하기 위해 상당 기간의 배우는 과정을 필요로 했다.

– 2년마다 새로 선출된 지구 협의체가 절차를 시작해야 하므로 지구 협의체가 프로그램에 정해진 기간의 준수를 보장하기 위해서는 유리한 선거시을 찾아야만 한다.

– 구체적인 프로젝트의 촉진 이외의 지구 개발과 관련된 내용적, 전략적 토론을 할 수 있는 기간은 대부분 너무 짧다. 이는 시간적으로 압박을 주며, 또한 상대적으로 높은 격식을 필요로 하는 데 이를 충족시키지 못한다.

– 지구 협의체는 성과물의 적용을 알아차리지 못하는 경우가 많다. 대규모 프로젝트에 이를 적용하는 데는 지구협의체가 일하는 기간보다 대부분 더 오랜 기간을 필요로 한다(촉진기금 3의 사용은 최장 2년 전에 결정이 된다).

역할과 과제의 구분

프로젝트의 선정에 있어 지구협의체와 행정기관의 입장이 매우 다른 경우가 종종 있다. 대부분은 행정기관이 선정에 어떤 영향을 미쳤는지, 또는 미쳐야만 했는 지 분명치 않다.

- 지구 협의체의 자기이해 역시 서로 다르다: 일부는 상위의 정책적 개발에 지대한 관심을 보이며 논의에 임할 태세가 갖추어져 있고, 어떤 사람들은 실용적이며 가능하면 빨리 구체적인 결정을 내버리고 싶어 한다. 참여자들 가운데 환멸감을 갖는 사람이 생기지 않도록 하기 위해 이런 양쪽의 욕구는 지구 관리팀에 의해 한 목소리로 조정된다.

- 지구 협의체와 담당 행정관청 간에 목표설정, 결정과정, 우선권에 대하여 좀 더 빈번한 교류가 필요하다. 추가적으로 시간을 갖지 않고는 이를 기대하기는 어렵다.

주민들과의 연결

충분한 숫자의 주민들을 활성적으로 절차나 토의에 끌어들이는 것은 매우 어렵다는 것이 자주 관찰된다.

- 참여자의 수는 주민 수에 비추어 볼 때 대부분 입후보자보다 적지도, 필요한 투표자에 못 미치지도 않는, 지구 협의체의 대표성과 그로 인한 정당성을 겨우 부여할 수 있을 정도다.

- 명예 봉사직의 수행은 참여의 지속성에 영향을 미친다 – 선거기간 동안에 때때로 위원회의 결정능력도 위협을 받을 정도로 참여자의 수가 많이 감소하는 경우가 자주 발생한다.

- 이미 집단적인 인식에 동일시하는 것이 존재하지 않는 경향을 보일 때 또는 공간적, 사회적으로 이질성을 띠고 있어 우리라는 연대감이 생길 수 없는 경우 주어진 지역의 경계로 인해 동일시되는 것은 매우 어렵다.

결론

- 예산의 취급은 주민들의 활성화와 현장에서의 활동을 위해 유용한 동기가된다. 네트워크 구조를 구축하고 개선할 수 있다.
- 주민들에게 재정적 자원에 대한 처치 권한을 줌으로써 만들어진 믿음은 반대로 높은 책임감을 갖게 한다.
- 주민들과 지역의 단체들에게 예산을 맡기는 것은 결정의 지역적 연관성과 재원투입의 효율성을 높인다.
- 기본여건을 단순화시킴으로써 절차를 이해시키고 참여자들에게 동기부여를 해주는 데 있어 장애물을 없앤다.
- 권한, 즉 결정권은 명백하게 규정되어야만 한다. 그래야 잘못된 기대가 생기지 않는다.

사실관계

행정구역	Friedrichshain-Kreuzberg, Mitte, Marzahn-Hellersdorf,
	Neukuolln, Reinickendorf, Spandau, Tempelhof-Schoneberg
시행기간	2005년부터
재원조달	지구 관리지역마다 1,500 – 2,500유로/1년
	유럽연합, 연방정부, 베를린 주정부의 사회통합적 도시 촉진 프로그램을
	통해 재정이 지원됨

Helmholtzplatz 지구관리 지역의 지속성 – 주민이 함께하는 구조로 이끌어가는 Helmholtzplatz

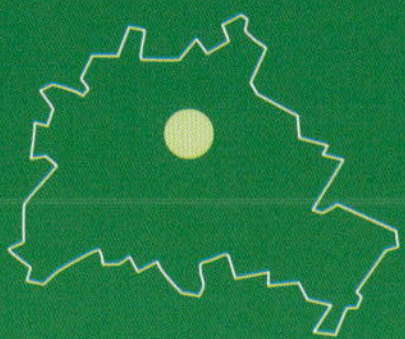

사회통합적 도시 프로그램에서의 지속

특별히 개발을 필요로 하는 지구(洞)의 사회 통합적 도시 프로그램에 의한 지원은 지속적인 과제가 아닌 준비방안으로 이해된다. 독립적인 지구(洞)에서의 삶은 "지구(洞)가 점차적으로 다시 자립적인 공동체로서 기능"을 할 수 있을 정도로 재건되어야 한다. 지구(洞) 내의 스스로 조직한 조정과제들에 대해 책임을 떠맡을 수 있을 만큼 지역적인 네트워크의 구조가 강화되면 행정과 정책이 만나는 지점으로서의 그 본질이 명확해지며, 활성적인 주민참여를 이끌어낼 수 있게 되며, 결국 차츰차츰 지구 관리에서 벗어나게 된다. 구축된 구조는 이후에도 계속 주민과 지구(洞)에 의해 존속하게 되며, 독립적으로 과제를 맡는다.

Helmholtzplatz 지구관리 지역의 개발

고밀도의 낙후된 건물이 들어서있는 이 지역은 1993년 재개발구역(시행자: S.T.E.R.N. GmbH)으로 지정되었으며, 추가적으로 1999년 사회통합적 도시 프로그램을 통해 개발을 촉진시키기 위한 지구관리 지역으로 선정되었다(시행자: S.T.E.R.N. GmbH). 1990년대 초부터 Helmholtzplatz 주변은 커다란 변화의 조짐이 있었다: 건물의 낙후와 재생사업으로 대대적인 주민구조의 변화가 생기면서 지구의 가치가 높아지는 과정을 겪게 된 것이다. 동시에 기존의 주민들과 새로 이사해 온 주민들 간에 일련의 갈등이 생겼다.

Helmholtzplatz는 전통적으로 높은 주민참여를 보이던 곳이었다 – 변화의 과정에 중요한 역할을 한 협회, 시설, 단체, 개인들이 많았다.

참여절차의 실행

지구(洞)와 주민들에 의해 지구 관리 절차를 실행하기 위한 준비

2004년 말 시정부 도시개발부는 Helmholtzplatz 지역의 지구 관리 절차를 2005년 말까지 지구(洞)와 주민들이 주도하는 구조로 끝낼 것을 결정하였다. 지역의 조정과 후원은 계속 지구(洞)에서 책임을 진다는 것이었다. 도시에 대한 모니터링으로 2004년 베를린의 사회통합적 도시개발에서도 확정한 바 있는 사회적인 상황의 개선과 성공적으로 지역의 가치를 높이는 과정이 이 결정의 토대였다.

지구 관리 절차가 끝난 후 2년의 과도기에 이 지역을 위해 2007년 말까지 장기 프로젝트를 위한 구(區) 예산에서 500,000유로의 촉진기금이 다시 마련되었다. 프로젝트들에 대한 결정은 강력한 주민참여를 통해 이루어져야 했다. 지구 관리 과도기적 과정은 주민들과 지구(洞)에서 담당, 지역의 참여자들과 공동으로 활동계획을 완성하였으며, Pankow 지구(洞)의 행정관청과 함께 결정하였다.

이에 앞서 2005년 5월 이틀에 걸쳐 관심 있는 주민들 및 단체들과 함께 "개방 공작소"를 실시하였다. 여기서 이미 예고된 구(區) 예산으로 시행할 프로젝트들에서 중심적으로 다루어 촉진시킬 분야를 확정하였다. 참여자들은 공동으로 제작하고 결정할 기회가 생긴 것을 인지하며 커다란 책임감을 느끼는 분위기였다. 이는 주민들과 그 외 활동가들로 이루어진, 활동계획의 테두리 안에서 지구(洞)와 주민들이 담당하는 절차의 컨셉을 발전시켜 나가는 핵심그룹이 되었다. 업무의 진행과정에서 핵심그룹은 이 과제들을 넘어 과정들을 폭넓게 만들어가고 "지역의 활성적인" 실무 팀으로서 스스로 네트워크화하는 과제를 책임지자는 결정에 이르렀다.

2005년 9월 주식회사 "지역의 활성적인"이 조직한 첫 번째 지역 컨퍼런스가 열렸다. 이 행사에서 구(區) 예산의 집행을 담당할 지역위원들이 선출되었다. 첫 번째 프로젝트로 구(區) 예산에서 지역사무소의 설치하기로 하였으며, 2007년까지 주 20시간 근무 일자리 1개의 재정을 지원키로 했다. 지역사무소는 주식회사 "지역의 활성적인"에 의해 도약과 네트워크화를 위한 거점으로 구상되었으며, 오래된 지역단체 "Miteinander-Fureinander Selbsthilfebegegnungsstatten e.V."(함께-서로 자조를 위한 만남 협회)의 법적 책임을 지고 운영되었다.

지역위원회와 지역사무소 외에 주제에 따라 주민들, 지역의 단체들 그리고 지구(洞) 행정기관의 담당부서의 대표들이 참여하는 작업팀도 구성되었다. 이들은 프로젝트 신청서에 대해 검토, 판단하는 것이었다. 주식회사 "지역의 활성적인"은 스스로 다양한 작업팀들 사이에서 이들을 연결시켜주는 역할을 하였다.

생성된 지구(洞) 행정기관과 주민들이 책임을 지는 구조의 발전

주민들이 책임을 지고 이끌어가는 구조를 만들기 위해 4가지 기본요소가 생겼다: 구(區) 예산을 심의하고 결정하기 위한 위원회로서의 지역위원회, 내용적인 토의를 하기 위한 주제에 다른 작업팀, 도약과 네트워크화를 위한 거점으로서의 지역사무소 그리고 네트워크들을 이어주는 주식회사 "지역의 활성적인".

지역위원회의 업무는 촉진기금의 집행에 관한 문의가 너무 지배적이어서 내용적, 전략적인 주제를 다루는 데는 시간을 얼마 할애하지 못하는 것으로 나타났다. 3회의 회의를 하는 동안 총 200개의 프로젝트 아이디어를 심의해야 하는 등 짧은 시간에 수많은 창의적인 프로젝트 아이디어들을 다루기도 하였다. 결정에 대한 책임, 부분적으로 생기는 지역위원회 내부에서 격렬한 갈등 등은 위원들로 하여금 부담을 더 이상 견딜 수 없게 만들기도 하였다. 따라서 수많은 참여그룹이 빠져나가 2번이나 새로 선출을 하여야만 했으며, 기금이 동이 난 후 위원회는 해체되었다.

주제에 다른 작업팀은 프로젝트 신청에 있어 입장을 표명하기 위한 전문위원회의 성격을 띴다. 작업팀들은 다양한 강도로 작업에 임했다. 단 하나의 작업팀에만 지구(洞) 행정기관의 대표가 규칙적으로 참여하였다. 프로젝트를 신청한 사람들 역시 작업팀에서 함께 일을 하므로 지역위원회로부터 입장표명의 중립성에 대한 의문이 제기되었다. 커다란 업무에 대한 중압감(총 200개의 입장표명에 대해 심의했다)으로 인해 작업팀이 점차적으로 해체되어 갔다. 주식회사 "지역의 활성적인"의 활동도 남아 있는 네트워크 구조들이 해체되면서 위축되었고, 결국은 비공식적으로만 활동하였다.

지역사무소는 2007년 중반 구(區) 예산이 끊어진 후 1년간 주식회사 "지역의 활성적인"의 직원에 의해 운영되었다. 구(區) 예산을 위탁받고 있던 동안 사무소는 과제를 수행하기 위한 다른 구조들의 결핍으로 강력히 기금의 집행 절차에만 매여 있었다. 네트워크의 관리와 조정에 관한 과제는 극히 부분적으로만 인지할 수 있을 정도로 촉진기금과 지역위원회 일로 몹시 시달렸다. 촉진기금이 끊어지자 지역의 네트워크와 조직에 대한 필요성도 없어졌다. 지역사무소와 주식회사 "지역의 활성적인"에 의해 무보수 명예직으로 지역 컨퍼런스가 열렸는데, 이는 당시 논란의 소지가 있던 학교의 발전을 위해 조직된 것이었다. 여기에는 많은 사람들이 참여하였으나 그럼에도 불구하고 그 이후 공동체적인 참여는 더 이상 없었다. 시정부가 계획한 Prenzlauer Berg 지구(洞)의 조정과제의 인수는 재정적, 인적 역량의 부족으로 실현되지 못하였다.

결론

지구 관리 절차의 종결 이후 구(區) 예산의 지속적인 투입과 그로 인해 발생한 절차상의 "자유"라는 측면은 강력한 주민참여와 창의적인 프로젝트 아이디어가 모아지는데 동기부여를 하였다. 위원회의 선출에 대한 활동계획의 수립에서 프로젝트의 재원을 2년 동안만 지원한다는 결정까지의 전 과정은 매우 심하게 시간적인 압박을 받았다. 여기에는 지구 관리가 종결된 이후 절차를 이끌어가고 조직할 명백한 전략 또는 충분한 구조도 마련되어 있지 않았다. 모든 네트워크 안에 관련된 사람들의 업무는 예산의 집행에만 집중되어 있었다. 장기적이며, 전략적이고, 네트워크를 잘 관리하는 활동을 펼칠 여지가 별로 없었다. 따라서 과제를 극복해 나가기에 너무 벅차다고 느껴 많은 참여자들이 중간에 빠져나갔다. 이런 과정에서 지속적인 활동을 펼 구조를 만드는 것은 극히 제한적일 수밖에 없었다. 장기간 영향을 미치는 지속성을 위한 논제들이 과정의 평가 기초로 작성되었다.

- 지속성은 지구 관리 절차에 있어서 조기에 마련되어야 하고, 지구 관리를 시행하는 데 있어 국면마다 이루어지는 개념적인 구성요소이어야만 한다.
- 지속성이 이루어지는 과정은 충분한 시간을 갖고 실행되어야 한다.
- 구(區)는 역동적인 파트너가 되어야 하며, 이를 위해 적합한 구조를 구축해야 한다.
- 관심을 갖게 하고, 역할을 명백히 하는데 도움을 주도록 과정을 전문적으로 이끌어가야만 한다.
- 지속적으로 네트워크를 조직하고 관리할 수 있는 지역사무소를 제공해야만 한다.
- 주민들이 참여로 이끌어가는 활동을 위해서는 공간이 마련되어야 한다.
- 지속적인 홍보활동이 보장되어야만 하며, 장기적으로 업무를 쉽게 처리할 수 있는 구조를 창출해야 한다 (예를 들어, 인터넷 사이트의 구축).
- 주민단체의 촉진을 위해 사용할 수 있으며, 주민들의 참여로 집행되는 활동기금이 지속적으로 마련되고, 유지되어야만 한다.
- 더불어 잘 어울리며 유연성있게 일을 해나갈 수 있을 때 주민단체들의 참여를 위한 훌륭한 구조가 마련된다.

사실 관계

행정구역	Pankow
시행기간	2005 – 2007
재정조달	500,000유로, 시정부 도시개발부의 재정지원으로

Tempelhof-Schoneberg에서의 어린이 및 청소년의 참여

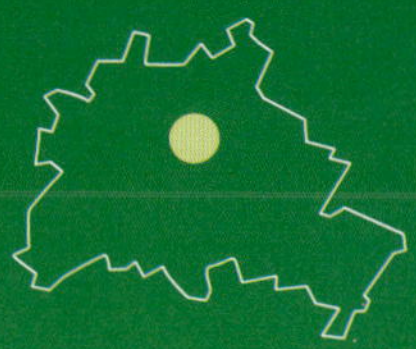

아이디어의 도입

어린이와 청소년들의 관심사가 언급될 때에는 학교와 청소년 여가시설의 어린이와 청소년들이 능동적으로 지자체 정책을 함께 만들어가기 위해 어린이 및 청소년 의회로 모인다. 예를 들어 학교나 여가시설의 설치, 학교 마당의 시설, 도로나 놀이터, 운동장 신설이나 개조, 행사의 준비 등등.

Tempelhof-Schoneberg의 어린이 및 청소년 의회는 어린이와 청소년들의 참여 제안 시스템에 있어 하나의 중요한 초석이다. 여기에는 무엇보다 지구(洞)의 어린이와 청소년 모임으로, 전문분야 기업의 공동결정을 통해 대리자의 형태로, 구(區) 학생위원회로, 관련 어린이와 청소년들과의 시의원들의 주제별 조언과 프로젝트에 방향을 맞춘 형태 등이 속한다.

Tempelhof-Schoneberg 구(區) 의회 회의의 정당을 초월한 작업팀은 2005년 3월 어린이 및 청소년 의회(KJP)를 설치 제안서를 만드는 데 착수하였다. 이 아이디어는 처음에는 여러 구(區)의회 의원들로부터 비판을 받았다. 어린이와 청소년들을 대표하는 형태가 관심을 끌 수 있을 지, 이 장치가 정당화를 시키기 위한 장치가 되지 않을 수 있을 것인 지가 의심되었던 것이다. Charlottenburg-Wilmersdorf 구(區)는 이미 어린이 및 청소년 의회가 설치되어 있었다. 의회 설치에 단호한 의장은 긍정적인 경험에 대해 보고하였고, Tempelhof-Schoneberg 구(區) 청소년 지원위원회를 납득시켰다. 법률적인 질의를 명백히 한 후에 어린이 및 청소년 의회를 설치하기로 BVV는 일치된 결의를 하기에 이르렀다. 그러는 사이 2010/2011년에 6번째 선임기간을 거쳤다.

참여에 관한 아이디어를 실행하기 위해 생각할 수 있는 간단한 방법이 선택되었다: 매 학년마다 초등, 중 · 고등, 직업학교와 구(區) 내의 어린이와 청소년 여가시설 전체 회의에서 의회로 보낼 대표를 뽑았다. 각 학교와 시설에서 2명씩, 최대 4명까지 선출하였다. 구(區) 내의 학교 또는 시설에 다니는 21살까지의 젊은이들이 피선될 수 있다.

어린이 및 청소년 의회는 선임기간의 시작되면 Schoneberg 구청의 구의원실에 모여 의장단을 선출한다. 의장단은 외부에 대해서는 위원회에 대표로 참석하며, 내용적인 업무를 이끌어간다. 어린이 및 청소년 의회 어린이와 청소년들은 여기에 정책적인 아이디어를 가져와 토론하고 적절한 제안들을 통과시킨다. 이 제안들은 BVV에 의해 구(區)에서 다루어진다. 제안서를 완성하기위해 1달에도 여러 번 모여 제안서를 준비하고 결정하는 3개의 지역별 작업팀(Schoneberg/Friedenau, Mariendorf/Tempelhof, Lichtenrade/Marienfelde)이 있다. 제안서들은 무엇보다 지역의 문제가 있는 곳들을 돌아보면서 사진을 찍어 완성하게 된다. 그 외에도 공동의 프로젝트와 소풍 등을 실행한다.

선출된 의장단은 어린이 및 청소년 의회의 자치행정을 조직하고, 어린이와 청소년들을 특화한 주제별로 네트워크화하고, 의회의 업무를 대표하며, 의회의 업무를 청소년 지원위원회에서 소개한다. 그러나 무엇보다 의장단은 제안들이 어떻게 진행되어 가고 있는 지를 감시한다.

조직적으로 어린이 및 청소년 의회는 반나절 근무 직원이 있는 작은 사무실의 지원을 받는데, 재정은 BVV가 담당한다. 사무실을 통해 교육적으로 함께 하면서 업무를 집행하는 직원은 이런 참여형태의 지원을 보장하여야만 한다.

청소년 담당관청을 통해 조직되는 사무실의 과제에는 다음과 같은 것들이 속한다:
- 의회 업무의 조직적, 행정기술적 진행과정의 보장
- 전체회의와 프로젝트그룹, 주제그룹, 지역그룹별 만남의 준비
- 참여과정을 많이 배우고, 경험할 수 있도록 형성하고, 젊은 의원들에게 동기를 부여해 주고, 질적인 향상을 꾀하도록 함
- 어린이와 청소년들에게 적합한 참여형태의 계속적인 개발에 기여

어린이와 청소년들의 제안서는 정당이나 위원회의 제안서와 흡사하게 다루어진다. BVV의 정관에 어린이 및 청소년 의회의 제안서는 BVV의 위원회와 총회 회의 시작에 다루어야 한다고 명시되어 있다. 개별적인 결의는 어린이 및 청소년들과 대화를 통해 이루어진다.

결론

2009/2010년 선임기간에는 능동적인 어린이와 청소년들이 주로 청소년, 학교, 환경, 도시개발에 관한 51개의 제안서를 작성, 확정하였다. 모든 제안서는 BVV에서 다루어졌고, 그 중 일부는 행정적으로 다루기로 하였다.

어린이 및 청소년 의회의 업무는 시간의 흐름에 따라 다양한 사회적, 연령적 동질성을 가지는 집단의 특별한 관심사에 걸맞도록 하기 위해 여러 지구(洞)에서 프로젝트에 방향을 맞춘 업무방식으로 확대되었다. 이렇게 함으로써 내용이 삶과 밀접해지고, 어린이와 청소년들과 함께 직접 업무를 처리할 수 있었다. 그 외에도 의회는 어린이와 청소년들의 참여를 위한 폭넓은 형태와 활동을 실행하였다. 그들은 독일 어린이 지원 단체의 자문회의, 어린이의 권리를 위한 제1회 전국 컨퍼런스에 참여하였으며, 인접해 있는 구(區) Charlottenburg-Wilmersdorf의 어린이 및 청소년 의회와의 협력도 시작하였다.

사실관계

행정구역	Tempelhof-Schoneberg
시행기간	2005년부터
재정조달	BVV는 반나절 근무 직원을 두어 어린이 및 청소년 의회를 이끌어가는 재정을 지원하고 있다

Weissensee 주민들의 “Weissensee 조성”을 위한 이웃 네트워크 강화

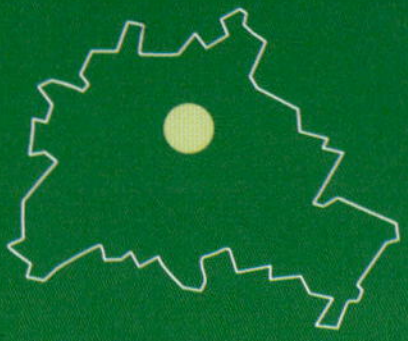

일정개요

2006. 11. 07	– “도시 전체의 모든 부문을 총괄하는 기본전략 : 사회 통합적 도시개발
	– 베를린의 통합적 도시(지역)개발로 가는 길” 완성에 대한 시의회의 결정
2006. 12. 21	– 시장 자문단의 동의와 3개의 시험 구(區) 선정
	= Friedrichahain–Kreuzberg, Pankow, Reinickendorf
	= 기본전략의 완성에 구체적인 기여를 하기 위하여
2008. 09	– 미래공작소의 준비를 위한 미니공작소
2008. 11. 28 – 29	– 제1차 미래공작소
2008. 10 – 2009. 06	– 베를린 공대의 프로젝트
	베를린의 놀이를 이용한 계획
2008. 12. 10	– BVV가 Pankow를 놀이를 이용한 계획의 모범 실행지역으로 결정
2009. 04 – 06	– 놀이를 이용한 계획을 위한 시설 설치에 어린이와 청소년들 참여
2009. 05. 19	– 놀이를 이용한 계획에 대한 정보제공을 위한 행사
2009. 10. 10	– 제2차 미래공작소

준비 : 출발상황과 기본여건

2007년부터 –Weiβensee지구(洞)에서 뿐만 아니라 Pankow구(區)에서도 – 주민들과 지역의 시설들의 자발적인 발의와 네트워킹을 활발하게 하여 함께 지역의 개발전략을 만들려는 다양한 노력이 있었다. 사회통합적 도시개발의 기본전략을 완성하는 데 참여를 함으로써 시험구(區)인 Pankow에서는 지역의 관심집단들이 편입되어 모든 분야를 총망라하는 협력이 이루어질 수가 있었다. 모델 프로젝트인 놀이를 이용한 계획을 실행함으로써 어린이와 청소년들도 Weiβensee의 조성과정에 참여하게 되었다. 이 과정은 우선 평행적으로 진행시켜 나갔으나 시간의 흐름에 따라 함께 결합될 수 있었다.

기본전략 : 사회통합적 도시개발 – 베를린의 통합적 도시(지역)개발로 가는 길

시정부로부터 위임받은 전체 도시의, 모든 분야를 총망라하는 기본전략인 사회통합적 도시 프로그램의 완성은 모든 시정부 부처와 3개의 시험구(區)의 참여 아래 이루어졌다. 기본전략은 국가 차원의 도시개발정책의 모델 프로젝트였으며, 서비스 도시 베를린 프로그램의 구성요소다. 3개 시험구(區)의 과제는 특별히 하나의 모든 분야를 총망라하는 사회통합적 공간을 만들기 위한 구조, 방법, 과정을 시험하는 것이었다. Pankow의 시험지역으로는 Weiβensee가 선정되었다.

기본전략은 여러 가지 목표를 추구한다:

- 도시 전체적인, 모든 분야를 총망라하는 방안을 통해 지구(洞)에서의 기회 균등과 삶의 질 향상
- 전문적인 계획으로 공간을 조성(사회 통합적 공간의 지향)
- 소통, 조정, 협력의 강화
- 통합적 도시개발의 주제별 중점 : 교육, 일자리, 통합

기본전략의 내용은 지구(洞)의 방향을 맞추어 지역의 관심집단들과 주민들이 함께 참여하여 지속적으로 모든 분야를 아우르는 협력을 정착시키려는 것이었다.

프로그램 "앞으로 나아가는 지구(地區)"

프로그램 "앞으로 나아가는 지구"는 기본전략의 적용하여 그 효용성을 시험하기 위한 시험구(區)를 위한 도구로 마련되었다. 각각의 시험구(區)에 2008년에는 40,000유로씩, 2009년에는 과정의 지속을 위해 추가로 10,000유로씩의 재원이 마련되었다. 선정된 프로젝트들은 사회통합적 공간형성을 지향하는, 모든 분야를 망라하는 행정 처리를 위한 구조의 네트워킹화와 형성을 지원해야 하며, 시험 지구를 위해 강점–약점–분석을 통해 결과물을 도출해야 했다.

Weiβensee에서는 이런 틀 안에서 4개의 미세 프로젝트와 하나의 등대 프로젝트(미래공작소 "Weiβensee의 주민들이 Weiβensee를 만든다")를 시행되었다.

미세 프로젝트들은 미래공작소의 준비에 기여하였으며, 지역에서의 협력과 네트워크화의 기초가 되어야 하는 미니 미래공작소의 형태로 시행되었다.

목표는 기존의, 그리고 새로운 프로젝트들을 촉진시키는 것이었다.

- 세대 간의 대화: 노인들은 주로 교사들과 학생들, 지역 담당자들의 도움을 받아 여러 가지 공동프로젝트를 조직하였다(합창모임, 서양장기대회 등).

- 거리 예술제와 스포츠: 지역의 청소년들에 의해 다양한 공공장소에서 이용할 수 있는 스케이팅을 할 수 있는 시설이 마련되었다.

- 희망사항 수집: 미래컨퍼런스 행사장 앞에서 컨퍼런스에 영향을 미치게될 희망목록을 수집하였다. 이 프로젝트는 단체 "함께 만들어요"가 주도하였다.
- 지역의 광장 Gustav-Adolf-Straße: "불모지에서 지역의 광장으로" - 그리 넓지 않은 불모지를 주민들의 참여로 이웃과의 만남의 장소로 조성.

과정의 조종

사회 통합적 공간을 지향하는 구(區)의 조정과 부서를 총망라하는 계획을 위한 네트워크인 작업팀

Pankow 구(區) 행정기관 내부에 기본전략인 사회통합적 도시개발을 시행을 원활히 하기 위해 사회통합적 공간을 지향하는 구(區)의 조종부서를 설치하였다. 이는 부서를 총망라하는 계획을 위한 네트워크인 작업팀을 조직하였다. 전문적인 계획을 담당하는 직원들이 매달 모이는 회의에서 행정 분야를 총망라하여 시험지역 Weißensee의 강점-약점-분석을 실행을 통해 그 안에서 계속적인 정보교환을 가능하게 하였다. 분야별 행정기관의 직원들은 의사소통이 원활한 이 회의를 매우 중시 여겼다. 강점-약점-분석의 근본적인 성과로는 Weißensee 구(區)의 시민들이 매우 다양한 잠재력을 지니고 있으나 공동으로 어떤 문제를 다룰 수 있는 활동의 네트워크화가 결여되었다는 것이었다. 이런 잠재력을 강화시키기 위해 작업팀은 "앞으로 나아가는 지구" 프로그램의 틀 안에서 시험구(區)에서 미래공작소를 시행할 것을 결정하였다.

사회통합적 공간을 지향하는 구(區)의 조종부서는 "앞으로 나아가는 지구" 프로그램에 의해 시행되는 프로젝트들을 추진하는 책임을 맡았으며, 공모전과 선발절차를 담당하였고, 지역의 시설 및 단체들과의 긴밀한 관계를 가졌다.

참여의 실행

시행된 미래공작소는 부서를 총망라하는 계획을 위한 네트워크인 작업팀과의 결정으로 Pankow 사회통합적 공간을 지향하는 구(區)의 조종부서에 의해 조직되고 준비되었다. 마지막으로 행사 결과물의 기록까지 책임졌다. 미래공작소의 개최는 외부 대행사에 위탁하였다.

1차 미래공작소 / 2008년 11월 28-29일

미래공작소의 목적
- Weißensee 구(區)를 사회통합적 공간으로 개선
- 지역 단체들의 관심과 욕구의 증진
- 지역의 단체와 시설들의 행정기관과의 연계
- 미세 프로젝트의 시행에 주민참여를 활성화시킴으로써 Weißensee의 생활 환경 개선
- 참여의 과정에서 공동체가 주도로 행정상의 분야를 총망라하는 협력의 효율성 제고

목표 집단
- Weißensee 구(區)의 시설, 프로젝트, 경제와 행정 분야의 많은 사람들(특히, Weißensee를 위한 단체의 회원들, Brotfabrik 문화센터의 회원들, 단체 "함께 만들어요", 구(區)의회 의원들)
- 주민들

경과
미래공작소에는 80명이 참석하였는데, 그중 약 1/4은 주민들이었다. 주제영역에 따라 소그룹으로 작업을 진행하였으며, 마지막에 전체 토의가 있었다:
1. 과거를 돌아봄: 개인적인 경험들의 수집, Weißensee와 꼭 연관되지 않은것도
2. 트렌드 분석: 지역의 강점과 약점을 함께 파악
3. 미래 국면: 참가자들이 가능한 Weißensee의 미래를 설계하였다
4. 실현 국면: 공통점을 찾아내 의견의 일치를 이끌어 냄
5. 방안의 계획: 앞으로 협력을 해나갈 작업팀들의 구성

성과
- 꽃축제에 대한 재고: 이는 앞으로 한 단체에 의해 덜 상업적으로 조직되어야 한다. 뿐만 아니라 단체나 프로젝트들을 위한 만남과 정보교환 지점으로 변화시켜야 한다.

- 미래공작소의 아이디어를 적용시키는 과정에서 시간의 흐름에 따라 스스로 작업에 임하는 새로운 작업팀들이 생겼다: "사회문화 센터". "공공 거실", "녹지보호단체", "Weißensee 협회", " 밴드 연습 가능 하게", "야외 학습장", "지역 미디어", " 창조경제 회의", "스케이트 공원" 등.

- Weißensee 네트워크 안에서 지역의 시설, 단체, 협회를 조직하자는 아이디어가 생겼다.

모델 프로젝트 : 놀이를 이용한 계획

2008년 10월 놀이를 이용한 계획 프로젝트가 시작되었다 - Pankow 구청, 독일 어린이지원재단과 SPI의 협력으로 베를린 공과대학의 도시 및 지역 계획연구소에 의해 실시되었다. 2008년 12월 Pankow BVV는 Weißensee에서 이 프로젝트를 모범적으로 시행하기로 결정하였다. 구(區) 측에서는 이와 함께 할 행정기관의 분야를 초월한 작업팀을 구성하였다.

놀이를 이용한 계획의 중심적인 관심사는 전문가들보다는 그들의 주변 환경의 조성을 위해 어린이와 청소년들이 참여하는 데 있었다. 2009년 5월과 6월 행사가 이루어지는 동안 여론조사와 사진을 찍으며 하는 답사를 통해 200명이상의 젊은이들이 놀이를 이용한 계획에 참여하였다. 여기서는 도시의 공, 간, 놀이장소, 갈등들을 인지함으로써 세분화된 정보들을 수집할 수 있었다.

이렇게 해서 얻은 인식으로 개발한 놀이를 이용한 계획은 2009년 가을 제 2차 미래공작소에서 행정기관과 주민들에게 소개되었으며, 이에 대해 함께 토론하였다.

제2차 미래공작소 / 2009년 10월 10일

제2차 미래공작소는 1차 미래공작소에서 얻은 결과를 구체화시키고 성과를 보장하는 데 기여했다.

목적

– 작업팀들의 접촉과 정보교환을 개선하고, 경우에 따라서는 새로운 작업팀을 설치한다.
– 지역에 자발적으로 조직되는 단체나 시설의 지원을 함으로써 미래에 독립적으로 기능을 할 수 있도록 한다.
– 앞으로의 일을 하는 데 동기를 부여할 수 있도록 성과가 눈에 보이도록 한다.

목표 집단

– 1차 미래공작소의 참가자들
– 이미 개인적으로는 지역의 개발에 참여를 하고 있는 새로운 관심을 가진 사람들

경과

1. 되돌아봄 : 1차 미래공작소에서 형성된 작업팀들이 자신들과 함께 지난 1년간 일의 진행상황에 대해 소개하였다. 그러고 나서 놀이를 이용한 계획 프로젝트를 처음으로 공개하였다.

2. 계속적인 일 : 1차 미래공작소로부터 나오거나 또는 새로운 다양한 주제들과 프로젝트 관련 아이디어들이 심도 있게 다루어졌다. 1차 미래공작소에서부터 비공식적, 비정기적으로 활동해 온 Weißensee 네트워크의 업무를 조직화하자는 것도 중요하게 다루어진 것 중 하나였다. 예를 들어, 기록, 진행, 일정의 조정에 대해 협의할 것이 논의되었다. 함께 계획들을 추진시키기 위하여 이미 활동가들의 주도로 2번 열렸던 Weißensee 네트워크의 조정을 위한 모임을 2달에 한 번씩 갖기로 확정한 것이다.

성과와 그 후의 진행과정

미래공작소 운영을 통해 이미 전부터 Weißensee에서 활동해 오던 많은 단체와 시설들이 서로 연계될 수 있었다. 이 두 번의 행사에서 오늘날까지 활동해 왔으며, 앞으로도 계속적인 작업구조를 만들어낼 출발 전의 설레는 분위기가 조성되었다.

1차 미래공작소에서 만들어진 10개의 작업팀 중에서 6개가 장기간 활동하고 있다. 4개의 그룹은 내용적으로 폐쇄되었거나 또는 팀을 이끌어가고 있지 못하다. 그 외의 중심적인 성과인 Weißensee 네트워크는 지속적으로 확고한 위치를 유지할 수 있었다. 지역의 다양한 담당자들, 작업팀이 2달에 한 번씩 있는 모임은 진행되고 있는 계획에 대한 정보의 교환과 결정 그리고 공동으로 프로젝트를 이끌어가는 데에도 기여한다.

행정은 모든 과정을 공개하고 지원한다: 모든 분야를 총망라하는 계획을 위한 네트워크의 행정직원 1명이 정기적으로 네트워크들 간의 회의에 참석을 한다. 행정기관의 직원들은 새로운 단체들을 위해서도 대화상대자로서 또는 접촉을 중재해주기 위해 항상 대기하고 있다.

홍보활동과 목표 집단과의 대화

2회의 미래공작소를 준비하는 과정에서 주최 측에 의해 광범위한 홍보활동이 행해졌다. Pankow 청소년 담당관청 데이터뱅크의 도움으로 약 100여개의 기관에 우편으로 직접 초대장을 발송하였다. 지역 주민들에게는 우편함에 초청장을 넣었으며, 지역의 주간신문에 공지를 하였다.

직접적인 대화를 통해 미래공작소에 참석한 관련자들과 시설이 약 80%를 차지했으며, 나머지 20%는 정치와 행정 그리고 주민들이었다.

평가

절차상의 기회

- 기본전략인 사회통합적 도시개발의 틀 안에서 행정기관이 분야를 총망라 하는 업무를 함으로써 자원의 효율적, 능률적 이용할 수 있다 – 기관을 초월한 협력은 이 방법을 위해 하나의 중요한 기초였다.
- 지역에서의 책임을 위해 하나의 네트워크 안에서 협력하고, 참여자의 의식의 강화를 위해 지속적인 교환을 주도하는 지역의 시설들이 강화되었다. 미래공작소는 참여자들에게 동기를 부여하고 시간이 흐르면 독립적으로 아이디어를 계속하여 추구할 수 있도록 하는 효과가 있었다. 행정은 그저 관찰하는 역할을 하였다. 참석은 하였으나 주도적인 역할은 하지 않았다.
- 청소년 담당관청의 기존의 데이터뱅크(구(區)의 지역 프로필들, 무엇보다 인구통계학적 데이터와 자원 봉사자들에 관한 정보들)가 목표집단과의 대화에 도움이 되었다.
- 행사가 적절한 공간(중심에 위치한, 훌륭한 작업환경과 케이터링 하기에 좋은)에서 열렸으며, 예상할 수 없는 상황들에 침착하게 대처할 수 있는 능력 있는 외부의 대행사가 주도하였다. 이것이 행사의 기본적인 여건을 잘 형성해 주었다.

절차상의 걸림돌

- 1차 미래공작소에 있어 일정이 너무 빡빡해 (프로젝트를 계획하고, 신청하고, 실행하고, 평가하는 데 6개월) 모든 참여자들이 힘들었으며, 이것은 2009년 성과 보고시 진행에 방해가 되었다고 평가되었다.

- 정책적인 차원에서의 개입과 지역 정책적으로 대중들 사이에서 폭넓은 논의가 너무 짧았다(2009년 성과 보고서에서).

- 놀이를 이용한 계획은 일부 법률적, 재정적 기본여건에서 갈등에 부딪친 부모들과 어린이들의 희망과 열망을 일깨웠다.

결론

- 이 사례에서 성과지향적, 미래지향적 행사를 조직하고 실행하기 위해서는 행정에서의 분야를 초월한 업무와 네트워크간의 연결이 얼마나 도움이 될 수 있는 지가 분명해졌다. 분야를 총망라하는 협력을 위해 합당한 제안들은 시정부가 사회통합적 도시개발 기본전략의 성과로 결정하고, 현재 실행되고 있는(과정이 시작됨) "사회통합적 공간의 지향을 위한 핸드북"에 열거 하였다.

- 이 사례는 또한 참여 제안을 하고, 내부적으로 분야를 초월한 네트워크를 구축하여 이용할 수 있도록 하기 위해 구(區) 행정기관 내부에 담당직원을 두어 재정적으로 지원하는 것도 꼭 필요하다는 걸 분명히 했다. 연계된 제안에 대한 수요는 존재한다.

- 행정기관 직원들의 공명정대함과 남의 말을 잘 들어주는 능력은 지역 네트워크들에 대해 참견하지는 않으면서 지원할 수 있도록 한다.

사실 관계

행정구역	Pankow	
시행기간	2008 / 2009년	
참여자수	약 80명	
재정조달	미래공작소 :	– 추산 시간적 소모 : 3/4년 준비기간
		– 추산 인적 소모 : 반나절 근무자 1인(1년 이상 근무)
		– 추산 재정적 지출 : 계획과 실행에 10,000유로

5. 네트워크와 주민단체의 참여지원

Wriezen의 오픈 스페이스 시설

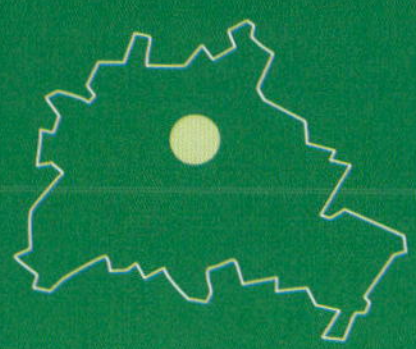

일정개요

1990	– 화물운송 용도 중단
2004	– 지구정비계획 절차의 시작
2005	– 계획공작소
2006. 04	– 지구정비계획의 공시
2007 – 2009	– ExWoSt(실험적 주택 및 도시건축) 모델 프로젝트
	Wriezen의 오픈 스페이스 시설
2007. 08	– 공원의 부분개장
2011	– 건축 방안 종결

준비 : 출발상황과 기본여건

역사적 고찰

1903년 생긴 Wriezen역은 처음에는 Schlesisch역의 일부분이었다. 1949년 여객운송이 중단된 후에는 통독이 되기까지 화물운송을 위한 역으로 이용되었다. 1989년 이후에는 화물운송역도 폐쇄되면서 이 부지는 나대지로 방치되어 있었다. 2004년 이 부지는 녹지가 있는 복합용도로 개발하려는 목적으로 지구정비계획 절차가 시작되었다. 기존의 기념물(2개의 전철장치, 과거 화력발전소의 보존가치가 있는 일단의 구조물)들은 앞으로의 용도를 고려할 가치가 있었다. 1952/53년경에 세워진 과거 화력발전소의 주건축물(Rudersdorger Straße 70)은 디스코텍 "berghain"으로 사용하게 되었다. 사용하지 않는 철로는 2005년 철거하였다.

기본여건

- 부지의 주소유주(독일 연방철도 주식회사)와 대형 도매시장에 대해 구체적인 투자에 관심이 있던 투자자의 관심을 근거로 2004년 과거 Wriezen역 일대에 지구정비계획 절차가 도입되었다. Helsingforser Straße를 따라 놓여있는 부지가 보상용지로 확정되었다.
- 계획했던 상업용지는 논란의 대상이 되었고, 주민들과 단체들이 거세게 거부하였다. 부지 북쪽 가장자리에 좁고 길게 위치한 2ha의 보상부지도 부족하게 느꼈다. 오픈 스페이스의 확장은 지구정비계획에 실행되지 않았다.
- 기존의 단체들, "아이디어 호출", Warschauer Straße의 이해관계자 대표와 지금까지 이 부지를 비공식적으로 사용해 오던 수많은 지역에 관심을 갖고 있는 사람들은 공원으로의 개발과 조성에 협력하는데 큰 관심을 보였다.
- 작업팀 Wriezener Bahnhof+로 결성된 "아이디어 호출"과 Warschauer Straße의 이해관계자 대표자들이 지구정비계획 절차의 틀 안에서 주민참여를 실시하는 것을 위탁받았다.
- 참여의 테두리 안에서 주민들은 수많은 희망과 구체적인 요구와 부지의 용도에 관한 아이디어를 표출했다. 모든 이해관계자 대표들(구의 정책과 행정, 단체)은 공공 공원의 조성에 주민들이 참여할 수 있는 과정을 두기로 하였다. 구청에서는 모든 주민집단과 모든 세대의 지역단체들에게 새로운 지역의 공원 조성과 관리에 참여해 줄 것을 호소하였다.
- 컨셉의 실행은 BMVBS/BBR의 ExWoSt(실험적 주택- 및 도시건축) – 모델 프로젝트 범주 "도시의 오픈 스페이스 조성-모든 세대를 위한 공공 공간"의 틀 안에서 지역의 단체들과 주민들이 함께 연계되어 이루어낼 수 있었다. 목표는 다른 곳에서도 적용할 수 있는 공공 오픈스페이스의 계획, 선점, 관리에 있어 새로운 형태의 해결책을 찾는 데 있었다. Wriezen의 오픈 스페이스 시설 프로젝트는 프로젝트가 진행되는 전체 기간에 걸쳐 재정적인 후원과 학술적인 지원이 이루어졌다. Friedrichshain-Kreuzberg구가 프로젝트의 책임을 맡았다.

참여의 목적과 목표 집단

목적
- 주민들, 이용집단과 지역의 단체들과 함께 공원을 단계적인 조성하여 이용 가능하도록 함
- 주민들의 권한 강화
- 공원의 일부를 시민들에 의한 독립적인 프로젝트로 조성
- 예를 들어 자매결연, 시민재단, 오픈스페이스 기금 등의 공공 오픈 스페이스의 가치를 유지하기 위한 새로운 협조체제의 개발과 시험
- 젊은이들에게나 노인들에게나 장기간 지속적으로 적응력 있는 오픈 스페이스의 조성

목표 집단
- 주민들
- 지역의 단체들

참여의 실행
모델계획의 프로젝트 발기인은 Friedrichshain-Kreuzberg 구청과 긴밀한 협력관계를 맺고 있던 '가건축물 tx-buro'이었다.

작업팀 Wriezener Bahnhof+
주민참여는 작업팀 Wriezener Bahnhof+가 위임받았다. 이는 "아이디어 호출"의 회원들과 Warschauer Straße의 이해관계자 대표자들로 이루어졌다.

ExWoSt(실험적 주택- 및 도시건축)-모델계획에서의 프로젝트 관리 (2007-2009년)
ExWoSt(실험적 주택- 및 도시건축)-모델계획에서의 프로젝트 관리와 조정은 계획전문회사인 '가건축물 tx-buro'가 위탁받았다. 과제들은 다음과 같은 것이었다.
- 오픈 스페이스의 이용컨셉 도출(기본계획)
- 프로젝트 모듈에 지역 단체들의 조정과 지원
- 구청 및 다른 관심집단과의 조정

Friedrichshain-Kreuzberg 구청
ExWoSt(실험적 주택 및 도시건축)-모델 프로젝트의 책임자는 Friedrichshain-Kreuzberg 구청이다. 프로젝트 관련 업무를 전담한 직원은 없었다

참여의 실행

2005년의 계획공작소
2004년 9월부터 지구정비계획을 위한 (조기) 주민참여의 틀 안에서 시민들을 위한 다양한 정보제공 행사가 열렸다. 그 중의 하나로 오픈 스페이스의 조성을 주제로 한 계획공작소가 시행되었다. 이 행사는 매우 호소력 있게 진행되었으며 폭넓은 홍보가 이루어졌다. 적극적인 참여가 이루어졌으며, 많은 참여자들이 프로젝트와 관련된 구체적인 아이디어를 가져왔다. 여기에는 계획과 시각화에 많은 기여로 행사를 지원하고, 아이디어를 빨리 파악하여 표현해낸 신생 계획사무실들도 초대되었다. 이 공원은 아직 대중들이 출입할 수 없게 울타리가 쳐져 있음에도 불구하고 이미 존재하고 있으며, 인접해 있는 학교(동물사육) 등에서 비공식적으

로는 다양하게 이용되고 있었다. 주목적은 기존의 자원(사회적, 자연적, 건축적)을 앞으로의 계획에 통합시키는 것이었다. 계획공작소는 훌륭한 용도에 관한 아이디어와 참여에 대한 준비성 측면에서 공동으로 앞으로의 계획을 창출할 수 있는 좋은 기초를 마련했다. 처음 있는 ExWoSt(실험적 주택– 및 도시건축)–모델계획으로서의 성공적인 홍보였지만 혁신적인 계획의 실행을 가능하게 했다.

Wriezen의 오픈스페이스 시설의 배당측면에서의 전개

공원부지의 간결한 정리를 위해서 과거 철도부지의 지구정비계획 절차에 있어 자연보호법에 따른 보상용지 구입은 구의 예산으로 충당하였다. ExWoSt(실험적 주택– 및 도시건축)–연구프로그램에는 프로젝트의 조정, 분담한 기본계획, 주민들을 위한 총 5개의 프로젝트 개발을 위해서는 사례비, 건축(오픈스페이스의 계획관련 업무, 기관차 차고의 개축 , FreifunkHains의 개발)비용은 물적 자금으로 충당하였다.

컨셉의 개발

처음에 참가자들은 공동의 기본계획을 전개해 나갔다. 기본적인 개발과 향후 공원의 용도에 따른 구역설정은 구(區)의 마스터플랜, 부지의 현황(식생과 지형적, 건축적 요소들)과 2005년 계획공작소에서 얻은 성과물을 기초로 작성되었다. 이 기본계획은 향후 진행과정에서 계속 수정과정을 거쳤다. 이는 다양한 관심집단이 취급하며 조정하고, 함께 결정해나가는 계획과 개발을 단계적으로 향상시켜 나가는 데 있어 의사소통에 기여했다. 계속 발전시켜 나가며 기본계획을 더 다듬는 것은 HOAI에 다른 오픈스페이스 시설 계획과 함께 경관건축사무소 Ariane Rontz에 위임하였다.

이용 모듈의 개발과 시행

개개의 오픈 스페이스 모듈은 지역의 모듈 활동가들에 의해 초안이 만들어졌으며, 이용에 관심이 있는 사람들과 함께 계속 발전시켜 나갔다. 이 중 일부는 이후에 손질이 되었다.

계획된 프로젝트 모듈은 다음과 같다:
- Fukuoka 일본식 정원 : 공동체의 정원 프로젝트
- 녹색 교실 : 인접한 Dathe 김나지움이 확장 교육장으로서, 교정으로서 오픈 스페이스 시설의 요소들(소위 공원교실)을 사용하게 된다.
- 기관차 차고 : 이는 인근의 주민들이 사회문화적인 통합을 위한 모임에 이용할 수 있는 행사장으로 개조되었다.
- 스포츠 장애물 경마 주로 : 공원에는 스포츠를 즐기는데 적절한 다양한 요소들이 통합되었다. 주민들 외에 학교와 비정기적으로 경기를 갖는 등 여러 집단이 이런 시설을 이용한다.
- FreifunkHain : 공원에서 무료로 인터넷을 사용할 수 있도록 계획하였으나 이는 실현되지 않았다.

이용 모듈의 개발은 개별 집단의 책임하에 진행되었다. 예산도 분리되어 집행되었는데, 거기서 참가자들에게 보수도 지급되었다. 그들은 프로젝트의 조정을 통해 지원을 받았다.

성과와 그 이후의 진행

5가지의 계획된 모듈 중 4가지가 실현되었다. 프로젝트 FreifunkHain은 향후 유지비용이 많이 들고, 프로젝트 업무의 틀 안에서 재정을 충당할 길이 없고, 기술적인 지속 개방(인터넷-스틱)을 이유로 2010년부터 더 이상 진전시키지 않았다.

Fukuoka 정원은 발기인이 퇴진했으나 새로운 파트너가 대체되면서 모듈을 수정하여 실행하였다.

명예 봉사직으로 책임을 맡은 것은 매우 도전적인 것이었다. 그들은 상황을 바꿔 놓았다. 바뀐 상황에서 참여하는 데 있어 스스로 참여하게 되는 것에서부터 관점을 바꿔 다른 것을 수행해야만 했던 것이다. 뿐만 아니라 그들은 계획된 범위의 프로젝트에 늘 경험만이 아닌, 유효한 법률적 규정과 꼭 필요한 결산에 관한 서류들을 처리하였다. 그들은 차이는 있었지만 이런 상황을 잘 키워나갔으며, 프로젝트의 조정을 통해 지속적으로 전문적인 지원을 필요로 했다. 구청에서는 무엇보다 법률적으로 핸디캡과 제한된 재정적, 인적으로 자원으로 인한 한계를 중재하는 데 많은 노력을 해야 했다. 업적 증빙서류를 포함해 꼭 필요한 완전하고 정확한 결산서류도 항상 명료하게 처리해야만 했다.

공원은 2007년 8월 개장할 수 있었다. 공사가 완전히 끝난 것은 아니었지만 개개의 모듈들은 이미 시행이 되었다. Wriezen의 오픈 스페이스 시설은 점차적으로 계속 발전될 것이다. 2010/2011년 겨울 모듈의 건축적인 부분의 실현과 기관차 차고의 개축이 예정되어 있다.

공원은 견고한 기본구조를 갖추고 있다. 무엇보다 기존의 폐허가 갖고 있는 식생구조를 컨셉으로 작업을 하였다. 모듈의 관리를 위해서는 상당부분을 지역의 단체 또는 명예직(봉사)이 책임을 맡도록 할 수 있었다. Wriezen의 오픈 스페이스 시설 우호단체(지금까지 법적 위상은 없다)가 조직되었으며, 여기에는 지역의 기업들도 참여하고 있다. 그 외에도 인근 지역의 다양한 이용집단으로 구성된 운영상 필요할 때 활동할 수 있는 지역 네트워크가 있다.

모든 참여주체(행정, 모듈집단 그리고 진행과정에 관여하게 된 모든 사람들)가 이런 과정을 처음으로 수행하는 것이었으므로 상당 수준의 협동력과 건설적인 업무처리가 전제되어야만 했다. 분명한 대화상대자, 책임감, 목표의 약정, 행정상의 충분한 인적 자원으로 훌륭하게 지속적으로 프로젝트를 조정하는 것은 이런 프로젝트의 성공을 위한 전제조건이다. 그 외에도 이런 종류의 공공적-사적인 협력이 필요한 프로젝트들은 비관료적이며, 프로젝트 지향적인 처리를 가능하게 하기 위해서 새로운 방법과 법률적인 기초를 찾아내야만 한다.

홍보활동과 목표 집단과의 대화

프로젝트가 진행되는 동안 내내 집중적인 정보제공과 홍보활동이 전개되었다.
홍보활동은 Friedrichshain-Kreuzberg 구(區)가 지원으로 프로젝트의 조종을 통해 이루어졌다. 의사소통은 구축된 네트워크 구조를 통해 이루어졌으며, 거기에는 Friedrichshain-Kreuzberg의 중요한 단체들과 집단이 관여되어 있어 정보들을 계속 퍼트려나갔다.
ExWoSt(실험적 주택- 및 도시건축)-모델프로젝트가 진행되는 동안 프로젝트에 관심이 있는 사람들이 참여하여 정보를 얻을 수 있는 정기적인 공공 모임이 열렸다. 또한 구체적인 문제제기를 할 수 있는 공공 워크숍도 개최되었다. 이 프로젝트는 컨셉과 프로젝트 모듈이 소개된 '도시자연의 Langen Tag'에도 참가하였다.

평가

절차상의 기회

- 너무 세분화되어 있어 ExWoSt(실험적 주택- 및 도시건축)-모델계획으로부터의 재정 지원 없이 공공재산의 관리자로서의 국가가 실행할 수 없는 오픈 스페이스에 대한 제안을 계획에 통합시킬 수 있었다.
- 명예직이 구상과 실행, 그리고 책임의 인수까지 관여할 수 있었다.
- 하나의 과제에 있어 구체적인 일을 함으로써 기존의 네트워크들이 서로 연결됨으로써 더 강화될 수 있었다.
- 공원은 건축이 완전히 마무리되기 전에 이미 일반인들이 출입할 수 있었다.
- 지자체의 행정의 지역의 주민들로 이루어진 정착된 관심집단과 새로운 협력 가능성이 입증되었다.

절차상의 걸림돌

- 참여자와 장기적인 구조들의 매우 구체적인 연결에 있어서, 그리고 공공 공원에 대한 참여자의 희망이나 이상과 실현가능성 사이의 공방.
- 지자체 행정에 유효한 법률적인 기초와 공공 프로젝트의 실행을 위한 기준은 참여자의 실제 행동과 자주 마찰을 빚게 된다. 예를 들어, 주정부 예산집행과 같은 규정은 지역의 단체에게 위임을 하거나 예산의 빠른 집행을 복잡하게 만든다. 또한 행정에 의해 이런 종류의 프로젝트에서 어떤 성과가 있었는지를 파악하기란 상당히 어렵다. 이는 참여자들에 의해서도 충분히 실감나게 체험할 수 없다. 구청 측에서는 프로젝트가 끝날 때 정확하게 정산하기 위해 꾸준히 설명을 해야 하고, 또한 막대한 경비도 소모된다.
- 참여자를 관리하는 데는 많은 시간, 조직에 필요한 지출, 중재업무 등이 필요하다. 참여자들로 하여금 단지 아이디어만 제공하면 된다고 생각하지 않고 책임감을 느끼도록 해야 한다. 이 생각을 오랫동안 유지하도록 해야 한다. 여기에는 현실적인 생각을 발전시켜 장기적으로 프로젝트에 반영시킬 수 있도록 지원하는 것이 필요하다.
- 구청에서의 구조전환은 시작단계에서 책임소재가 분명히 규정되지 않았기 때문에 프로젝트의 실행을 어렵게 했다.
- 다양한 부처 사이에 공식적인 협력구조나 지시를 내릴 권한이 존재하지 않았기 때문에 분야를 총망라하는 업무를 수행하기에는 행정기술적인 기초가 결여되어 있었다.
- 인적 자원의 부족, 행정에의 막대한 소모, 프로젝트 촉진기금의 정산, 반드시 필요한 분야를 초월한 조정과 다양한 협력을 위해 필요한 조건들로 인해 지속적인 프로젝트를 담당하는 것이 항상 가능하지는 않았다.

결론

- 이 프로젝트는 위에서-아래로, 바닥에서-위로 발의하는 체제가 모범적으로 서로 연결되어 있다.
- 이런 종류의 행동양식은 전문적인 과정의 조정과 행정상 뒷받침해줄 수 있는 구조를 필요로 한다.

사실 관계

행정구역	Friedrichshain-Kreuzberg
시행기간	2005 - 2009
재정조달	450,000유로 / 모듈, 통합계획의 시행을 위한 모델계획으로
	여기에 구(區)예산, 개인 투자와 무보수의 주민참여 가산
면 적	과거 철도 면적 : 13.7ha
	오픈 스페이스(공원용도) : 2ha

5. 네트워크와 주민단체의 참여지원

Wuhlegarten – 이웃이 공동으로 이용하는 정원

아이디어의 생성

다문화 정원의 아이디어는 원래 Gottingen에서 유래했다. 한 이주민들과의 대화모임에서 "그들은 무엇을 그리워할까?" 질문이 주제였으며, 그들의 정원일 것이라는 것에 의견이 일치되었다. 대부분 어려운 사회적, 경제적인 처지로 인해 독일로 오게 된 이주배경을 지닌 사람들에게 정원은 고향에서 그들의 삶에 있어 가장 중심적인 요소였다 – 정원을 가꿀 수 있는 가능성과 자금이 지금 그들에게는 결여되었던 것이다.

기존의 나대지?를 공동정원으로 이용하도록 하자는 아이디어가 생긴 것이다. 이렇게 하여 Gottingen에 첫번째 다문화 정원이 조성되었다. 거의 동시에 뉴욕에서 개발된 커뮤니티 정원 프로젝트도 자극을 주었다.

Wuhlegarten 프로젝트에 대하여

베를린에 조성된 첫 번째 다문화 정원: Wuhlegarten

첫 번째 다문화 정원을 조성하자는 아이디어는 Gottingen의 정원을 주목하게 한 Kopenick의 지역 아젠다 21의 대표자들에 의해 베를린에 도달하였다.

Treptow–Kopenick 구청의 여러 담당부서, 통합분야의 대표자들, 위임받은 외국인들과 지역 아젠다 21의 촉진단체들과의 긴밀한 협력으로 다문화 정원 작업팀이 만들어졌다. 구청은 2003년 총 4,000㎡에 달하는 정원 용지를 마련해주었다. 임대료가 없는 이용계약을 체결할 수 있도록 하기 위해 임차인으로 계약에 임할 준비가 되어있는 법률상 권리와 의무의 능력이 있는 기관(법인)이나 개인을 찾는 것이 필요했다. 이에 협회 ISA(인도 연대 협회)가 선정되었다. 부지를 이용할 수 있게 만들기 위해 다양한 협력파트너들의 지원을 받을 수 있었는데, 무엇보다 베를린 남부지역 노동청의 ABM–노동력이 투입되었다. ERTOMIS재단은 25,000유로의 추진기금을 냈다.

다음 단계는 앞으로 정원의 이용집단을 찾는 것이었다. 지금까지의 과정에 참여해 온 주민들과 관심 있는 사람들은 이를 위해 그들의 네트워크를 활성화시켰으며, 희망하는 목표 집단들에게 정보를 제공했다. 무엇보다 인근에 거주하는 다양한 이주민들이어야 했다. 2003년 5월 자발적 무보수 집단봉사노동이 실시되었으며, 여기에는 앞으로 정원을 가꾸는데 관심이 있는 모든 사람들이 초대되었다. 부지를 구획으로 나누었으며, 화단과 공동체부지에 첫 번째 삽질이 이루어졌다.

정원의 구조와 조직

Wuhlegarten에서는 2003년부터 전체면적의 2/3를 공동으로 이용하고 있다. 여기에는 원두막들, 공동체의 집, 점토오븐과 공작실이 모두를 위해 개방되어 있다. 정원의 약 1/3에서는 관심 있는 사람들이 과일과 채소를 경작한다. 당시 10개국 출신의 20개 구획에서 개인적으로 경작을 하였는데, 대부분이 과거 소련과 보스니아에서 뒤늦게 온 이민자들이었으나 이집트, 인도, 아프가니스탄, 아르헨티나 출신들도 있다.

정원의 사용으로 인해 발생하는 운영비(상수, 하수, 쓰레기처리 등)는 정원경작자들이 지불하는 임대분담금으로 충당된다. 비용을 줄이기 위해 정원에서 나오는 쓰레기는 비료로 만들고, 일반 쓰레기는 도로 가져간다. 내구재의 구입, 수리 또는 건축방안 등과 같은 추가적인 커다란 지출은 개인적인 후원금과 촉진기금을 모으거나 협력 결연을 맺어 충당한다.

해마다 정원을 규칙적으로 이웃들에게 개방해 함께 축제를 즐기고, 오픈행사를 한다.

베를린의 다문화 정원들

"도시 정원 – 화석시대 이후의, 장기적이고 참여하는 공동체 모델"

2010년 베를린에는 총 35군데의 다문화 정원이 있었으며, 약 35군데가 조성 중이었다. 이 컨셉은 독일 전역에서 통합에 대한 성공적인 모델로 개발되고 있다. 자급과 자기주도의 측면을 지닌 철저히 자원에 방향을 맞춘 시도의 조화가 배경이다. 정원에서는 과일과 채소만 성장하는 것이 아니라 대화와 협력, 그리고 이주민들은 새로운 희망도 자란다.

그럼으로써 이 컨셉은 누구나 쉽게 참여할 수 있는 차원에서 통합과 능력을 키우는 데 매우 중요한 기여를 하며, 자신만의 영역을 할당받아 가꿀 수 있는 매우 구체적인 가능성을 제공한다.

다문화 정원을 발의하다

다문화 정원에 대한 발의는 매우 다양한 동기에서 생길 수 있다: 정원을 가꾸는 데 관심 있는 사람들을 통해서, 주민단체들을 통해서, 지역-아젠다-21에서, 도시 재건축 방안의 틀 안에서 또는 구청에서 자발적으로 공지를 저렴하게 이용하도록 제공한다.

베를린 의회에서 지역 아젠다 21 프로그램에 다문화 정원을 "미래 주정부 정책을 주도할 아이디어"로 채택하였기 때문에 지역 아젠다는 정원이 생기는데 종종 중요한 역할을 담당한다. 베를린의 많은 다문화 정원이 이런 방법으로 발의될 수 있었다.

다문화 정원을 지원하다

최소한 일정기간 다문화 정원으로 이용할 수 있는 적당한 부지를 물색하는 것이 종종 문제가 된다. 소유관계 외에도 부지가 오염된 곳일 수도 있다는 점에 주목해야 한다. 이 경우에는 소유주의 지원과 승낙이 필요 불가결하다.

용도의 변경에 있어서도 녹지청, 도시계획청, 환경청 등 구청의 여러 부서가 관여하게 된다. 명예직 활동가들과 함께 부서를 총망라한 의사소통 과정을 조직해야만 한다; 여기에는 수없이 많은 대화와 회의가 포함된다. 구청 내부의 정책적인 뒷받침도 다문화 정원을 관철시키는 데 있어 하나의 중요한 전제조건이다. 통합분야의 지역그룹들과의 협력은 포기할 수 없이 중요하며, 노동청과의 협력도 많은 경우 좋은 기능을 하여 긍정적인 효과를 미친다.

다문화 정원과 그와 관련된 어려움

다문화 정원 또는 공동체 정원은 클라인가르텐(소정원)으로, 공공녹지로, 또는 농지로 취급할 수 있기 때문에 계획법상 위치를 정하기가 모호하다. 따라서 정원은 자주 과도기적 용도로 취급된다. 대부분의 정원은 일정기한의 임대계약을 한 휴한지에 조성되며 토지의 구매 관심에 유연해야만? 한다.

다문화 정원이 특히 이주민들에게 많은 통합과 참여의 기회를 제공함에도 불구하고 이를 개발하는 데 있어 많은 관심그룹이 관여하여 공동으로 목표를 향해 일을 해야만 하므로 항상 어려움과 저항에 부딪히게 된다. 과정에서도 순전히 아래에서부터 위로 발의하는 형식으로 구청에 접근해야 하므로 자주 어려움을 겪는다. 다문화 재단이나 다문화 정원 작업팀 등 현재 두터운 지원 네트워크가 있기는 하지만, 그럼에도 불구하고 이런 프로젝트들은 형식적인 어려움에 직면하기 마련이다. 이를 해결하기 위해서는 행정과 정책의 지원, 개방성(편견 없이 논의할 용의), 친절(호의)이 요구된다.

결론

1. 다문화 정원은 특히 이주배경을 지닌 사람들의 통합을 위해 중요한 기능을 담당하고 있다.
2. 다문화 정원에 대한 관심은 과거에 비해 매우 강하게 상승했으며, 매우 다양한 단체들이 이런 정원을 만드는 데 관여하였다.
3. 정원을 조성하는 데는 대개 다양한 형식적인 어려움에 부딪치게 되며,이는 행정뿐만 아니라 정책의 개방성(편견 없이 논의할 용의), 친절(호의)에 관한 것이다.
4. 전체적으로 볼 때 정원의 계획과 실행에는 다양한 관심집단이 관여하게 되며, 그들이 함께 토의하고 합목적적인 일을 함으로써 하나의 도전을 하는 것이다. 여기서 행정의 부서를 초월하여 다가가는 방법이 요구되는 것이다.

사실 관계

행정구역	Treptow-Kopenick
시행기간	2003년부터
재정조달	이 프로젝트는 정원이용자의 임대계약으로 재정을 조달한다
참 여 자	정원마다 10-20명의 이용자
수상/표창	2004: "민주와 관용 연합"의 모범 시민단체 참여상 수상
	2004: 연방 경제협력부의 경진대회 입상
	"글로벌 네트워크-지역 활동"

방법론

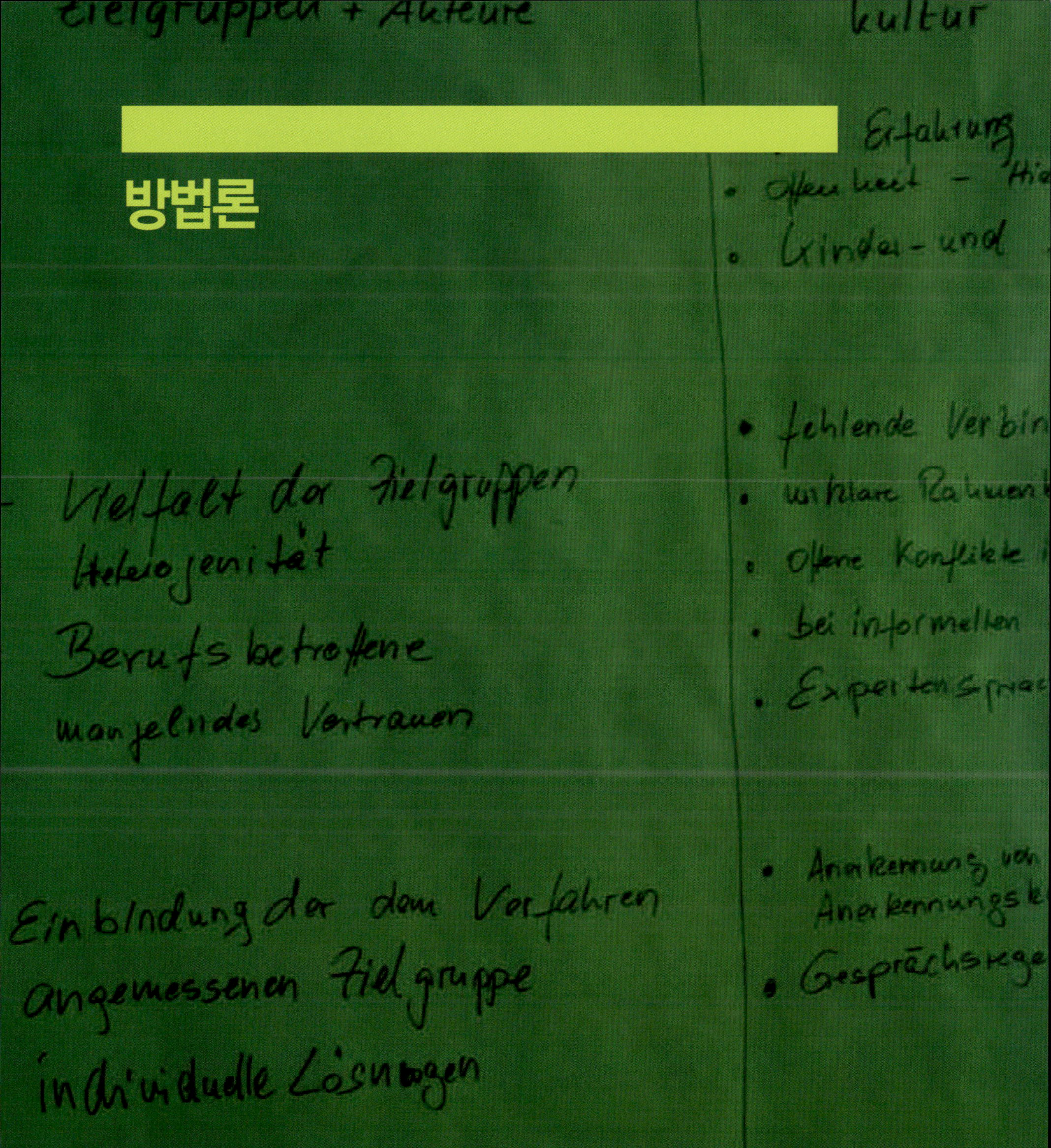
Zielgruppen + Akteure
kultur
Erfahrung
Offenheit
Kinder- und
fehlende Verbin
Vielfalt der Zielgruppen
Heterogenität
offene Konflikte
bei informellen
Berufsbetroffene
mangelndes Vertrauen
Anerkennung von
Anerkennungs
Einbindung der dem Verfahren
angemessenen Zielgruppe
Gesprächsrege
individuelle Lösungen

방법/기술	아젠다 컨퍼런스	활성적인 여론조사 (보도 대화/계단실 대화)
범주	아이디어 수집, 의견 따라잡기	아이디어 수집, 의견 따라잡기
강도	자문, 공동결정	자문, 공동결정
설명	아젠다 컨퍼런스는 지역 – 아젠다 – 21에서 유래한 참여방법이다. 이는 한 과정의 현재 상황에 대한 요지를 설명해 주고, 그에 대한 결과를 확인, 평가하여 결국 구체적인 행동계획을 통해 미래의 목표에 도달 하는데 기여한다. 아젠다 컨퍼런스는 4개의 국면으로 구성된다: – 현황분석 – 지금까지의 성과 평가 – 주도상의 개발 – 방안과 프로젝트의 개발 컨퍼런스는 어느 때보다 기존의 장기간 과정이 정체 국면에 접어들었을 때, 새로운 참여단계를 시작해야만 할 때 적당한 방법이다.	활성적인 여론조사는 구두 설문조사의 형태다. 의견과 희망사항을 수집하는 것 외에 조사 참여자들을 활성화시키는 데 초점을 맞춘다. 이 방법은 조사 참여자들의 관심을 높일뿐만 아니라 주민들과 직접 접촉을 하는 등 과제를 다루는 관점도 발전시킨다. 여론조사의 결과는 보통 주민모임에서 소개되고, 그에 대한 논의를 하게 된다. 활성적인 여론조사는 주로 하나의 조사지역에서 변화의 과정을 준비해야만 할 때 실시하게 된다. 조사지역에 대한 모든 참여자들의 집중적인 논란은 이 방법의 적용을 위한 전제조건이다.
목적	과정 동반 및 지원 / 다년간의 과정	주민들에 의한 정보와 활동촉진
참여자	30 – 200명 참여	임의로
경비	**준비시작** : 적어도 3개월 (큰 공간, 홍보활동, 초대, 내용적 계획 **시행기간** : 1 – 7일 **비 용** : 3,000 – 10,000 유로	**준비시작** : 약 2개월 (주거주변 환경에 대한 토론, 기본원리의 개발, 지원자들의 조직) **시행기간** : 수일에서 수주까지 **비 용** : 2,000 – 20.000 유로
특징/안내	**진행자의 역할** : 아젠다 컨퍼런스가 진행되는 동안 참여자들과 함께 하면서 전문적인 진행을 하는 것이 필요하다. **기 타** : 아젠다 컨퍼런스는 소그룹 작업, 전체 회의 등 다양한 방법을 혼합하여 시행할수 있다.	**진행자의 역할** : 활성적인 여론조사에는 보통 진행자가 불필요하다. **기 타** : 활성적인 여론조사는 이주배경을 지닌 사람들의 관심거리나 욕구, 희망을 직접 접촉하여 알기 위하여 설문대상자와 직접적인 대화를 한다는 것이 특징이다.
핸드북사례		– Schortheideviertel Marzahn의 두 바퀴 수레 방법

방법/기술	브레인 워킹 / 브레인 스토밍	보드 게임
범주	아이디어 수집	아이디어 수집
강도	자문	정보
설명	브레인 워킹은 브레인 스토밍을 모방한 침묵적인 참여방법이다. 브레인 워킹에서는 하나의 질문이나 진술과 함께 벽에 플립 챠트 쪽지를 붙이게 된다. 모든 참여자들은 종이 위에 주어진 테마에 대한 자신의 생각을 시각적으로 표현해야 한다. 그러는 동안에 참가자들은 공간을 돌아다니면서 다른 참가자들의 연상을 읽고, 그에 대해 보충할 수도 있다. 이렇게 함으로써 생각을 꾸준히 발전시켜 나가게 된다. 끝으로 이는 소그룹의 평가를 거쳐 모두에게 소개된다. 브레인 워킹 방법은 참여자들이 하나의 주제를 짧은 시간내에 다루어 과정에서 긴장감을 느끼지 않기를 바랄 때 적용하기 좋은 방법이다.	보드게임은 계획지역에 대한 세대를 초월한 참여자들의 생각과 비전들을 표현할 수 있는 놀이의 성격이 강한 참여방법이다. 그 지역에 대해 결정한 놀이 계획과 사건카드는 좁은 오솔길을 따라 목표로 인도하는 놀이에 이용되는 형상에 준하는 놀이 아이디어의 기초가 된다. 놀이에 이용되는 형상이 들판에 다다르게 되면 같은 색상의 사건카드가 낭독된다. 계획지역에 대한 인지, 질문, 유토피아적인 변경에 대한 제안 혹은 이런 류의 범주를 담고 있는 이 카드들은 색상으로 카테고리를 구분할 수 있다. 사건이 실현되면 놀이마당으로 계속 이동할 수가 있다. 이렇게 해서 가장 먼저 목표지점에 도달한 사람이 이기게 된다. 그러나 더 중요한 것은 계획지역을 위해 아이디어와 희망의 교환을 한다는 것이다.
목적	짧은 시간내에 주어진 주제를 창의적으로, 공유하면서 몰두하기 위해	도시계획적인 아이디어와 의견을 놀이를 통해 파악하기 위해
참여자	최대 10 – 30명 참여	한 게임당 최대 6명의 참가자
경비	**준비시작** : 최대 2시간 (주제에서 야기된 짧은 질문 작성, 자료 준비) **시행시간** : 참여자수와 질문에 따라 다르나, 약 20분 (12분 브레인 워킹, 3분 평가, 5분 성과 소개) **비 용** : 최대 200유로	**준비시작** : 4주까지 (자료 준비, 주제에 대한 토의, 놀이계획과 이에 합당한 사건카드의 준비) **시행시간** : 놀이당 1–2시간 **비 용** : 주 30시간 /1명/ 1자리 필요 (시간당 20 – 25유로) 약 2,400 – 3,000유로
특징/안내	**진행자의 역할** : 브레인 워킹이 진행되는 동안 1명의 진행자 (시간 측정, 마지막 토의 진행) 동반이 필요하다.	**진행자의 역할**: 보드게임 방법의 시행에는 1명의 진행자가 반드시 필요하다. 놀이규칙을 알려주고 경우에 따라 사건카드를 읽어주는 등 놀이를 이끌어가는 역할을 한다. **기 타** : 이 방법은 세대를 초월해 적용할 수 있는 좋은 방법이다.
핸드북사례		– 젊은이와 노인들을 위한 Nauener Platz의 개조

방법/기술	주민여론조사 회답자 집단	주민모임
범주	의견 따라잡기	정보, 의견 따라잡기
강도	자문	정보, 자문
설명	이는 여러 해가 소요되는 지자체의 정책적인 주제에 관해 대표성이 있는 주민들을 대상으로 하는 여론조사이다. 참여자는 무작위 추출로 선정된다. 여기에는 3가지 국면이 있다 : 정보수집국면에서 지역의 정책가들은 아이디어를 수집하고 참가자들과 함께 테마를 찾아낸다. 마지막으로 지자체를 통해 여론조사 대상 주제를 확정하게 된다. 여론조사 국면에서는 데이터를 수집하여 의사소통 국면 전에 그 결과를 정책적인 결정권자들과 주민들에게 제공한다. 주민 여론조사 대상자들은 대화에 참여하여 희망과 선호도에 대한 정보를 얻을 수 있다. 동시에 이는 공공의 문제에 대한 주민공동체의 관심을 증대시킨다.	주민모임은 하나의 계획과 관련이 있는 모든 사람들을 초대하여 일정한 주제에 대한 정보를 제공해 줄 수 있는 행사다. 이는 참석한 주민들의 관심사와 문제점에 대해 토론의 장을 제공해준다. 주민모임의 틀 안에서 토의 결과에 대한 표결과 확정도 한다.
목적	대표성있는 주민을 선정하여 여론을 조사하고 활성화시키기 위해	지역의 주제에 대한 정보, 토의 포럼 기회의 제공
참여자	500 – 1000명 참여	임의로
경비	**준비시작 :** 1년까지 (정책적인 차원의 결정, 조사 대상자 선정, 설문지) **시행 및 동반 기간 :** 균형잡힌 검증과 함께 수 년 (실태에 대한 평가와 검증, 온라인 여론조사는 온라인 대화 참조) **비 용 :** 데이터의 관리, 평가, 포스트 프로세싱을 위한 외부 전문 용역업체에 위탁, 40시간 / 주 / 1명 / 3년 : 115,000 – 150,000유로	**준비시작 :** 수 주 (초청장 발송, 홍보활동, 내용적인 계획, 경우에 따라서 발표자 필요) **시행기간 :** 최대 3시간 **비 용 :** 약 500유로
특징/안내	**진행자의 역할 :** 일반적으로 진행자는 필요없다. **기 타 :** 여론조사 대상 주민집단은 가능한 한 대표성을 띠어야 하므로 사회 인구 통계학적 구조를 고려해만 한다. 조사는 서면 또는 온라인으로 할 수 있다.	**진행자의 역할 :** 주민모임을 위해서는 1명의 진행자가 반드시 필요하다. **기 타 :** 특별한 주민모임의 한 형태로 전자 미팅이 있다. 여기서는 현장 표결, 의견 따라잡기, 실시간 결과 프레젠테이션을 할 수 있다. (전자 미팅 포함)
핸드북사례		– Lichtenberg의 주민참여예산 – "Tempelhofer Feld" 공항부지의 용도변경

방법/기술	두 바퀴 수레 방법	환상여행
범주	아이디어 수집, 의견 따라잡기, 계획과정의 주도	아이디어 수집, 비전 개발
강도	정보, 공동 결정	자문
설명	두 바퀴 수레 방안은 직접 참여를 하는 공공 계획 방법의 하나이다. 이는 계획현장에서 공개적으로 열린다. 관심이 있는 사람이면 언제나 이 절차에 활성적으로 가담하여 해결책을 찾는 데 함께 할 수 있다. 이렇게 함으로써 모든 관심을 갖고 있는 사람들은 격렬한 토의를 통해 해결책을 전개시켜 나가며 절충안을 찾아내는 상당히 높은 수준으로 직접적인 참여를 가능하게 한다. 이 방법은 3 가지 국면으로 특징지어진다 : 시작 단계에서는 계획에 대한 소개를 한다. 본 단계에서는 다양한 관심집단들이 전문가들과 의견을 교환하고, 계획의 컨셉을 전개시켜 나간다. 마감 단계에서는 정책 및 행정과 함께 성과에 대해 표결이 이루어지고, 다음에 어떤 처리절차를 밟을 것인지에 대해 결정한다. 이는 무엇보다 계획과정의 시작 단계에 적절한 방법으로, 많은 참가자들의 아이디어를 수집할수 있다.	환상여행은 참가자들이 진행자가 인도하는 가상의 세계로 가면서 생각여행을 하도록 하는 하나의 창의적인 방법이다. 참가자들은 환상여행에서 개발원리에 합당한 도시에 대한 자신들의 그림을 각각 소개한다. 끝으로 이 비젼들은 그림이나 글로 작성된다. 이 방법은 참가자들로 하여금 긴장감 없는 분위기에서 비젼을 전개시켜 나가야 할 때 적용된다.
목적	계획과정에서 관련자들의 아이디어를 수집 · 반영하고, 아이디어의 실현을 위한 공동의 해결책과 컨셉을 찾아내려는 것.	도시개발 방안에 대한 개개인의 개인적인 비전을 갖게 하려는 것.
참여자	임의로	최대 15명의 참가자
경비	**준비시작** : 반 년까지 (내용적 계획, 경우에 따라서 공모, 큰공간 확보, 홍보활동, 자료 준비) **시행기간** : 2주 – 수 개월 **비용** : 약 30,000유로	**준비시작** : 최대 1일(자료 수집, 원칙 설정) **시행시간** : 최장 2시간 **비 용** : 진행자 1인 10시간 근무: 약 500유로
특징/안내	**진행자의 역할** : 두 바퀴 수레 방안의 시행을 위해서는 계획전문 회사에 위탁할 것을 추천한다. 이 때 일정 (약 2–3개월) 을 고려해야 한다. **기 타** : 두 바퀴 수레 방안은 모든 결정권을 가진 사람들이 토의에 참여하여 공동으로 노력하여 해결책을 얻는데 관심을 기울여야 큰 성과를 거둘 수 있다.	**진행자의 역할**: 환상여행에서는 참가자들을 가상의 도시로 안내하는 데 있어 설명을 해줄 한 사람의 진행자가 반드시 필요하다. **기 타** : 이 방법은 어린이와 청소년들이 참여하는 경우 자주 적용된다.
핸드북사례	– Schorfheideviertel Marzahn에서의 수레 방법	– Nauener Platz의 개조에서 어린이와 청소년 들을 위해

방법/기술	Fish Bowl	초점집단
범주	아이디어 수집, 의견 따라잡기	의견 따라잡기
강도	자문	자문
설명	Fish Bowl은 4-6명의 참가자들이 둘러 앉아 일정한 주제를 놓고 논의하는 하나의 토론방법이다. 그들을 지켜보는 토의에 참가하지 않는 참여자들이 있다. 청중들 중에서 토론에 참가하고자 하는 사람이 있으면 토의 참가자 중의 한 명과 교체하게 된다. 이 방법은 목표로 한 문제에 대해 토론할 때 적용된다.	초점집단은 목표지향적인 집단 토의방법이다. 다양한 집단들이 여기서 각기 비슷한 사회문화적 특징을 지닌 참가자들과 함께 편성된다. 이들 토론자들은 주어진 주제에 대해 토의를 하게 되는데, 목표는 하나의 질문을 구체화시키거나 하나의 문제점/질문에 대한 폭넓은 견해를 얻고자 하는 것이다. 이 방법은 특히 성별 또는 다양성 측면에서 인식하고, 고려하는 데 있어 적절한 방법이다.
목적	하나의 주제에 대한 활기찬 토론이 가능하다.	초점 주제에 대한 한 집단의 맥락에서의 개개인의 의견을 얻고자 함.
참여자	8-20명의 참가자	6-15명의 참가자
경비	**준비시작** : 최장 1일 (문제의 정의) **시행시간** : 약 2시간 **비 용** : 1인의 진행자 /10시간 : 약 500유로	**준비시작** : 2 – 3주 (초대, 니행에 대한 조직, 문제의 정의) **시행시간** : 하나의 초점그룹당 3시간까지 **비 용** : 약 7,000 –12,000유로 (2개의 초점그룹, 2-3주의 준비기간)
특징/안내	**진행자의 역할** : Fish Bowl을 준비, 시행하는 데는 1인의 진행자가 필요하다.	**진행자의 역할** : 초점집단에서의 토의를 위해 한 사람의 진행자가 필요하다. **기 타** : 이 방법은 원래 새로운 상품을 다양한 집단을 대상으로 테스트하기 위한 시장 조사를 하는 도구다.
핸드북사례		– Gleisdreieck의 오픈스페이스 조성 – "Tempelhofer Feld" 공항부지의 용도변경

방법/기술	아이디어 워크숍	카드 검색
범주	아이디어 수집	아이디어 수집
강도	자문, 공동 결정	자문
설명	아이디어 워크숍이나 아이디어 공작소는 다양한 방법들을 투입하여 기존의 문제점을 해결할 수 있는 새로운 아이디어를 개발시키는, 1-2일간에 걸쳐 시행되는 방법이다. 여기서는 공동작업을 통해 아이디어를 얻고, 그 배경에 대해 질의하고, 실현시킬 수 있도록 다듬는다. 아이디어 워크숍은 다양한 세대의 대표자들을 한 자리에 모을 수 있게 해 준다.	카드검색은 브레인 스토밍 방법 중의 하나로, 참석자들은 주어진 주제에 대한 자신의 생각을 꼭 찍어서 카드에 적는다. 이는 마지막에 전체회의에서 수집되며, 상위개념에 따라 분류된다. 카드검색은 누구나 쉽게 참여할 수 있는 방법으로, 여기서는 모든 참여자들이 빨리 방법에 편입된다. 이는 주제에 빨리 접근하도록 하기 위한 과정이나 행사의 시작에 특히 적합한 방법이다. 시각화시키기 좋아 과정의 진행 중에 계속적으로 소급하여 다룰 수 있다.
목적	단기간에 실행할 수 있는 새로운 아이디어의 개발	다양한 아이디어의 수집과 일정한 주제에 대한 연상
참여자	5 – 25명의 참가자	최대 30명의 참가자
경비	**준비시작** : 2 – 3개월 (문제점 정의, 자료 및 방법 준비) **시행기간** : 1 – 2일 **비　　용** : 평균 약 5시간 / 주 소모 : 5,000 – 10,000유로	**준비시작** : 최장 1시간 (자료 준비, 질문 작성) **시행시간** : 최장 1시간 **비　　용** : 최대 100유로
특징/안내	**진행자의 역할** : 아이디어 워크숍의 진행을 위해서는 1인의 전문적인 진행자가 필요하다. **기　　타** : 목표집단과의 작업, 성과의 소개와 그에 따라 공동의 합의에 의해 이루어진 결정은 아이디어 워크숍에서 모든 집단이 그들의 욕구를 분명하게 표현하는 것을 가능하게 한다.	**진행자의 역할** : 1인의 진행자가 필요하다.
핸드북사례	– 베를린의 지구 관리 절차 – Gleisdreieck의 오픈 스페이스 조성 – "Tempelhofer Feld" 공항부지의 용도변경 (분야별로 역할 분담)	

방법/기술	온라인 대화	오픈 스페이스
범주	아이디어 수집, 의견 따라잡기	아이디어 수집
강도	정보, 자문, 공동결정	자문, 공동결정
설명	온라인대화는 실시기간 동안 지속적으로 장애물 없는 토론의 장 기능을 하는 온라인으로 조직, 진행되는 주민 여론조사 및 토론이다. 이는 참여자의 피드백을 얻고, 우선순위를 지정하거나 갈등 완화에 기여할 수 있다. 온라인 대화에의 참여는 익명으로 한다. 온라인 참여만으로는 지역에 관계된 것을 얻을 수 없으므로 이 방법은 꼭 다른 방법과 결합시켜서 이용할 것을 추천한다.	오픈 스페이스는 참가자들이 그 날의 아젠다를 스스로 정하고 자유롭게 그룹으로 나뉘어 토의를 하는 대규모 집단을 대상으로 하는 방법이다. 참가자들은 작업팀을 바꾸거나 테마집단을 더 개설할 필요가 있을 때 동원된다. 과정의 내용상, 형식상 개방적인 것이 이 방법의 특징이다. 그럼으로써 많은 참가자들이 자율적인 분위기에서 복잡한 문제점의 해결을 위해 창의성을 발휘할 수 있다. 이렇게 함으로써 행사의 주테마가 확정된다.
목적	시간과 장소에 구애받지 않고 활동가들의 의견과 아이디어의 교환 – 단기간 내에 새로운 아이디어 개발 – 공식적인 절차의 준비와 정당성 – 주민들의 네트워크화와 아이디어의 공개	공동으로 하나의 복합적인 문제점을 해결하기 위해 가능하면 많은 사람들을 동원하는 것
참여자	임의로	25명에서 수백명의 참가자
경비	**준비시작** : 반 년까지 (인터넷 사이트의 보완, 주제별 목표설정) **시행기간** : 임의로, 목표의 설정에 따라, 수 주에서 수 개월까지 **비 용** : 30,000 – 100,000유로	**준비시작** : 반 년 (초대장 발송, 넓은 공간 확보, 음식공급, 주테마 정의) **시행기간** : 한 나절 – 3일 (이상적) **비 용** : 참여자수와 시행기간에 따라 다르다. 2–3주 준비, 1–2명의 진행자 : 약 5,000유로
특징/안내	**진행자의 역할:** 활동성의 보장과 성과지향적인 토론의 건설적인 진행을 위해 온라인 대화 사이트를 집중적으로 돌볼 진행자 1인이 필요하다. 어린이와 청소년들을 위한 온라인 참여도 실시할 수 있다.	**진행자의 역할** : 조직, 안내, 시행을 위해 1인의 전문 진행자가 필요하다. **기 타** : 오픈 스페이스는 의견교환, 문제의 신속한 해결, 계속적인 취급단계의 협정을 위해 적당하다. 이 방법은 참가자 개개인의 자기 책임을 기초로 한다
핸드북사례	– Bernauer Straße의 기념물 개조 – Lichtenberg의 주민참여예산 – Gleisdreieck의 오픈 스페이스 조성 – "Tempelhofer Feld" 공항부지의 용도변경	

방법/기술	현장 탐방	실현을 위한 계획
범주	정보, 의견 따라잡기, 아이디어 수집	아이디어 수집, 계획과정 주도
강도	정보, 자문	공동결정
설명	현장탐방은 현재의 상황 또는 계획에 대한 정보를 제공하는 순회를 통해 상황을 파악하게 함으로써 계획의 진행을 시각적으로 지원한다. 따라서 이 방법은 모든 계획과정에 추천할만 하다. 참가자들은 여기서 전문가들과 의견을 교환하고, 정보를 얻거나 자신들의 아이디어를 밝히기도 한다.	이는 지역의 주민들과 함께 주거상황에 대한 의견을 교환하기 위해 어느 한 지역의 현재 도시건축 모형을 만들어 여러 곳에서 전시한다. 생각은 직접 모형에 시각적으로 표현하거나 또는 글로 표현한다. 강점과 약점에 대한 전시가 뒤따르는 데, 여기서 우선권이 정해지며 이를 실행에 옮길 작업팀이 형성된다. 결과물은 실시계획에 반영된다.
목적	계획의 과정을 구체적으로 눈으로 확인하고, 지역적인 대안을 마련	지역 주민들을 쉽게 동원, 부족한 점과 잠재력 탐색과 중점과제의 파악
참여자	최대 30명의 참가자	임의로
경비	**준비시작** : 1개월 (정보 수집, 정보자료 작성, 카드 작성, 행선지 계획, 경우에 따라 중간지점에서의 대화상대자 접촉) **시행시간** : 1–3시간 **비 용** : 최대 100유로	**준비시작** : 2–3개월 (자료준비, 모형과 행사 준비, 일정 확정, 홍보활동) **시행기간** : 최소 2주 **비 용** : 매우 작업량이 많은 방법으로 전문가 1인에 남 · 녀 보조인력 1인씩 필요하다. 40시간 / 주, 20 – 25유로 / 시간, 전문인력1인 세전 약 6,400 – 12,000유로
특징/안내	**진행자의 역할** : 현장 순회는 항상 전문인력이 인도하여야만 한다. **기 타** : 현장 순회를 놀이성격의 과제와 함께 조화시켜 시행하면 현장을 보는 시각과 인식이 새로워질 수 있다. 현장 순회는 어린이와 청소년들의 참여에도 적당한 방법이다.	**진행자의 역할** : 시행에는 1인의 전문적인 진행자가 꼭 필요하다. **기 타** : 이 방법은 참여자들이 자신들의 생활 주변환경을 조성하는 데 참여하는 것을 가능하게 한다. 도로상에서의 의견교환을 통해 새로운 관심있는 사람들을 얻을 수 있다.
핸드북사례	– Bernauer Straße 기념물의 개조–장벽대화 (인도자에 의한 산책) – Gleisdreieck의 오픈 스페이스 조성 (정찰을 위한 산책) – Nauener Platz의 개조 (젊은이와 노인들을 대상으로 한 탐색 순회) – "Tempelhofer Feld" 공항부지의 용도변경 (인도자에 의한 부지투어) – Weißensee의 미래 컨퍼런스 (사진답사)	

방법/기술	계획공작소 / 계획워크숍 / 공간이용공작소	(소규모) 단체의 계획
범주	의견 따라잡기	계획과정의 주도
강도	공동 결정	자문, 공동 결정
설명	하루동안 실시되는 워크숍은 아이디어 공작소의 운영 등으로 이미 정한 용도에 대한 아이디어에 기초를 둔다. 이렇게 미리 개발된 아이디어는 계획공작소가 진행되는 동안 토의에 붙어지며, 거기서 더 개발되어 공간적으로 계획지역에 알맞게 위치하게 된다. 작업 결과는 앞으로 있을 결정과정에 영향을 미칠 수 있다.	30명까지의 임의로 선정되어 결정권을 부여받은 주민들이 여러 날 동안 자신들의 주거지역의 도시 계획적 문제점들을 다룬다. 입장표명을 통해 정보를 얻고, 평가하는 것을 주로 한다. 같은 과제를 놓고 동시에 여러 개의 (소규모)단체의 계획을 실시하기도 한다. 결과물은 주민들의 평가서로 편집되어 지자체의 행정/정책에 넘겨진다.
목적	용도의 지정, 아이디어에 관한 토의와 지속적인 개발	도시계획적인 질문에서 비전문가들의 능력을 얻는 것
참여자	임의로	최대 30명의 참가자
경비	**준비시작** : 2 – 3개월 (넓은 공간 확보, 홍보활동, 내용적 계획) **시행기간** : 워크숍마다 1일 **비　　용** : 약 5,000 – 10,000유로	**준비시작** : 반년 (초대, 넓은 공간 확보, 발표자, 과정의 조종, 정보) **시행기간** : (소규모) 단체의 계획당 3 – 4일 **비　　용** : 예) 주민사례비 : 350 유로 / 5일 *30명 : 10,500유로 **진행자인건비** : 6시간씩 5일 : 9,000유로 전문가들에 의한 주민들의 의견에 대한 입장표명과 작성 : 약 2,000유로 총 최대 21,500유로
특징/안내	**진행자의 역할** : 계획에 관한 워크숍은 전문적인 진행이 필요하다. **기　　타** : 계획공작소는 논의하여 해결해야 하는 문제점이 있어야 하는 것이 전제조건이다.	**진행자의 역할** : (소규모) 단체의 계획을 시행하려면 전문적인 조직, 동반, 진행이 꼭 필요하다. **기　　타** : (소규모) 단체의 계획방법의 기본형태에 의해 비전문가들은 활동하는 동안 사례비를 받는다.
핸드북사례	– Wriezen의 오픈 스페이스 실험 – Nuener Platz의 개조에 있어 어린이와 노인들을 대상으로 – Gleisdreieck의 오픈 스페이스 조성	

방법/기술	라운드 테이블 (원탁회의)	월드 카페
범주	갈등에 대해 다룸	아이디어 수집
강도	공동 결정	자문
설명	원탁회의에서는 조직의 형태에 대해 다룬다. 여기서는 다양한 관심집단의 대표자들이 동등한 권리를 갖고 논란의 여지가 있어 논재의 대상이 되어 온 문제점들에 대해 논의하고 공동의 해결을 시도한다. 모든 관계자들이 능동적으로 참여하므로 큰 책임감을 갖고 적절한 성과를 얻는 것이 이상적이다. 원탁회의는 무엇보다 서로 다른 관심을 갖고 있는 대표자들이 서로 양보하지 않고 반대입장에 서 있을 때와 중재가 절대적으로 필요할 때 적용된다.	월드 카페는 참가자들이 쾌적한 카페와 같은 분위기에서 작은 탁자에 둘러앉아 대화를 나누는 창의적인 방법중 하나다. 수차례의 대화를 거치는 동안 참여자들은 여러 개의 탁자에 나누어 앉아 주어진 주제에 대해 의견을 교환한다. 주제는 탁자 위의 종이덮개에 적혀 있다. 대화가 진행되는 동안 참가자들은 주제에 대한 자신의 생각을 확인할 수 있다. 대화가 끝난 후 탁자에서 오간 대화를 짧게 요약할 수 있다. 월드 카페는 대화의 상대자들을 바꿔가며 유쾌하게 의견교환을 할 수 있게 해준다.
목적	반대입장 간의 의견 일치점 찾기, 관심사에 대한 대화	편안한 분위기에서 주어진 테마에 대한 의견교환과 아이디어 수집
참여자	임의로 (약 15-200명의 참여자)	임의로, 테이블당 최대 5 - 8명의 참가자
경비	**준비시작** : 1- 2개월 (참여집단과의 개별적 대화, 갈등에 대한 집중적인 토론) **시행기간** : 합의점을 찾거나 중재 판결을 통해 대화를 끝냈을 때까지 **비 용** : 500 - 5,000유로 예) 준비와 실시를 위한 전문인력 2개월, 30시간 / 월 : 세전 3,000유로 + 5일, 3시간/ 일 : 1,000 〉 4,000유로	**준비시작** : 2 - 3주 (초대, 진행자의 조직, 자료 준비, 설정목표를 참작하여 질문 준비) **시행시간** : 라운드 당 15 - 20분 총 2시간에서 1 - 2일 **비 용** : 2,000 - 5,000유로
특징/안내	**진행자의 역할** : 1명의 중립적인 입장의 진행자나 중재자와 1명의 서기가 필요하다. **기 타** : 원탁회의는 수일에 걸쳐 진행되기도 한다. 이 경우 사전에 매일매일의 중점 테마가 결정되어야 한다.	**진행자의 역할**: 월드 카페의 시행을 위해서는 1명의 진행자가 필요하다. 과제는 과정에 참여하고, 시간측정을 하는 것이다. **기 타** : 이 방법에서는 긴장감없는 분위기 조성이 특히 중요하다. 그럼으로써 참가자들이 일상에서 벗어나 자유롭게 대화에 몰두할 수 있다.
핸드북사례		

방법/기술	미래 컨퍼런스	미래공작소
범주	비젼 개발	비젼 개발
강도	공동결정	공동결정, 자문
설명	3일간의 행사가 진행되는 동안 다양한 집단들은 결과가 불확실한 과정의 목표를 공동으로 찾아내기 위한 토론을 한다. 미래 컨퍼런스는 문제에 방향을 맞추고 합의적인 성과를 얻는 것을 목표로 한다. 이 국면들의 특징은 : – 과거의 반영 – 현재 상황의 분석 – 미래의 형상 개발 – 공동의 목표를 찾아내기 위한 작업 – 구체적인 방안을 공동작업을 통해 완성 이질적인 집단이 원하는 미래에 대한 협의점을 찾고자 할 때 미래 컨퍼런스 방법을 실시한다.	미래공작소는 참가자들이 3단계의 작업국면에서 다양한 방법으로 현실을 파악하고, 비전을 전개시키고, 공동의 미래를 위해 아이디어를 실현시키고, 그의 실현을 위한 처리단계를 계획하는 행사다. 비슷한 구조의 미래 컨퍼런스와는 반대로 미래공작소는 계획과 관련이 있는 아이디어의 개발에 자주 적용되는 참여방법이다. 이는 방법론적인 가능성에서 미래 컨퍼런스보다 좀 더 복합적이고 변화가 풍부하다.
목적	전략적 계획, 상이한 참여집단간의 협의안 찾기와 미래에 대한 전망 개발	앞으로의 공동생활을 위해 취급하는 아이디어의 개발과 실행
참여자	30 – 80명 참가 가능하나 64명이 최적인원임	최대 32명의 참가자
경비	**준비시작** : 반년 – 3 / 4년 (준비된 계획관련 워크숍, 행사의 구조 짜기, 참여자의 선정) **시행기간** : 3일 **비　　용** : 2 – 3회의 준비모임과 2명의 진행자, 1명의 보조인력 7,500 – 15,000유로	**준비시작** : 3 / 4년 (초대, 넓은 공간 확보, 내용적인 준비) **시행기간** : 다양하게 할 수 있다. 3시간 – 3일 **비　　용** : 3,000 – 10,000유로
특징/안내	**진행자의 역할** : 미래 컨퍼런스의 조직과 시행을 위해서는 1명의 전문 진행자가 필요하다. **기　　타** : 참가자들은 모든 청구권이 있는 집단의 선정된 대표자들이다. 대표의 선정에 있어서는 균형과 대표성이 중시되어야 한다.	**진행자의 역할** : 미래공작소는 전문적인 진행자 1명이 필요하다. **기　　타** : 참가자들의 구성원은 미래 컨퍼런스 보다 더 동질적인 구조를 갖고 있다. 미래공작소는 어린이와 청소년들에게 적절하다.
핸드북사례		– Nauener Platz의 개조에 젊은이들과 노인들을 위해 – "Weiβensee 주민들이 Weiβensee를 조성한다" 이웃간의 관계 강화

체크 리스트

weiteren gesetzlichen Vorgaben
Erfahrungen es zu diesem Projekt
Einzugsbereich des Vorhabens
Einzugsbereich Ihres Vorhabens ein:
Nachbarschaft, um einen Stadtbezirk
Informationen über die vorhandene Sozialstruktur
Anteile und Herkunft
Bildungsniveau usw.).

목표 확정

〉 프로젝트에 참여가 어떤 영향을 미칠 수 있는지에 대해 생각하세요. ☐

〉 참여의 목표에 대해 분명하게 정의하고, 이를 문서화하세요. ☐

〉 여러 가지 목표가 있을 경우에는 주목표와 부수적인 목표 간의 우선순위를 설정하세요. ☐

〉 프로젝트의 어느 국면에 얼마나 많은 참여가 이루어지기를 원하는지, 가능할지 (준비, 계획, 계획의 구체화, 실행)를 결정하세요. ☐

배경에 대한 정보의 수집

법률적인 규정(형식적인 참여에 있어서의)

〉 형식적인 참여절차에 어떤 규정과 방침이 있는지에 대한 정보를 수집하세요. 특별한 규정이 여러분들에게 관할영역을 줄 수 있다는 것에 주목하세요. ☐

〉 프로젝트가 그 이외의 법률적인 규정 또는 지자체의 결정과 어느 정도까지 관련이 있는지 검토하세요. ☐

존재하고 있는 활동과 계획들

〉 이런 프로젝트에는 이미 어떤 활동과 경험들이 있었는지 명백히 하세요. ☐

〉 이런 활동들은 참여절차에 있어 어떤 면에서 중요한지 고려하세요. ☐

〉 일찍이 활동에 참여했던 사람들과 접촉하세요. 그들은 탐구에 유용한 지적을 해줄 수 있습니다. ☐

프로젝트의 시행범위에서의 사회적 구조

〉 프로젝트 시행범위의 한계를 설정하세요 : 인근지역인지, 區인지, 도시 전체인지가 중요하다. ☐

〉 지역의 현재 사회적 구조에 대한 정보들(연령대 구성, 이주민들의 비율과 출신국가, 수입구조, 교육수준 등)을 수집하세요. ☐

〉 어떤 관심집단이 계획과 관련이 있는지, 이들이 어떤 목표와 시각으로 과정에 참여할지를 조사하세요. (예를 들어, 토지소유주들, 시민단체 등) ☐

〉 지역의 단체, 시설, 시민단체, 협회의 목록을 작성하세요. 거기에 그들의 연락처만이 아니라 그들이 어떤 분야에서 활동하고 있는지도 기록하세요. ☐

〉 이런 정보의 도움으로 어떤 제동을 거는, 촉진시키는 효과가 기대되는지도 고려하세요. ☐

가능한 참여방법

〉 참여의 목적과 희망하는 강도에 따라 가능한 참여방법에 한계를 정하세요. ☐

〉 당신의 프로젝트를 실행할 수 있는 방법에 대한 정보를 수집하세요. ☐

기본조건의 평가

〉 참여과정의 기본조건과 예상되는 효과를 반영하세요. ☐

〉 당신의 프로젝트에 하나의 참여과정이 적절한 방법인지, 아니면 대안이 있는지 분명히 하세요. ☐

〉 참여절차의 목적이 형식적인 규정, 정책적인 기본조건 또는 이와 유사한 요인들과 갈등관계에 있는지 검토하세요. ☐

결정에 책임이 있는 사람들의 통합

〉 프로젝트에 대한 정책적인 차원에 대한 충분한 정보를 확보하고, 정책적인 지원을 받을 수 있는지 확인하세요. ☐

〉 정책적인 결정에 대한 책임을 질 준비가 되어있는지, 꼭 필요한 자원이 마련되었는지를 명백히 하고, 재정적인 틀(직원 및 물품비용)을 결정하세요. ☐

〉 얻어낸 해결책을 고려하고, 적용할 정책적인 의지가 있는지를 확인하세요. ☐

과정의 조종

과정의 조종을 위한 과제 요약

〉 절차를 시행하는데 있어 외부에 과정의 조종을 필요로 하는지 고려하세요. ☐

〉 과정의 조정에 자원을 임의로 배정할 수 있어야만 한다는 것을 주목하세요. 꼭 필요한 요원의 배치는 참여자의 수, 계획된 과정의 상황과 규모에 따라 달라집니다. ☐

〉 누가 과정의 조종에 관여할 것인지(예를 들어, 다른 부서 또는 전문영역), 다른 분야의 어떤 전문적인 지식을 과정에 활용할 수 있을 것인지 분명히 하세요. ☐

〉 계속 인적 자원, 부서 또는 전문영역이 편입되는 경우에는, 과정에서 누가 어떤 역할을 맡을지를 분명히 하세요. 그리고 각자가 자기의 할 일을 인식하고 있는지를 확인하도록 하세요. ☐

〉 어떤 형태로 협력을 할 것인지를 분명히 하세요(업무형태, 장소, 규칙성). 일정을 확정하여 참여자들이 그 날을 비워놓을 수 있도록 하세요. ☐

〉 누가 협력을 조직할 책임이 있는지 분명히 하세요(예를 들어, 회의의 준비와 기록). ☐

〉 행사와 과정을 특화한 주제와 투입할 수 있는 시간적, 재정적 자원에 맞추도록 하세요. ☐

〉 시민단체와 정책 측과 접촉할 구체적인 인물을 정하도록 하세요. 예를 들어, 투고함을 설치하거나 블로그를 개설해 질문과 제안에 대해 정기적으로 접촉을 가질 수 있도록 하세요. ☐

〉 제삼자들에게 과정에 참여하는 사람들의 관할권을 투명하게 하세요. ☐

〉 외부의 위탁자들과의 의사소통 구조를 어떻게 조직할 것인지 분명히 하세요 : 모든 참여자들을 통해, 또는 개개의 책임을 맡은 사람들을 통해 묶어서 조절을 해나갈 것인지? ☐

〉 과정과 내용의 지속적인 관찰과 반영이 되고 있는지 보살피세요. ☐

협력하는 사람들 간의 투명성 창출

〉 관계자들, 전문분야, 정책 간의 끊임없는 정보의 흐름(예를 들어 내부의 결정을 위한 회의, 포럼들, 인터넷사이트, 기록물의 발송)이 보장되고, 모든 협력자들이 같은 수준의 정보를 갖고 있는지 보살피도록 하세요. ☐

〉 대중의 주목을 받기를 바라는지, 언론에 끌어들일 것이지 신중하게 검토하세요. ☐

〉 정보들을 꾸준히 현실화 시키는 것이 보장될 수 있도록 하세요. ☐

〉 이런 과제를 담당할 책임자를 지정하세요. ☐

참여절차에 대한 전체적인 컨셉 창출

컨셉 창출

〉 경우에 따라서는 전문가들의 도움을 받아 참여과정의 복합적인 기본조건(아이디어, 배경과 목표)이 활자로 명시된 컨셉을 작성하도록 하세요. ☐

컨셉에는 다음과 같은 것이 포함되어야 한다 :

- 참여과정의 목표(경우에 따라서는 다양한 국면과 목표 집단에 대해)
- 참여과정의 강도(정보, 협의, 공동결정)
- 가능한 한 많은 협력자들을 얻기 위해 관련자들을 위한 참여과정의 활용
- 테마의 중요성(전체 도시 또는 도시지역과 관련된 의미)
- 취급여지, 참여대상과 절차상의 한계
- 참여가 실시될 체계적으로 정리된 절차에 있어 적절한 시기와 일정계획
- 참여과정을 위한 방법과 참여방안에 대한 구체적인 문제제기
- 재정조달에 관한 계획

〉 하나의 참여과정에 있어서의 기회와 리스크에 대해 숙고하세요. 어떤 결과가 초래될 것인지, 어떻게 리스크에 대처할 것인지 고려하세요. ☐

〉 절차가 성과에 있어 개방적일 정도로 충분한 여지를 갖고 있는지 관리하도록 하세요. ☐

〉 제안된 과정이 참여를 넘어서 지속될 수 있는지, 어떻게 이런 관심사를 조기에 준비할 수 있는지에 대해 고려하도록 하세요. ☐

취급 여지(범위)에 대한 정의

〉 어떤 결정 권항이 있는지를 명백히 하세요. ☐

〉 모든 참여자들과 함께 절차의 진행상황을 명백히 하고, 결정을 하는데 있어서의 권리와 의무 그리고 방법(예를 들어, 만장일치 또는 다수결)에 대한 약정을 하도록 하세요. ☐

〉 어떤 재정 예산을 실행에 사용할 수 있는지 분명히 하세요. ☐

〉 기본조건 외에 놓여있는 요구 또는 갈등과 관련된 것들을 참작하세요 :
얼마나 많은 토론의 여지가 있는가? 누가 그것에 대한 결정을 할까? ☐

〉 모든 참여자들에게 절차상 영향을 미칠 수 있는 가능성과 활동할 수 있는 가능성에 대한
정보를 제공하세요. ☐

〉 모든 참여자들에게 절차상의 성과물로 무엇을 할 것인지와 이것이 어떤 구속력이 있는지에 대한
정보를 제공하세요. ☐

〉 참여자들과 참여과정의 활용과 한계에 대해 그룹으로, 또는 개별적으로 대화를 이끌어갈 것인지에
대해 생각하세요. ☐

일정표 작성

〉 지켜야 할 기간에 대해 관청에서 정보를 받으세요. ☐

〉 휴일, 휴가, 문화 축제, 사순절 기간 같은 중요한 일정을 일정표에 기입하세요. ☐

〉 계획된 참여방안을 언제 시행하는 것이 가장 의미가 있을지 결정하세요. ☐

〉 중요한 이정표를 확정하세요(예를 들어, 첫 번째 중간성과의 프레젠테이션, 계획된 절차의 마감등). ☐

〉 예를 들어 홍보활동과 같은 다른 분야의 과제에 대한 일정과 업무 진행과 정도 보충하세요. ☐

〉 일정표에 관할권에 대해서도 기록하세요. ☐

〉 일정표에 확정된 표결일도 표시하세요. ☐

〉 일정표는 과정에서 생길 수 있는 뜻하지 않은 일들에 대해 유연하게 대처 할 수 있도록
완충시간을 포함해 넉넉하게 잡도록 하세요. ☐

〉 모두, 특히 명예직으로 참여하는 사람들을 위해 시간적인 소모가 납득이 가고
수용할 만 한지 확인하세요. ☐

방법의 선택

〉 서로 다른 목표에 도달해야만 하는 다양한 국면을 구분하세요. ☐

〉 어떤 것을 다루어야 하는지 구체적인 현안을 작성하세요. 문서로 작성해 놓는 것이 가장 좋습니다. ☐

〉 여러분들의 요구사항에 맞는 참여방법에 대한 정보를 수집하세요. ☐

〉 차별화한, 목표 집단에 특화한 참여방법과 모든 목표 집단이 함께 하는 만남과 소통의 기회를 통합 시키도록 하세요(성별과 다양성). ☐

〉 언제, 어떤 지원을 받아 개별적인 방법을 실행할 것인지 계획하도록 하세요. ☐

재정의 확보

재정계획을 수립하려면 다음과 같은 점을 고려해야 한다 :

〉 어떤 재정조달처가 있는지, 거기에는 어떤 기본조건들이 있는지 명백히 하세요. ☐

〉 다음과 같은 입장에서 재정적 소비를 계산하고, 확보해야 한다는 것을 확인하세요. ☐

- 외부에서의 과정의 조종(원하는 경우)
- 방법의 실행(재료의 비용과 전문가들의 도움으로 실행)
- 공개적인 행사 또는 워크숍을 위한 공간
- 행사 비용
- 홍보활동(레이아웃, 인쇄비, 우편물과 전시물의 배포, 광고방송 등)
- 자문형태의 추가적인 업무
- 기술과 기술적인 실행
- 참여자들의 지출 보상금

〉 평가서 또는 추가적인 회의 등 예상하지 못했던 일이 생길 경우에 대비해 예비비도 계획에 넣으세요. ☐

〉 재정적인 수요와 재정의 지출을 공개적으로 할 것인지에 대해서도 생각을 하도록 하세요. ☐

외부 사무실에의 위탁

〉 당신이 위탁하고 싶은 외주업체들의 목록을 작성하세요. ☐

〉 위탁공고가 꼭 필요한지, 또는 의미가 있는지 검토하시고, 비교가 가능한 제안들을 수집 하도록 하세요. ☐

〉 수탁자를 위해 프로젝트에 관한 중요한 자료와 정보를 모으세요. ☐

〉 수탁자를 결정하는데 누가 편입되어야만 하는지 검토하세요. ☐

〉 당신의 목표와 현안들에 대해 사무실과 논의하고, 일정과 진행계획을 함께 결정하도록 하세요. ☐

〉 계약을 체결하는데 있어 중요한 정보들(성과, 보수와 기간)을 수합하세요. ☐

협력을 위한 네트워크 구축

〉 어떤 시설, 단체, 협회 또는 기관이 현장에서 활동하고 있는지, 또는 프로젝트의 주제와 관련이 있는지 조사하세요. ☐

〉 이것이 협력 프로젝트를 위해 중요한지, 프로젝트를 위해 어떤 의미가 있는지, 그들이 어떤 과제를 맡을 수 있을지를 고려하세요. ☐

〉 긴밀하게 또는 폭넓게 과정에 참여하는 사람들을 위해 협력을 위한 네트워크에 대해 조사한 정보들을 함께 모아 작성하도록 하세요. ☐

〉 협력 파트너들이 어느 정도까지 절차를 지원할 준비가 되어있는지를 명백히 하세요. 여기서 현실적인 비용의 추정과 필요로 하는 능력에 대해 유념 하세요. ☐

〉 목표 집단에의 접촉을 지원해 줄 수 있는 지역의 확대 재생산자를 찾도록 하세요. ☐

〉 관심 있는 사람들에게 과정에 편입함으로써 생기는 이점을 분명히 밝히세요. ☐

〉 지속적인 정보교환을 할 수 있는 조직을 구축하고, 필요한 상담과 보살핌을 보장해 주세요. ☐

〉 참여과정에 관심을 갖고 있는 사람들이 계획국면을 넘어 통합되고, 장기간 연결고리를 가질 수 있는 가능성에 대해 깊이 생각하세요. ☐

목표 집단에 말 걸기

- 〉 참여를 통해 다루어야 하는 (사회)공간적 영역을 확정하세요. ☐
- 〉 사회적 구조로부터 어떤 결론을 얻을 수 있는지 고려하세요 : 이주배경을 지닌 사람들이 있는가? 그들은 어떤 문화권에 속해 있는가? 연령별 구조는 어떠한가? ☐
- 〉 참여절차를 활성화시키려고 하는 목표 집단을 확정하고, 어떤 목표 집단에 다가가 어떻게 말을 걸 수 있을지 생각하세요. ☐
- 〉 목표 집단의 (문화적)특수성에 대한 정보를 수집하세요. ☐
- 〉 모든 중요한 주민 및 관심집단(여성, 남성, 부모, 청소년, 이주배경을 지닌사람들 등)을 균형 있게 조화시켜 대화하도록 하세요. ☐
- 〉 참여과정이 모든 주민집단이 참여할 수 있는 가능성을 제공하고 있는지 검토하세요. 여기에서는 항상 경우에 따라 지원이 필요한 생각의 표현이 서툰 집단이 있다는 것에 주의를 기울이세요. ☐
- 〉 도달하기 힘든 주민집단의 편입도 시도하세요. 이를 위해서는 지역의 단체나 시설에 부탁을 하세요. ☐
- 〉 정보들이 모든 관계자들이 이해할 수 있도록 선정되었는지 검토하세요. 이는 의사소통 도구의 선택, 언어, 표현방법과 관련이 있습니다. ☐
- 〉 산발적으로 흩어져있는 집단들이 정보에 접근하는데 어려움이 있는지 검토하고, 경우에 따라서는 그 요인을 제거하세요. ☐
- 〉 목표 집단에 특화한 참여과정 방법을 선택하세요. ☐
- 〉 어떤 매체(깃발, TV 광고, 현수막, 직접적인 대화)를 통해 개개의 목표 집단에 가장 잘 도달할 수 있는지 검토하세요. ☐

홍보활동의 목적

- 〉 홍보활동을 위한 컨셉을 작성하거나 이를 외부에 위임하세요. ☐

  – 홍보활동으로 도달하고자 하는 목표가 무엇인지 고려하세요.
  – 누가, 언제, 어떤 정보를 가져야 하는지 생각하세요.
  – 적당한 매체를 선택하세요.

- 〉 어떻게 정보의 시사성을 보장할 수 있는지에 대해 논의하세요. ☐

〉 누가 홍보활동을 담당하고 있는지를 분명히 하세요. ☐

〉 언론과 대중과의 관계를 위해 정보를 다루는데 있어서의 규칙을 확실히 정하도록 하세요. ☐

홍보활동의 실행에 있어서의 지적사항들

〉 참여가 시작되기 전에 이미 계획의 내용과 목표에 대한 정보를 선별하세요.
여기에는 프로젝트에 대한 이해에 바탕이 되는 배경에 대한 정보도 편입시키세요. ☐

〉 인터넷, 깃발, 소책자, 정보제공을 위한 행사 등으로 일반 대중들이 정보에 쉽게 접근할 수 있도록 하세요.
이때에 가능한 모든 매체를 다양하게 활용하세요. ☐

〉 참여과정에 대한 중요한 정보들을 모두 수합하세요: 어떤 제안이 언제 시행되는지?
어떤 현안들이 다루어지게 되는지? 지금까지는 어떤 성과가 있었는지? ☐

〉 당신이 정한 목표 집단에 어떤 방법으로 접근하는 것이 가장 좋은지를 생각하세요. ☐

〉 일반 대중들에게는 어떤 내용의 정보를 언제 제공해야 하는지 과정의 참여자들과 함께 결정하세요. ☐

참여방안과 참여행사의 실시

조직적인 준비

목표 확정 :

〉 행사를 함으로써 어떤 목표(해당되는 참여의 단계)를 달성하고자 하는지를 확정하세요. ☐

〉 목표의 도움으로 정보, 의견표출, 공동결정 또는 자립적인 활동 간의 어떤 관계를 갖는 것이
알맞을지에 대해 생각하세요. ☐

〉 가능한 한 분명한 한계를 설정한 현안을 작성하도록 하세요. ☐

일정 확정 :

〉 중요한 협력 파트너들과 행사가 가능한 일정에 대해 협정하세요. ☐

〉 목표 집단과 협력 파트너들이 가능한 한 많이 참석할 수 있는 날짜와 시간으로 일정을 잡으세요. ☐

공간의 확보와 준비 :

〉 예를 들어 관심집단의 대표자들에게 얼마나 참가할지 물어봐서 행사에 참가자 수를 추정하세요. ☐

〉 기대되는 참가자수와 참여방법에 알맞은 공간을 물색하세요. ☐

〉 지역적으로 접근성이 좋은 공간을 찾도록 하세요. ☐

〉 장소를 물색하는데 있어 협력 파트너들의 공간 또는 지역의 시설들도 편입시키세요. ☐

〉 "특별한" 공간을 찾아보세요. 이런 때가 아니면 가볼 수 없는 곳이라면 행사에 대한 흥미를 더 갖게 해 줄 것입니다. ☐

〉 가능하면 공간이 접근성이 좋아야 합니다. 접근하는데 장애요소가 없는지 검토하세요. ☐

〉 행사장소를 잘 찾을 수 있도록 표지판이 되어있는지에 대해서도 주의를 기울이세요. ☐

진행 계획과 프로그램 작성 :

〉 어떤 방법을 투입해야 할지, 누구에 의해 어떤 정보의 입력을 하게 해야 할지를 결정 하세요. ☐

〉 분명한 구조를 갖춘 행사에 대한 구체적인 진행계획을 수립하세요. ☐

〉 필요에 따라서는 행사가 제대로 진행되도록 전문적인 진행을 위임하도록 하세요. ☐

〉 가능하면 협력 파트너들도 편입시켜 행사의 진행을 도울 수 있는 구조를 조직하세요. ☐

〉 케이터링을 할 것인지, 어느 정도의 규모로 할 것인지 생가하세요(행사가 걸리는 시간, 계절과 식사 시간 등을 고려). 케이터링은 항상 행사의 가치 평가를 하는데 있어 중요 하다는 것을 염두에 두세요. ☐

〉 어린이 돌보기나 숙박이 필요한지 물어보고 이를 조직하세요. ☐

〉 어떤 추가적인 제공(예를 들어, 전시회, 답사, 프로젝트 상영)이 의미가 있는지 고려하세요. 이것이 행사의 요소가 되어야 하는지 또는 옵션으로 행사 전이나 후에 제공할 것인지도 결정하세요. ☐

〉 꼭 필요한 정보 및 작업에 필요한 재료(의사일정, 소책자, 계획안 등)와 기술적인 장비(빔 프로젝터, 노트북, 카메라, 마이크 등)의 목록을 작성하고, 공간에 따라 그들의 이동과 기능성을 안전하게 확보하세요. ☐

초대와 홍보활동 :

〉 홍보활동에 필요한 정보들을 한데 수합하고, 정보와 목표 집단의 활성화를 위한 자료를 만들거나 이를 위임하도록 하세요. ☐

〉 초대장과 정보를 담은 자료들을 확대 재생산자들과 지역의 시설에 배포하고, 행사의 홍보에 도움을 줄 것을 요청하세요. ☐

〉 경우에 따라서는 주제연설을 하거나 특별한 입장표명, 피드백 또는 질의자 등 특정 손님을 초대하세요. ☐

참여방안과 행사의 실시와 진행

〉 모든 참석자들은 환영을 받는다. 경우에 따라서는 초대받지 않은 사람들도 유연성 있게 편입되어야 한다. ☐

〉 참여절차의 동기를 알려주고, 모든 중요한 과정의 참여자들을 소개하세요. ☐

〉 전체적인 참여과정의 구조와 진행과정에 대해 설명하세요. ☐

〉 절차상에 있어 확정된 기본조건들을 알려주세요. ☐

〉 참여자들에게 어떻게 당신이 절차상 아이디어, 희망사항, 생각과 요구를 다룰 것인지 밝히세요. ☐

〉 시작할 때 참여자들에게 구체적인 기대가 무엇인지 질문하세요. ☐

〉 진행측은 일정과 진행규칙의 준수를 어떠한 경우에라도 보장해야만 합니다. ☐

〉 언제나 개방적으로 질문을 받을 것이며, 성과는 어떤 방법으로 보장되는지를 분명히 하세요. ☐

〉 참여자들이 주제와 관련된 중요한 정보들을 얻을 수 있는지를 밝히세요. ☐

〉 행사의 끝에 15 내지 30분은 다음 의 행동에 대해 구체적으로 얘기하는 시간으로 확보해 두세요. ☐

〉 여기에서는 다음과 같은 것들을 밝히세요 : ☐

– 미처 답하지 못한 질문에 대해서는 언제, 어떻게 더 다루게 될 것인지.
– 다음 모임은 언제 열릴 수 있는지와 이를 위해 무엇을 준비해야 할는지.
– 누가, 어떤 과제를, 언제까지 계속 맡게 되는지.

〉 행사가 기록되어 문서화되었는지 확인하세요. ☐

〉 문서화된 기록물을 빠른 시일 내에 모든 참여자들과 과정상 중요한 파트너들에게 보내세요. ☐

갈등다루기

- 〉 어떤 (이용 상의) 갈등이 있는지 관찰하고, 이를 어떻게 주제화시킬지 숙고하세요. ☐
- 〉 모든 집단들에게 그들의 쟁점을 부각시킬 여지를 제공하고, 이를 일정에 통합시키세요. ☐
- 〉 반대의견을 표출할 다양한 기회를 만들고, 토의할 수 있도록 허용하세요. ☐
- 〉 연설시간 등에 관한 진행규정을 협정하세요. ☐
- 〉 연설시간을 제한할 모래시계 같은 진행규정에 적용할 보조도구를 찾으세요. ☐
- 〉 토의를 구조적, 성과 지향적으로 할 수 있도록 지원할 수 있는 방법을 선택하세요. ☐
- 〉 토의의 내용과 한계를 위한 기본조건을 확정하고, 이를 시종일관 지키도록 하세요. ☐
- 〉 제안에서 어떤 결과가 생길 수 있는지 밝히세요. 참여자들과 함께 이득과 손해에 대해 신중하게 검토하세요. ☐
- 〉 참여집단에서 과반수를 확보하기 위해 목표로 결정에 있어서의 대안들을 줄이도록 하세요. ☐
- 〉 아이디어의 선택 근거를 대고, 당신들의 결정이 실행에 옮겨질 수 있다는 것을 밝히세요. ☐
- 〉 특별한 관심사로 인한 갈등이 있을 때는 참여방안의 틀 안에서 의견의 일치를 이룰 가능성이 없으니, 추가적인 중재방법을 검토하도록 하세요. ☐

성과의 보장

과정의 문서화

- 〉 중요한 절차단계는 지속적으로 세심하고 실감나게 기록될 수 있도록 하세요. ☐
- 〉 문서들이 어떤 목적에 기여할지를 결정하세요(대중에게 정보제공, 투명성, 평가). ☐

〉회의록과 문서들의 내용은 모든 참여자들과 함께 결정하세요. ☐

〉문서들을 어떻게 대중들이 접근할 수 있도록 할 것인지를 결정하세요. ☐

성과의 인정, 적용, 추가 처리

〉 성과물에 이용에 해당되는 협약을 준수할 수 있을지 숙고하세요. ☐

〉성과를 앞으로의 진행되는 과정에 적용시킬 수 있도록 선별, 준비하세요. ☐

〉 성과를 책임 담당자에게 전달해 처리할 수 있도록 하세요. ☐

〉 왜 제안을 받아들일 수 없는지와 무슨 일이 생길지 분명히 하도록 하세요. ☐

〉 계획과 절차의 실행에 있어 계속적인 전개에 대한 정보를 제공하세요. ☐

참여성과와 자기책임 구조의 지속적인 보장

〉실행되고 있는 동안에도 참여 및 의사소통 제안을 할 수 있는 가능성이 있는지 검토하세요. ☐

〉 성과를 보장할 수 있도록 도우려는 사람을 강하게 하고, 이 역할에 익숙해진 사람을 돕도록 하세요. ☐

〉 참여절차의 성과의 보장을 위해 계속 책임을 질 담당자를 지정하세요. ☐